高校から大学への憲法

[第2版補訂版]

君塚正臣 編

福島力洋
榎　透
大日方信春
二本柳高信
若狭愛子
大江一平
平地秀哉
松井直之
高畑英一郎
大久保卓治
青野　篤

法律文化社

第 2 版補訂版へのはしがき

　読者の皆様に向け，長きご愛読に応えて本書第 2 版補訂版を公刊できることは幸福である。本書刊行の趣旨は，初版（2009年）以来掲載しているはしがきをお読み頂きたい。本版も基本的には変わらない。憲法学界の一部にある明治憲法復古主義とは一線を画し，現行憲法の近代立憲主義理解に徹する。

　今回，法律文化社と相談の結果，『高校から大学への法学』〔第 2 版〕の改訂は見送り，本書のみ，最後のつもりで，この間の時の経過に沿った補訂を行うこととなった（このため，揃える際には法学篇は第 2 版の購入をお願いする）。章末の入試問題と大学での期末試験問題等は，なるべく新しいものに差し替えた。

＊　　＊　　＊　　＊　　＊　　＊　　＊　　＊

　2016年の改訂以降，憲法の分野でも様々な変化がある。最高裁でも結構な数の違憲判決が重ねられてきた（拙稿・横浜法学33巻 1 号49頁（2024）など参照）。特に，平等権や幸福追求権・人格権に関する画期的判決が下されたことは，日本社会に，あるいは（法律を作る国会議員を選び）それを究極的には許容してきた有権者・国民に反省を求める意味もあろう。成人年齢が国際標準の18歳に改められ，婚姻年齢も男女ともそれに合わされたほか，女性の再婚禁止期間が廃止されるなど，憲法学が長年訴えてきた問題が立法的に解消された。他方，この間，「報道の自由度」ランキングが低迷し（拙稿・憲法研究15号89頁（2024）など参照），周辺国との対立は深まり，議員定数不均衡問題が未解決であり，公法学や政治学が懸念する問題が持続している。核保有国ロシアのウクライナ侵略という驚くべき現実は，「新しい戦前」への危惧を醸し出すような新たな同盟関係による分断を生んでいる（日本も欧米豪印との軍事的関係を深めている）。こういった事象について，よく学習の上，意見をもって欲しいと思う。

　また，企画段階から20年近く経過し，法律学の外でもいろいろな事象が生じている。地球「沸騰化」は進み，AI が急に進化した。日本では甚大な災害が続き，「ネオ55年体制」も続き，GDP は 2 位から 4 位に下がり（一人あたりのそ

れはより低順位である），少子化も過疎化も所得格差拡大も進んだ。これからの日本を担う皆さんに複眼的に考えてもらうべき問題は山積みである。センター試験から共通テストへの移行は，そういった意味があろう（私学難関校入試でも進化を望む。拙稿・横浜国際社会科学研究20巻3号15頁（2015）など参照）。そして，「諸学問の知恵」は高校の教科書における基礎知識を進化させている。鳥類の（哺乳類との共通の祖先からではなく）恐竜からの進化が明確にされ，鎌倉幕府の成立は1185年説に傾斜し，大航海時代のかの冒険家の名は（出身のポルトガル語の読みで）マガリャンイスという表記になりつつある。こういったことは法律学に直接・間接に影響を及ぼそう。諸問題の連関に気を付けつつ，近代立憲主義的な視点を踏まえて学習を進めて頂きたい。高校新科目「公共」は，当初，高校での道徳科目の代替物が意図されたようであるが，主権者として問題解決を考える科目に変容したのは当然であろう（拙稿・横浜国際社会科学研究24巻1号1頁（2019）など参照。2018年学習指導要領の当該科目部分で「公共的な空間」なる造語が繰り返し用いられ，一部文脈で協同体主義の復古かと見える点は遺憾である）。まして，大学での憲法学習は主体的であるべきである。

＊　　＊　　＊　　＊　　＊　　＊　　＊　　＊

法律文化社では小西英央氏がご退職されたため，本補訂では代わって舟木和久氏に大変お世話になりました。また，忙しい中，第2版のご執筆をお願いした全ての先生方にまた補訂版でも参加をお願いした（但し，今回は，多忙により編者御一任となった先生がある）。執筆の先生方にも深く感謝したい。

2025年1月

君塚　正臣

〔追記〕
本書の分担執筆者であり編者を陰で支えた福島力洋氏は，2024年12月18日に急逝された。インターネット法の大成が望まれていた。慎んで御冥福を祈ります。

執筆者一同

第2版へのはしがき

　読者の皆様に向け，本書第2版を公刊できることは望外の幸福である。本書刊行の趣旨は，2009年刊行の初版へのはしがきをお読み頂きたく，第2版でも基本的なことは何も変わらない。なにより，法学・政治学を学ぶ大学1・2年生に，高校での学習との連関を再認識してもらい，大学での教養・専門基礎科目への効率のよい橋渡しをすることが本書の主目的である。初版は1年目から多くの読者に迎えられ，改訂が期待されていた。また，編者はその後，高校の教科書である『高等学校新現代社会』（帝国書院）の分担執筆者になったこともあり，「橋渡し」にさらに関心を持ち，責任も感じるようになった。

　この度，高等学校の学習指導要領が改定され，続いて，山川出版社の6冊の用語集も大幅改訂された（2014年10月）ので，これらに準拠する本書も，新課程で学んだ高校生の大学入学に間に合うべく改訂した。改訂にあたり，用語を選抜する作業を行ったが，①この間に発生した事象（「空知太神社訴訟」など）が入ったのは当然だが，②「脱ゆとり教育」を反映して，難易度の高い語が取り上げられた例があり（「プライマリー・バランス」など），③法教育への期待の高まりから，高校の教科書にも法律用語や事件名が増えた（「北方ジャーナル事件」など）ことなどがあり，このほか④全体を見直して入れたもの（「グラスノスチ」など）と抜いたもの（「メートル法」など），⑤継続して採用するが表記を変更したもの（「アイヌ文化振興法（アイヌ新法）」など）がある。また，章末の大学入試センター試験問題，大学の期末試験問題等も原則として差し替えた。章の中には，以上の用語の差替えなどに伴い，大幅な改訂を行ったところもある。

＊　　＊　　＊　　＊　　＊　　＊　　＊　　＊

　こうしてみると，やはり7年の間にも変化はあるものである。大学での憲法教育の基礎となるべき重要語が高校段階でも学ばれる傾向が強まっていることは心強い。基本的に高校での各科目を，入試科目でないからという理由で殆ど勉強しないことは望ましくない。ただ，表現の自由や裁判所に関する語が，高

校段階ではなお少ないことは残念である（他方，高校の教科書に関わって，社会権や地方自治の非常に細かい知識が高校段階で教えられていることも再認識した）。

　本書の副次的効用は，初版はしがきに述べた通りであるが，３点補足したい。まず，高校で政治・経済や現代社会を教授されている先生方には，憲法教育の観点からのご活用もご検討願えればとも思うことである。二重の基準論あたりは入試問題でも頻出であり，そういった対策としても有用である。そして，大学の法学部の教員や３年次以上の学生，卒業生たちにも，この本を通じて，憲法学の周辺学問等の変化（例えば，「農協」は「JA（農業協同組合）」に変わり，「平塚らいてう」という表記がかなり定着したなど）を感じ取って頂き，知的摂取の第一歩を踏み出すことを求めたいということである。憲法学は安保法案をめぐる昨夏の動きをはじめ，世の中の変化と無関係に存在はできないであろう。加えて，入試問題を出題にあたられる先生方には，本書を検討の上，重要事象・関連性・思考パターンを軸に出題して頂きたいと願うものである（実は意外と精神的自由は出題されていないが，重要性に鑑みるとたいへん遺憾である。この点，拙稿・横浜国際社会科学研究20巻３号15頁（2015）など参照）。

　　　＊　　　＊　　　＊　　　＊　　　＊　　　＊　　　＊　　　＊

　本書と『高校から大学への法学』の２冊の改訂にあたっては，初版同様，法律文化社の小西英央氏に多大な貢献をして頂いた。また，忙しい中，初版のご執筆をお願いした全ての先生方にまた第２版でも参加して頂いた。執筆の先生方にも深く感謝したい。

　　2016年１月

　　　　　　　　　　　　　　　　　　　　　　　君塚　　正臣

はしがき

　本書は『高校から大学への法学』の姉妹編として刊行された。2冊の企画趣旨は『高校から大学への法学』のはしがきにも記したことであるが，法学・政治学を学ぶ大学1・2年生に，高校での学習との連関を再認識してもらい，大学での教養・専門基礎科目への効率のよい橋渡しをしていただくことを意図している。法律や政治，政策系の学部・学科に合格した新入生（特に，準備期間の長いAO入試や推薦入試の合格者）には，なるべく早い段階で読んでもらいたい本と考える。また，教養科目「日本国憲法」，専門基礎科目「憲法入門」，「公法入門」の教科書にも最適である。

　姉妹編同様，高校の地歴・公民分野で，大学の法学・政治学学習に必要な語は，山川出版社の6冊の用語集から選抜した。理科分野は，ブルーバックス・新しい高校理科教科書シリーズ（講談社，2006年）から選抜した。これらは，本書では**太字**で表記してある（英数国その他ももちろん軽視できない）。また，大学の教養・専門基礎段階で新たに押さえておくべき法学・政治学の語は，本書では下線つきの**太字**で表記した。これを今後の学習の起点としていただきたい。加えて，学習に寄与するため，各章には概念図，■**Column**■や⸨**Keyword**⸩，#補充的記載，それに章末に設問や参考文献を付したので，適宜利用して欲しいと思う。

　憲法については，それこそ小学校以来勉強していることでもあり，また条文も少ないので，与みやすい心理が働こう。しかし，「正解」を覚えて満足できた高校までの勉強（教育）とは異なり，大学以降の研究（学問）には「正解」などなく，断片的な知識を無秩序に書き散らせばよいものではないのである。自衛隊（の存在，海外派遣）のようないかにも政治的な事件ばかりではなく，プライバシーを理由に裁判所はモデル小説の刊行差止めができるか，などといった問題についてまで，世の憲法問題・憲法事件には合憲・違憲の両論，それも理由の異なる主張が渦巻き，論争は永遠に続くようにさえみえる。

その中で，事案への「結論」が他人から求められる。大学で法律学をかじった者の宿命である。だが，神（教師？）の啓示の如き「正解」はない。自分で考え，自分で組み立てて，自分で結論を出さねばならない。その際，独善だといわれないためには，基本概念，基本理論，（賛成するか反対するかはともかく）主要な判例（最高裁判所大法廷判決・決定）や通説・有力説は踏まえねばならないのである。これらを確認し，理論的に整理する必要がある。その段階で，大学での憲法学習の質の違いを理由に，高校までの憲法学習の知識を捨て去ってしまうのはモッタイナイと思う。また，ある制度や人権が，どのような歴史的経緯や思想を支えにしているのかは，専門科目の「憲法」では語る余裕がないことが多いので，初学者の段階で嚙みしめておくべきであろう。

　ただ，高校での学習は有用とはいえ，大学の憲法学習とのズレがないではない。特に，「人権の花形」ともいわれる表現の自由や，司法権・憲法訴訟に関する理論面，それに全体的に「争点」といわれる箇所のさまざまな学説や判決については，（仕方のないことではあるが）高校までの知識では足りず，初学者といえども新鮮な気持ちで学習に励んで欲しいと思う。

　本書と『高校から大学への法学』の2冊の刊行にあたっては，『ベーシックテキスト憲法』（2007年）同様，法律文化社の小西英央氏に多大な貢献をして戴き，（誕生時の首相はすでに佐藤栄作であった）若輩の編者を支えていただいた。また，忙しい中，この企画に参加していただいた若手公法学者の皆様にも深く感謝したい（なお，「はしがき」の主張は編者のものであり，全執筆者を巻き込むものではない）。そして，読者の皆様の学習，学問，研究が進展することを祈ります。

　本書の性格上，参考にさせて戴いた先行業績の一部を章末に掲げるにとどめ，細かくは引用致しませんことをお詫び申し上げます。

　2009年1月

　　　　　　　　　　　　　　　　　　　君塚　正臣

目　　次

第 2 版補訂版へのはしがき
第 2 版へのはしがき
は し が き
略　語　表

第1章　国家＝憲法──「くに」と「けんぽう」の生い立ち ……………………1

　Ⅰ　国　家（2）　Ⅱ　憲　法（12）

第2章　近代立憲主義──憲法を支える思想 ………………………………………19

　Ⅰ　近代立憲主義の意義（20）　Ⅱ　近代立憲主義の原点──イギリス（23）　Ⅲ　近代立憲主義の成立──アメリカとフランス（27）　Ⅳ　近代立憲主義の現在（34）

第3章　国民主権──民主主義の基本原理 …………………………………………37

　Ⅰ　国民主権と選挙（38）　Ⅱ　民主政治と国民の政治参加（47）　Ⅲ　国民主権の意義（54）

第4章　立　法　権──国会の仕組みと働き ………………………………………59

　Ⅰ　国会の組織（60）　Ⅱ　国会の権能（64）　Ⅲ　国政における議会の位置（69）

第5章　行　政　権──内閣と行政権の統制 ………………………………………73

　Ⅰ　大日本帝国憲法下の行政権と内閣（74）　Ⅱ　日本国憲法下の行政権と内閣（75）　Ⅲ　行政権の課題（83）

第6章　地方自治──いちばん身近な民主政治 ……………………………………89

　Ⅰ　地方自治の展開（90）　Ⅱ　地方公共団体（93）　Ⅲ　住民の権利（98）

vii

第7章 司 法 権——公正な紛争解決と人権の確保……………………………103

    Ⅰ 近代立憲主義と司法権（104）　Ⅱ 司法権の意義（106）
Ⅲ 司法権の組織と運用（109）　Ⅳ 違憲審査制と憲法訴訟
（115）

第8章 平　　　等——他者を尊重し自己を尊重する……………………121

    Ⅰ 基本的人権の内容（122）　Ⅱ 基本的人権の制約（126）
Ⅲ 法の下の平等（128）

第9章 精神生活——国民主権に不可欠な自由……………………………135

    Ⅰ 精神的自由（136）　Ⅱ 思想良心の自由（137）　Ⅲ 信教の自
由（138）　Ⅳ 学問の自由（142）　Ⅴ 表現の自由（143）　Ⅵ
集会結社の自由（152）

第10章 経済生活——自由国家から社会国家へ …………………………155

    Ⅰ 社会・経済的人権の展開（156）　Ⅱ 居住移転の自由・国籍
離脱の自由（158）　Ⅲ 経済的自由（159）　Ⅳ 社会権——生存
権など（164）

第11章 新しい人権——憲法に書かれていない人権 ……………………171

    Ⅰ 基本的人権の性質と憲法13条（172）　Ⅱ 名誉・プライバ
シーの権利（177）　Ⅲ 自己決定権（181）　Ⅳ 環境をめぐる権
利（183）

第12章 平和主義——戦争の放棄………………………………………………187

    Ⅰ 日本国憲法の平和主義への道のり（188）　Ⅱ 憲法前文・9
条の解釈（190）　Ⅲ 日本の安全保障と国際貢献（195）

    索　　引　201

Column 目 次

1 啓蒙主義（22） 2 宗教改革（24） 3 憲法制定権力（32） 4 近代立憲主義成立期における国民の政治参加（34） 5 国民主権にいう「主権」と「国民」（40） 6 社会民主主義の発祥（42） 7 変換型議会とアリーナ型議会（62） 8 議院内閣制と大統領制（76） 9 税の不平等（80） 10 私的諮問機関（87） 11 革新自治体と「地方の時代」（91） 12 平成の大合併（92） 13 法の支配と法治主義（104） 14 権力分立（105） 15 司法改革（114） 16 法解釈の方法（117） 17 人権の国際的保障（122） 18 未成年者の権利（124） 19 積極的差別是正措置（128） 20 日本国憲法とマイノリティ（134） 21 靖国神社公式参拝（141） 22 ソ連型社会主義の終焉（158） 23 特別権力関係論（166） 24 憲法の私人間効力論（166） 25 憲法が定める個人主義（174） 26 医療現場と自己決定権の問題（182） 27 新しい公害と環境アセスメント（184） 28 米軍基地問題（197）

Keyword 目 次

1 市民革命（22） 2 政治学（48） 3 国権の最高機関（66） 4 行政委員会（76） 5 7条解散（78） 6 建設国債（81） 7 独立行政法人（87） 8 町村総会（100） 9 代用監獄（113） 10 間接差別（130） 11 従軍慰安婦問題（131） 12 同和（部落）問題（133） 13 思想の自由市場論（146） 14 明白かつ現在の危険（147） 15 ニュー・ディール政策（157） 16 環境基本法（184） 17 平和的生存権（190） 18 集団的自衛権（193）

略 語 表

裁判所の判決・決定等

最大判（決）	最高裁判所大法廷判決（決定）
最判（決）	最高裁判所小法廷判決（決定）
高［支］判（決）	高等裁判所［支部］判決（決定）
地［支］判（決）	地方裁判所［支部］判決（決定）
簡判（決）	簡易裁判所判決（決定）

判例集（＊民間刊行物）

民（刑）集	最高裁判所民事（刑事）判例集
行集	行政事件裁判例集
下民（刑）集	下級裁判所民事（刑事）判例集
裁時	裁判所時報
判時	判例時報＊
判タ	判例タイムズ＊
集民（刑）	最高裁判所判例集民事（刑事）
民（訟）月	民事（訟務）月報

ix

学習に役立つウェブサイト

(以下の**太字**で検索すると便利です)

衆議院 https://www.shugiin.go.jp/

参議院 https://www.sangiin.go.jp/

首相官邸（内閣） https://www.kantei.go.jp/

e-Gov 法令検索 https://elaws.e-gov.go.jp/

条約データ検索 https://www3.mofa.go.jp/mofaj/gaiko/treaty/index.php

裁判所 https://www.courts.go.jp

判例 https://www.courts.go.jp/app/hanrei_jp/search1

裁判所の管轄区域 https://www.courts.go.jp/saiban/kankatu/

各地の裁判所一覧 https://www.courts.go.jp/map_list/index.html

＊ 最高裁の裁判官名については https://www.courts.go.jp/saikosai/index.html から，各裁判所の裁判官名は，上記「各地の裁判所一覧」の中の「裁判手続きを利用する方へ」の中の「担当裁判官一覧」をクリックした後に表示されるページの「担当裁判官一覧」から参照可能

裁判手続（民事・刑事事件などの手続の説明） https://www.courts.go.jp/saiban/

法務省 https://www.moj.go.jp/ 司法試験等は「資格・採用情報」をクリック

検察庁 https://www.kensatsu.go.jp/top.shtml

日弁連（日本弁護士連合会） https://www.nichibenren.or.jp/

法テラス https://www.houterasu.or.jp/

自由人権協会 http://jclu.org/

地方自治体 J-LIS（地方公共団体情報システム機構）のウェブサイト（https://www.j-lis.go.jp/spd/map-search/cms_1069.html）から当該都道府県（→市区町村）をクリック

国連（国際連合広報センター） https://unic.or.jp/

法令のしらべかた（大阪府立図書館） https://www.library.pref.osaka.jp/site/business/guide-hourei.html

文献検索（国立国会図書館） https://opac.ndl.go.jp/

文献検索（CiNii Research 国立情報学研究所） https://cir.nii.ac.jp/

書籍検索（Amazon） https://www.amazon.co.jp/ から「本」ないし「洋書」を検索

消費者庁 https://www.caa.go.jp/

国民生活センター https://www.kokusen.go.jp/

日本国憲法の誕生（国立国会図書館） https://www.ndl.go.jp/constitution/

第1章　国家＝憲法

「くに」と「けんぽう」の生い立ち

【概念図】

　憲法について一度も学習したことがない人はいないだろう。しかし，高校までの授業の中で，基本原則や憲法現象の解説がなされることはあっても，「憲法とは何か」について，「国家の基本法である」という以上の説明は手薄になっているように思われる。本章では，憲法が国家の基本法であることの意味について，これから先も正面から言及されたり議論されることはさほど多くないが，きちんと踏まえておかないと今後の理解に支障が生じたり，議論がかみ合わなくなったりするおそれのある基本的事柄について概観することとする。

■国　家＝領　域＋国　民＋主　権……三要素説　→Ⅰ参照
　　　　→（立憲）君主国／共和国
　　　　→単一国家／連邦国家
■憲　法（形式的意味・固有の意味・立憲的意味）　→Ⅱ参照
　　　　→成文憲法／不文憲法←文書か否か
　　　　→硬性憲法／軟性憲法←改正手続
　　　　→欽定憲法／民定憲法←制定者
　立憲主義思想＝憲法による［国家権力の制限＋自由の確保］

	国家観	目指すもの	背　景
近代立憲主義	消極国家	国家からの自由	国家＝自由に対する脅威
現代立憲主義	積極国家	国家による自由	資本主義経済から生じる矛盾の解消

　日本国憲法の三大原則＝国民主権＋基本的人権の尊重＋戦争放棄

I　国　　家

　憲法は「国家の基本法である」との説明は誤りではないが，それで憲法のことが理解できるわけではなく，誤解を招くおそれもある。そこで本節では，まずは憲法が（主として）規律対象とする「国家」について，**1** それが近代的な意味においてはどのようなものとして理解されているのか，**2** そのような近代国家がどのように形成されてきたのか，そして，**3** 近代国家がどのような問題を抱え，どのような変化を遂げつつあるのかという順序でみていくことにしよう。

1　国家とは

　近代国家について理解する取っ掛かりとして，皆さんは，「日本」という言葉から，何を連想するだろうか。主要4島を中心とする日本列島の形だろうか，1億2千万人超の日本人の集合体であろうか，はたまた**内閣総理大臣**を頂点とする日本の国家組織だろうか。そのいずれも不正解ではないが，十分とはいえない。実は，これら全ては，「国家」なるものが備える要素として必要不可欠なものと理解されているものである。すなわち，国家たるもの，一定の**領域**と**国民**，そして固有の支配権たる**主権**（統治権）を有するものなのである（国家の三要素説）。以下，それぞれの内容について概観してみることにしよう。

　（ⅰ）国家の三要素　　①まず国家は，物理的存立基盤としての領域をもつものでなければならない。領域には，狭い意味での**領土**（領陸）のみならず，領土に接する，沿岸から12海里（1海里＝1852 m）の**領海**，領土と領海の上空部分としての**領空**が含まれ，これらに対して主権が及ぶ。また，沿岸から200海里以内で設定される**排他的経済水域**に対しては，沿岸国は漁業や鉱物資源に対する支配権を及ぼすことができる（その限りでは，限定的に主権が及ぶといえる）。他方，どの国の主権も及ばない**公海**は，自由に航行，使用できる（公海自由の原則）が，海洋資源保護のための**条約**等により，一部制限がかけられている。

　②国民とは，当該国家の所属構成員を指す。形式的には，当該国家の国籍を

有する者が国民となる。主な国籍取得のあり方としては，出生による場合と帰化による場合とがある。出生による国籍取得については，血統主義と生地主義に分類することができる。前者は親が自国民である場合に，後者は自国の領域内で出生した者に国籍を付与する考え方である。そしてこのように理解される国民が，主として単一の**民族**によって構成されている国家を**国民国家**という。

> ＃　民族とは，言語や文化などを分類指標としたものであり，皮膚の色や毛髪の質などを分類指標としたものが**人種**である。

> ＃　日本の国籍法はかつて，父親が日本国民であることを要件とする父系優先血統主義の立場をとっていた。だが，1979年に国連総会で採択された**女性（女子）差別撤廃条約**の**批准**に向け，1984年に父母両系主義に改められた（1985年同条約批准）。

③主権という言葉は多義的であり，その用いられる文脈により，異なった意味をもつ（→第3章）。(a)第一義的には強制力をもって国民を統治する権力を意味し，(b)そのような意味の主権が対外的に独立であること（**内政不干渉**。**主権国家**というときにはこれが含意される），また(c)政治のあり方を最終的に決定する権限を意味することもある（**国民主権**がその例である）。

> ＃　もともとは，主権とは，**ボーダン**が中央集権国家，絶対王政を理論づけるためにその著書『**国家論**』の中で定式化した概念である。

(ⅱ)　**国家の分類**　　**ウエストファリア条約**に端を発するとされる，独立かつ平等な主権国家によって構成される現代の**国際社会**において，国家にはいくつかの種類がある。

まず，上述(c)の意味での主権の観点から，その所在が世襲の君主にあるとされる君主国と，国民の多数意思によって政治的決定がなされ，また世襲ではない**元首**（主として**大統領**）が存在する共和国とに分類しうる。前者のうち，君主に対し何ものにも拘束されない絶対的権力を認めるものを絶対君主制といい，その権限が法的に（主として憲法によって）制限されているものを**立憲君主制**という。現在君主制を採用する国家は少ないが，イギリス連邦加盟国や，オランダ，ベルギー，タイなど（多くは正式国名に「王国（Kingdom）」がつく）がある。

日本が君主制と共和制のいずれを採用しているのかについては争いがある。**日本国憲法**上，**象徴**とはいえ，**大日本帝国憲法**期には明らかに君主であった**天皇**の存在が認められている以上，立憲君主国であるとの見解もあるが，天皇は国政に関する権能を持たず，また国民が主権者である以上，共和国であるとの見解が有力である。

また，上述のような三要素を有する国家を単一国家，複数の国家や州が主権の一部を上位の**政府**に委譲し，その国家や州の集合体として一つの国家が成立しているものを**連邦国家**という。**連邦制**においては，構成国や州が独自の統治権をもち（構成国や州にはそれぞれの憲法があり，**議会**や**裁判所**なども連邦のそれとは別に存在する），連邦政府は明確に委譲された権限のみを有する。この点，単一国家における**地方自治体**（国家機構の一部）と中央政府との関係とは異なる。

連邦国家については，国際的には，構成国・州ではなく連邦が一つの国家として扱われるが，例外として，イギリスを中心とした緩やかな国家連合たるイギリス連邦がある。

2 近代国家の形成

（i）主権国家の成立　　15世紀から16世紀にかけてのイタリア戦争の後，諸国が国内支配を確立し，君主としての国王が対外的にその国を代表するようになり，主権国家が形成され始めた。当時の統治体制としては，スペインやフランス，イギリスなどのように，国王に主権を集中させた**絶対王政**を採用するものが多かった。この絶対王政を支えていたのが**王権神授説**である。それによれば，国王の統治権は神によって授けられたものである以上，国王が失政の責任を負うことはないものとされていた（「失政」はむしろ概念矛盾ともいえる）。

17世紀に入り，ドイツでは，1618年に**プロテスタント**と**カトリック**の対立をきっかけに**ドイツ三十年戦争**へと突入した。この戦争は，後に周辺国をも巻き込み，大規模かつ長期にわたった。戦況が膠着状態に陥った後，1648年のウェストファリア条約によってようやく終結した。これによりドイツ諸侯に主権が認められ，またスイスやオランダの独立が承認されるなど，ヨーロッパにおける主権国家体制が確立し，他方で，**神聖ローマ帝国**は事実上その機能を失い，解体された（**神聖ローマ帝国の有名無実化**。その後，1806年のライン同盟を契機としたフランツ2世の帝位辞退をもって，神聖ローマ帝国は名実ともに消滅した）。

第1章　国家＝憲法

　このように成立したヨーロッパ主権国家群は，17世紀から18世紀にかけて，**市民革命**をきっかけにその統治体制を変えていった。例えばイギリスの**清教徒（ピューリタン）革命**や**名誉革命**，あるいは**フランス革命**を経て，主権が議会や市民に移り，絶対王政が打倒されることとなったのである。

　フランス革命や，**ナポレオン・ボナパルト**率いる戦争によりもたらされた混乱を処理するため**ウィーン会議**が開催され（1814-15年），いわゆる**ウィーン体制**が成立することとなった。同体制は，フランス革命後に生まれた自由主義や**民族主義（ナショナリズム）**を抑圧しようとするものだったため，各地での抵抗運動を引き起こし，1820年頃にはイギリスが体制離脱の姿勢を取り始めた。また，1830年にはフランス**七月革命**が起こり，1848年になると，フランスで**二月革命**，オーストリアやドイツで**ウィーン三月革命**，**ベルリン三月革命**が起こり，イタリアやハンガリーなどでも民族運動が活発化し，自由主義，ナショナリズムの高まりはヨーロッパ各国へと広まった。その一方で，それ以外の地域でも，1804年のハイチ独立を皮切りに，スペインやポルトガルなどが支配していたラテンアメリカ諸国が独立していき，ウィーン体制は崩壊していった。

　(ⅱ)　欧米諸国のアジア進出　　16世紀にアジア・アフリカ・ヨーロッパにその領土が及んだ**オスマン・トルコ（オスマン帝国）**は，17世紀以降，内部における民族的自立の動きと，ヨーロッパからの攻勢を受け，縮小・弱体化していくこととなった。エジプトでは，ナポレオンの遠征と，オスマン帝国・イギリスによる撃退といった混乱に乗じてムハンマド・アリーが実権を掌握したが，拙速な近代化などによる**財政**状況が悪化する中でイギリスが進出した。これに抵抗してウラービーの反乱が起こったが鎮圧され，エジプトはイギリスの保護国となった。オスマン帝国では，19世紀に入り，タンジマートと呼ばれる西欧化改革が進められた。その中で専制に対する批判，立憲制の要求が起こり，アジア初の憲法となる**ミドハト憲法**（1876年）が制定されたが，2年後，露土戦争の勃発とともに効力を停止された。

　イギリスによる**植民地化**が進行していたインドでは，イギリスの支配力強化に向けた強引な施策や，インド伝統産品の綿布がイギリスの機械製綿布に取っ

5

て代わられるといった立場の逆転などにより，イギリスへの反発が生じた。そ
れは1857年にシパーヒーの反乱（セポイの反乱）として現れたが，2年後に鎮
圧され，後にヴィクトリア女王がインド皇帝に即位し，インド帝国が成立した。

　ヨーロッパ諸国は東南アジアにも勢力を拡大し，ジャワ島・スマトラ島など
にはオランダが，マレー半島にはイギリスが，フィリピンへはスペインが支配
を及ぼしていった。ベトナムをめぐっては，保護国化を狙うフランスと宗主権
を主張する清との間で清仏戦争（1884-85年）が起こり，フランスが勝利した。

　東アジアでは，イギリス，インド，清との間での三角貿易で清に大量のアヘ
ンが流入し，清からイギリスへ大量の銀が流出することとなった。一般貿易の
断絶をちらつかせながらアヘン貿易の停止を求める清に対し，自由貿易実現を
名目にイギリスがアヘン戦争（1840-42年）を起こした。イギリスの圧倒的優位
のまま1842年に南京条約が締結され，香港島の割譲（1997に中国に返還）や上
海その他5港の開港，賠償金支払い等が認められた。さらに翌年には，領事裁
判権（治外法権），関税自主権喪失，一方的最恵国待遇を認める不平等条約が締
結された。その後も，欧米列強の中国進出が伸び悩む中，イギリス船籍の船員
が海賊容疑で広州にて逮捕されるというアロー号事件が発生したことを口実に
アロー戦争へと突入した。清の敗北に終わったこの戦争の講和条約として北京
条約が締結され，天津開港や九竜半島の南部割譲などが認められた。

　(iii)　帝国主義　19世紀後半に至ると，資本主義の発展に伴い植民地の重要
性が再認識され，第二次産業革命を背景とした技術力，軍事力を背景に，欧米
列強はさらに勢力圏の拡大を図り始めた（帝国主義）。イギリスは保護国とした
エジプトを足がかりにアフリカを南下し，従来のインド支配と連結させた3C
政策（3C＝ケープタウン，カイロ，カルカッタ。日本での呼称）を押し進めた（他
方，ベルリン，ビザンティウム，バグダードを結ぶ鉄道建設を通じて西アジアへの進出
を図ったドイツの政策を日本では3B政策という）。またフランスやドイツ，イタリ
アなどもアフリカ進出を試み，アフリカの大半は列強の植民地となった。

　また，太平洋諸国への進出も進み，18世紀中にオーストラリアやニュージー
ランドを支配していたイギリスは，北ボルネオやニューギニア島などへも進出

第 1 章　国家＝憲法

していった。**アメリカ合衆国**の進出も著しく，米西戦争の勝利によりフィリピ
ンやグアム島，プエルトリコを手に入れ，またこの時期にハワイも併合した。

　日清戦争での清の敗北をきっかけに，列強の中国進出が進められる中，清朝
内の保守勢力が反乱を起こすものの清が敗北（義和団事件）。その後清朝は，
1908年に憲法大綱を公表し，また国会開設を公約するなど，国家の近代化をめ
ざした国内改革を進めたが，後に**皇族**を中心とした**内閣**を成立させるなど，旧
体制維持の意図が見え隠れしていた。他方，新たな知識人層が清朝に対し批判
的な目を向け，革命の動きを見せ始めた。**孫文**はその諸勢力をまとめ，民族の
独立，民権の伸長，民生の安定を内容とする**三民主義**を基本理念として武装蜂
起した（結局不首尾に終わった）。後に清朝は，国外からの借款を得るため鉄道
の国有化を図るが，四川省を皮切りに暴動が各省へと広がった。この**辛亥革命**
により清朝が打倒され，1912年に中華民国が成立した（アジア初の共和国）。

　日清・日露の両戦争に勝利した日本も大陸進出をもくろみ，韓国への干渉を
強めていった。韓国側の抵抗も日本側の弾圧により鎮圧された。日本は，1905
年に韓国を保護国化，1910年には**韓国併合**を行い，完全な植民地としていった。

> ＃　日本が植民地政策を進めていく中で多くの韓国人が土地を追われ，日本へと流入した。
> 彼らは安価な労働力として日本経済を支えた反面，過酷な労働環境に置かれ，差別の対
> 象ともなり，現在も尾を引く在日韓国・朝鮮人問題の端緒となった。

　(iv)　二度の世界大戦　　20世紀に入り，**三国同盟**（ドイツ・オーストリア・イ
タリア）と**三国協商**（イギリス・フランス・ロシア）との間で緊張関係が保たれて
いた中，1914年，オーストリアが，帝位継承者の殺害事件をきっかけにセルビ
アに対し宣戦を布告し，その後戦いはヨーロッパ全土へと広がった。日本も，
日英同盟を背景に参戦してドイツと争った。戦いはさらにオスマン帝国やブル
ガリアなどにも広がり，**第一次世界大戦**へと発展していった。戦況が持久戦の
様相を呈する中で，1917年にアメリカが参戦し，連合国（協商国）側に有利な
状況へと変わっていった。他方，ロシアでは1917年に首都ペトログラードで民
衆によるストライキやデモが発生し，三月革命となってロマノフ朝が倒れた。
その際に設立された臨時政府は戦争を継続したが，後にレーニンらによる十一

7

月革命において打倒され，新政権が樹立された（この両革命を**ロシア革命**という）。

新政権である**ソヴィエト政府**は，1918年にドイツとの単独講和で戦争から手を引いたが，前年に参加していたアメリカの力により，同年秋にはブルガリアやオスマン帝国などが続けて降伏した。弱体化していたドイツでも11月に革命が起こり，帝政が崩壊して共和国となった（**ドイツ革命**）。同月，新共和国政府と連合国との間で休戦が合意され，大戦はやっと終焉を迎えた。

大戦の戦後処理は連合国主導で進められた。**ヴェルサイユ条約**によりドイツは植民地を失い，鉱物資源の豊富な**アルザス・ロレーヌ**地方をフランスに割譲させられた。各同盟国もそれぞれに講和条約を締結し，東欧・バルト海沿岸諸国の独立も認められた。**国際連盟**の設置も決定され，付属機関として，今日にも引き継がれている国際労働機関や**常設国際司法裁判所**が設置されるなど一定の成果を上げた。だが，当初は敗戦国が排除されたり，アメリカが非加盟の対応を取ったりするなど，恒久的国際**平和**を指向する組織として十分な基盤を有するものではなく，**第二次世界大戦**を抑止するには至らなかった。

オスマン帝国は敗戦により国土の大幅縮小を迫られ，また支配下民族の独立の動きなど，危機的状況にあった。このような状況に弱腰であった政府に対する不満から，**ムスタファ・ケマル**が国民会議を招集し，**ギリシャ**との戦いに勝利すると，1923年，連合国との不平等条約を解消し，新たな国境を定めて**トルコ共和国**を建国した。また，エジプトや中東諸国も独立を果たした。

イギリス植民地であったインドでは，**国民会議派**を中心に民族運動が活発化した。大戦後，自治が不十分な範囲でしか認められなかったことに反発した国民会議派は，**ガンディー**を指導者とし，反英独立運動を展開させていった。第二次世界大戦中，国民会議は非合法化され，指導者たちは弾圧されたが，1947年，大戦により疲弊著しかったイギリスからの独立を果たした。

ドイツが1939年9月にポーランドへ侵攻したのに対し，イギリス，フランスがドイツに宣戦布告したことをきっかけに，第二次世界大戦が始まった。日本は南方への進出をもくろんだが，アメリカやイギリス，中国，オランダの抵抗（ABCDライン）に遭い，1941年，**東条英機**内閣によるハワイ島真珠湾への攻撃

を端緒として**太平洋戦争**へと突入した（**日中戦争**から太平洋戦争にかけてのこの時期に行った多数の**朝鮮人の強制連行**は，現在にも禍根を残している）。当初の戦況は日本優位で進行していたが，ミッドウェー海戦での大敗を機に形勢が逆転し，太平洋南方諸国が次々と奪還され，1945年には沖縄がアメリカ支配下に置かれた。同年8月に広島，長崎に**原子爆弾**が投下され両市が壊滅的打撃を受けると，**ポツダム宣言**を受諾して**無条件降伏**し，敗戦が確定した。

(ⅴ) **第二次世界大戦後の世界**　国家をめぐる状況の変化は激しかった。

ヨーロッパでは，敗戦国ドイツがアメリカ，イギリス，フランス，ソ連による分割占領を経て，ドイツ連邦共和国（旧西ドイツ）とドイツ民主共和国（旧東ドイツ）とに分断された。旧東ドイツを含めた東ヨーロッパ諸国では，ソ連の強い影響から**社会主義**が採用され，さらに，**社会主義国**の結束を強めるため経済相互援助会議（COMECON）が設立された。このような状況を警戒した西側諸国は**北大西洋条約機構**（NATO）の設立により対抗し，共同防衛体制を整えた。このような対抗関係が，後の**冷戦構造**へとつながっていった。

中国では，政権を握っていた国民党と共産党との対立が激化する中で内戦に至り，**毛沢東**を指導者とする共産党が農民の支持を取り込んで勝利を得た。そして1949年に**中華人民共和国**が成立し，毛沢東を国家主席，**周恩来**を首相とした。共和国は社会主義を採用し，ソ連との関係を深めていった。他方，国民党を率いていた**蔣介石**は，敗走先の台湾で中華民国政府を維持した。

> ＃　現在，中国と台湾については，中華人民共和国が正統政府であるとの国際的承認を受けている（1971年**国連総会**）。台湾側は自らが正統政府であると認識しているが，他方で中国本土との切断を前提とした独立の気運も生じており，両者間の緊張が高まっている。

朝鮮半島は**北緯38度線**を境に北側をソ連が，南側をアメリカが分割占領し，後に各々が朝鮮民主主義人民共和国（北朝鮮），大韓民国として独立した。

東南アジアでは，大戦後間もなくフィリピンやインドネシアが，1948年にはビルマ連邦（後の**軍事政権**によりミャンマー連邦に改称）が独立した。1957年，マレー半島でマラヤ連邦が成立，後にシンガポールとボルネオ北部を取り込んで

マレーシア連邦となった（1965年にシンガポールが分離独立）。フランス領インドシナでは，**ホー・チ・ミン**率いるベトナム独立同盟会が1945年にベトナム民主共和国の独立を宣言したが，フランスとの対立から北緯17度線を境に南北に分断された。この対立は後に**ベトナム戦争**へとつながり，1976年にようやく統一が実現して，ベトナム社会主義共和国となった。

　南アジア・西アジアでは，インド連邦が成立した際，パキスタンが分離独立した。スリランカはイギリス連邦の自治領として独立し，後に共和国となった。また，主としてドイツから多くのユダヤ人**移民**が流入した**パレスチナ**ではアラブ人との対立が激化した。国連のパレスチナ分割案によりユダヤ人側はイスラエルを建国したが，アラブ連盟の賛同を得られず，パレスチナ戦争へ突入した。これにより生み出された多くの**難民**はパレスチナ奪還を目指してパレスチナ解放機構を設立した。現在パレスチナ地区では暫定自治政府が統治を行っているが，イスラエルとの対立が解決をみておらず，交渉も進展していない。

　列強諸国の植民地が広がっていたアフリカでは，1950年代に**アルジェリア独立戦争**（独立は1962年）などをきっかけに北アフリカ諸国から独立し始め，**アフリカの年**（1960年）には17カ国が独立を果たした。1963年には，アフリカ諸国の連帯を強め，政治，経済，防衛などの協調を目的とするアフリカ統一機構（OAU）が設立された。しかし，**人為的国境**が画定されることによる民族分断などから内紛やクーデターなどが絶えず，安定的な体制構築に至っていない。

3　国家をめぐる問題と変容

（ⅰ）国家の非固定性・流動性　　現代の国際社会において，国家は必ずしも固定的，安定的な状況にあるわけではない。例えば，日本の領土も，歴史的にその範囲を変化させてきたし，日本固有の領土でありながら他国が実効支配を行っている場所もある。

　まず，沖縄について，1872年，清による宗主権の主張に対し，明治政府は琉球藩を置き，日本領とした。後に1879年の**琉球処分**により沖縄県となった。そして第二次世界大戦後のアメリカ支配の時期を経て，1972年，本土に復帰した。

また，いわゆる**北方領土**問題は，現在もなお未解決のままである。北方領土は，1855年の日露和親条約により，千島列島のうち択捉島以南が日本領となったが，1875年の樺太・千島交換条約により，樺太がロシア領，千島列島全体が日本領となった。**日露戦争**後の1905年，**ポーツマス条約**により北緯50度以南の樺太が日本に割譲された。1951年，**サンフランシスコ平和（講和）会議**で平和条約が締結され，それによって日本が国際社会における主権を回復するとともに，樺太・千島列島の領有権を放棄するものとされていたが，そこでいう千島列島に北方四島が含まれるのかどうかは明確ではなかった。1956年，**日ソ共同宣言**により両国の**外交・通商関係**が回復したが，**領土問題**は未解決のまま残され，北方四島に対しては現在もロシアの実効支配が続いている。

このほかにも，例えば島根県の**竹島**は，韓国が「独島」との呼称で領有権を主張しており，中国や台湾との関係では，沖縄県石垣島南方の尖閣諸島が問題となっている（同島周辺の海底埋蔵資源が注目されている）。さらに，日本最南端に位置する**沖ノ鳥島**は，珊瑚礁の一部が海面上に露出したもので，消波ブロックの設置と護岸工事により辛うじて海面上に姿をみせているにすぎない。また，そこに居住者はいないため，中国などは，国連海洋法条約の定義を踏まえ，同島は単なる岩にすぎないとし，排他的経済水域の設定に異を唱えている。

　＃　条約では，「島とは，自然に形成された陸地であって，水に囲まれ，満潮時においても水面上にあるもの」（121条1項）とされ，「人間の居住又は独自の経済的生活を維持することのできない岩は，排他的経済水域又は大陸棚を有しない」とされている（同条3項）。

世界的にも国境線未確定の地域は多く，時折紛争が生じている（カシミール地域をめぐるインド・パキスタン間の争いが有名）。他律的，恣意的な国境画定により分断された民族が，自治独立を求め所属国政府と武力闘争を展開しているものもある（トルコやイラン，イラクに分断された**クルド人**など）。また，今世紀に入り，インドネシアから東ティモール民主共和国（2002年）が，スーダンから南スーダン共和国（2011年）が独立を果たすなど，国家の状況は今なお流動的である。

　(ⅱ)　「国家」の変容　　国家は，その概念・定義においてもまた流動的であ

る。近代国家の主権は排他的なものであるが，主権国家の外枠は，特にヨーロッパでその姿を変えつつある。

　第二次世界大戦後，西欧では，経済政策において共同歩調を取るべく，資本や労働力の移動の**自由**を柱とする共同体が形成され，1967年には欧州経済共同体（EEC），欧州石炭鉄鋼共同体（ECSC），欧州原子力共同体（EURATOM）を統合した欧州共同体（EC）が組織された。EC は加盟国を増加させ，統一市場の拡大を進めた。90年にはシェンゲン協定により，協定実施国間の移動に際し，国境検問が廃止された。そして92年にマーストリヒト条約が調印され，EC は**ヨーロッパ連合（EU）**となり，政治と**通貨**の統合が目指されることとなった。EU 内には，政策策定や立法を担う機関として欧州理事会や**欧州議会**，政策執行機関として欧州委員会，EU 法の解釈・適用を行う欧州司法裁判所などが置かれている。加盟国も増えてきており，EU 発足当初12カ国だったのが，東欧の旧社会主義国の一部をも取り込み，2024年現在では27カ国となっている。

　通貨に関しては，各国まちまちであったものを統合して**ユーロ**が導入され，ヨーロッパにおける**金融政策**を担う**中央銀行**（日本では**日本銀行**がこれにあたる）としての欧州中央銀行（ECB）が設立された。これにより，国際取引上の大きなコスト要因が解消することになり，統一的な金融政策を実施できるようになったが，財政政策は各加盟国に委ねられており，各国で大きく異なる経済状況の中，ECB は困難なかじ取りを迫られている。

　EU においては，さらなる統合促進，機構改革へ向けて欧州憲法の成立がめざされたが，一部加盟国で批准が拒否された。その後，修正合意を経てリスボン条約として成立した。このような動きは**国際政治**に対するヨーロッパの影響力を強めており，アメリカを頂点とした世界の勢力図は変化をみせつつある。

Ⅱ　憲　　　法

1　憲法と立憲主義

　憲法とは何か。最も形式的には，「憲法」と名のつくものが憲法だというこ

とができる。この意味では，**日本国憲法**も，**憲法十七条**（十七条憲法ともいわれる）も憲法であるが，ドイツやイギリスには憲法は存在しない（ドイツで憲法に相当する法は基本法と呼ばれる。イギリスには憲法典は存在せず，さまざまな法律や慣習が憲法の役割を果たしている）。他方で，その実質的意味で捉えるならば，**統治権の主体や国家組織のあり方**，**国家と国民との関係**等について規定した，まさに「国家の基本法」こそが憲法だと説明することもできる（固有の意味での憲法）。このような意味の憲法は，国家には必ず存在し，「憲法」という名称である必要はなく，文書である必要もない。その意味では，憲法十七条は憲法ではないが，ドイツやイギリスにも憲法があることになる。さらに，固有の意味での憲法のうち，特に，濫用されやすい性質をもつ国家権力に対して，その権力の源泉を明らかにし，また権力行使のあり方に縛りをかけるような属性を有するものを立憲的意味の憲法といい，またこのような意味の憲法に基づく政治形態を**立憲主義**（→第2章）という。そして，立憲主義の中でも，特に近代以降，**国民主権や権力分立**，**基本的人権の保障**といった基本原理を取り込むようになったものを近代立憲主義という（見かけ上は立憲主義を採用しつつも，その実態として近代立憲主義の特質をもたないようなものを**外見的立憲主義**という）。

　立憲主義思想の起源は，古くは，イギリス国王に対し封建貴族の諸**権利**を確認させた1215年の**マグナ・カルタ**（大憲章）にまで遡ることができる。後に，1628年の**権利請願**，1689年の**権利章典**に至り，イギリスは，近代立憲主義を確立する基礎を築いたといってよい。18世紀に入り，近代**市民革命**等を経て，フランスやアメリカ合衆国で**成文憲法**が制定されるに至り，19世紀には各国へと広まっていった（ゆえに19世紀は「憲法の世紀」と呼ばれることもある）。

　近代立憲主義思想においては，国家の基本的役割は，市民の**自由**を最大限に確保することであった。各個人がどれほど自由に活動しようとも，**見えざる手**により社会の安定と調和が導かれるものと考えられていた。逆にいえば，強大な権限を濫用する可能性を有する国家は，自由の確保にとって最大の脅威だったのである。そのため，近代国家の主たる役割としては，対内的には治安維持，対外的には国防が想定されており，それに関わらない領域に国家は干渉すべき

ではないと考えられていた（消極国家，夜警国家）。追求されるべきはまさに国家からの自由だったのである。だが，産業革命や資本主義経済の発達に伴い，国家から自由である領域を最大化するだけでは，実質的に市民の自由が確保されない状況が生まれてきた。資本主義経済を採用した不可避の結果として，社会における強者と弱者が生まれ，弱者は，社会経済の荒波に揉まれる中で，その生存すら危うい状況に陥ってしまうことになる（→第10章Ⅰ）。そのため，市民の自由を確保するためには，強者の無制限な活動に対し国家が積極的に介入することが必要だと考えられるようになった。国家の役割としての，**国家による自由**の確保が観念されるようになったのである（このような，「国家からの自由」と「国家による自由」との関係は，**二重の基準論**（→第7章Ⅳ **3**）をはじめとする，公権力による人権制約の許容性判断枠組にも影響を及ぼす）。ここに，消極国家から積極国家への国家観の変化，ひいては近代立憲主義から現代立憲主義への展開をみてとることができる。各国の憲法において**社会権**規定が置かれるようになり（ヴァイマル（ワイマール）**憲法**がその走りであるといわれる），またさまざまな社会保障制度の構築や社会経済政策立法の制定が憲法と矛盾することなくなされるに至っている。むろん，市民の自由にとって最大の脅威が国家であることは現代においても変わるところではない。したがって，現代立憲主義は，近代立憲主義に取って代わったものではなく，近代立憲主義に基づいた自由の最大限の確保をめざしつつ，そこから生ずる矛盾を解決するための調整的役割を期待されるものとして，両者は調和的に把握されるべきである。

> ＃　立憲主義思想の下での憲法の名宛人は，第一義的には国家である。したがって，「国家の基本法」だからといって，言葉のイメージだけに引きずられて，憲法は国民が遵守すべきものといった発想をしないよう留意しなければならない。

2　憲法の分類

　憲法は，いくつかの観点から分類できる。第1に，憲法はその存在形式において，成文憲法と不文憲法とに分類される。多くの国家は文書としての憲法典を有しているのに対し，イギリスでは，憲法の役割は判例法や慣習，および議

会法等の法律が担っており，形式的意味の憲法をもたない。

　第2に，憲法は一切の変更が不可能なものではないが，通常の立法と同様の手続で改正可能とするもの（**軟性憲法**）と，より厳格な手続を要求するもの（**硬性憲法**）とがある。日本国憲法を含めた多くの憲法は後者を採用している。

　第3に，制定主体による分類も可能である。すなわち，君主主権の思想を背景に君主によって定められた**欽定憲法**と，国民主権思想に基づき，国民が直接的にまたは間接的に定める**民定憲法**とがある。**天皇主権**を採用していた**大日本帝国憲法**は前者に，国民主権を宣言する日本国憲法は後者に該当する。

3　日本における憲法の生成と展開

　（i）大日本国帝国憲法の成立とその特徴　　日本における最初に憲法という名の付くものとしては，**聖徳太子**が推古天皇とともに国家組織の形成を目指して作成したとされる，604年の憲法十七条まで遡ることができる。しかしその内容は，役人の心得や道徳，**仏教**の尊重を説いたものにすぎなかった。

　日本における固有の意味での成文憲法の制定は，大日本帝国憲法まで待たなければならなかった。1868年に成立した明治政府は，**五箇条の御誓文**により新政府の方向性を示すとともに，**廃藩置県**や版籍奉還，地租改正等により中央集権的な国家・財政基盤を固め始めた。他方で，戊辰戦争後に新政府に対する不満を募らせた**板垣退助**らは，天下の公論に基づく政治を求め，国会の設立を要求する**民撰議院設立の建白書**を提出し，これが**自由民権運動**のきっかけとなった。自由民権運動が活発になる中で，**元老院**による憲法の起草作業が行われたが，その**民主主義的性格**の強さから成立には至らなかった。他方で，**植木枝盛**や立志社などの民間レベルで**私擬憲法**草案が多数作成されるに至り，**大隈重信**らの急進派による憲法制定，国会開設の要求は勢いを増していった。この勢いに対し，明治政府は，当初は弾圧にて応じていたが，後に，1890年の国会開設を約することで事態を収めた。また，**伊藤博文**らを憲法調査団としてヨーロッパに派遣し，ドイツ流の憲法について学ばせた。伊藤らは帰国後に憲法の起草に取りかかり，**枢密院**での議を経て，1889年，大日本帝国憲法が公布された。

このように成立した大日本帝国憲法は，次のような特徴を有するものであった。まず第1に，「国家統治ノ大権ハ朕カ之ヲ祖宗ニ承ケテ之ヲ子孫ニ伝フル所ナリ」（上諭）とみられるように，王権神授説的思想を背景に，神勅によって**天皇**に国家の統治権が与えられていることが確認されていた。また，「天皇ハ国ノ**元首**ニシテ統治権ヲ**総攬**」するものとされ，天皇主権が宣言されていた（4条）。他方で，「朕及朕カ子孫ハ将来此ノ憲法ノ条規ニ循ヒ之ヲ行フコトヲ愆ラサルヘシ」（上諭），また天皇の統治権は「此ノ憲法ノ条規ニヨリ之ヲ行フ」（4条）ものとされ，立憲主義思想も取り込まれるなど，天皇を最高の権威者とする構造と立憲主義思想とが微妙な緊張関係に立たされていた。

　第2に，権利保障規定に関し，**財産権**や**表現の自由**，**信教の自由**など，日本国憲法上保障されている多くの権利が列挙されていたが（→第9章），それは前国家的な（基本的）人権ではなく，憲法上創設された「**臣民ノ権利**」にすぎなかった。天皇の恩恵によって与えられた権利である以上，法律を制定すればいかようにでも制限しうるものであった。その趣旨は，「法律ノ範囲内ニ於テ」とか「法律ニ定メタル場合ヲ除ク外」といった文言が随所にみられることに表れている（**法律の留保**）。また，信教の自由に付された「安寧秩序ヲ妨ケス及臣民タルノ義務ニ背カサル限ニ於テ」という条件が，**治安維持法**等の運用において大きな役割を果たしたなど，権利保障は名ばかりにすぎなかった。

　(ii)　日本国憲法の成立とその特徴　　1945年に日本が**無条件降伏**した際に受諾した**ポツダム宣言**は，民主主義的傾向の復活強化や基本的人権尊重の確立を求めていた。これは，大日本帝国憲法と相容れない要素を含むものであったため，**連合国**としては憲法改正の必要性を意図していたが，日本政府側は必ずしも積極的ではなかった。後に**連合国軍最高司令官総司令部**（GHQ）のマッカーサーから憲法改正の必要性を唆された**幣原喜重郎**内閣は，**国務大臣**松本烝治を長とする**憲法問題調査委員会**を設置し，憲法調査にあたらせた。委員会は改正に乗り気ではなかったものの，後に GHQ に提出されることとなる，憲法改正草案（**松本案**）をとりまとめた（これに対し，民間レベルの憲法学者鈴木安蔵らが結成した**憲法研究会**の筆にかかる「憲法草案要綱」は，国民主権を採用し，天皇を儀式を

司るにすぎないものと位置づけており，後の**マッカーサー草案**に大きな影響を与えたとされる）。しかしながら，その提出前に，委員会内部の私案段階のものが同委員会作成にかかる試案として新聞紙上にスクープされた。その内容が旧憲法の規定を多く残したものであったため，これに業を煮やした GHQ は，天皇を元首とすべきこと，戦争の廃止，華族の廃止を内容とする**マッカーサー三原則**に基づいた憲法草案（マッカーサー草案）を作成し，提出された憲法改正要綱に対する回答として日本側に提示した。**象徴**天皇制と戦争放棄を柱としたその内容に日本政府内に衝撃が走ったが，**極東委員会**における天皇の処遇に関する危惧から，同要綱を受け入れざるをえないとの判断に至った。同要綱を踏まえて作成された憲法改正案が枢密院の議を経て，大日本帝国憲法73条に基づく**憲法改正の発議**という形で**第90帝国議会**に提出され，一部修正を経て可決成立した。このような手続を経て，1946年**吉田茂**内閣により日本国憲法が公布された。

> ＃　便宜上大日本帝国憲法の改正という手続が取られたが，主権者の変更などが改正の限界を超えるとして（→第 3 章Ⅰ **1**），日本国憲法の正統性を疑問視する見解もある。

　日本国憲法の最大の特徴は，国民主権（主権在民）（→第 3 章），**基本的人権の尊重**（→第 8 ～ 11章），**戦争放棄**（平和主義→第12章）という三大原則を採用したことであろう。従前の主権者であった天皇は，日本国および日本国民統合の**象徴**として位置づけられ（1 条），国政に関わる権能を一切否定され，一部の**国事行為**のみを行いうるとされた（4 条，7 条）。また，その際にも，必ず**内閣の助言と承認**が必要とされる（3 条）。その限りでは，天皇は日本の元首とは評し難いが，全権委任状や大使・公使の信任状，**外交文書**を認証したり，外国の大使・公使を接受したりすることが，天皇が行う国事行為とされている（7 条 5 号，8 号，9 号）など，外交上は天皇が元首と理解されることもある。他方で，国家の元首は誰かという問いかけ自体に対する疑問も呈されている。

　(ⅲ)　日本国憲法の変容　　日本国**憲法96条**は，両議院のそれぞれ 3 分の 2 以上の賛成による発議と，国民投票における過半数の賛成をもって憲法を改正できる旨を規定しているが，2007年に**国民投票法**（日本国憲法の改正手続に関する

法律）が成立するまで具体的な手続が定められていなかったという事情もあって，日本国憲法は70年以上全く改正されていない。世界的な安全保障状況の変化を理由に**憲法9条**や13条などを国家主義的に改正しようという動きがあり，2012年には**自由民主党**は憲法改正草案を発表している。その中で，<u>安倍晋三内</u>閣は，従来の政府解釈として不可能だとされてきた**集団的自衛権**の行使も現行憲法下で可能だとする解釈変更を行い，関連法案を成立させた（→第12章）。我々も，日本国憲法のあるべき姿について立憲的に考えるべき状況にある。

【設　問】

1　次の空欄には，下記a，bのいずれが入るか。（2023年・大学入学共通テスト本試「政治・経済」・改）

　　憲法第99条は，憲法尊重擁護義務を，（　　　　）。このほか，憲法第81条が定める違憲審査制も立憲主義の実現のための制度だよ。

　　　a　公務員に負わせているね。このような義務を規定したのは，公権力に関与する立場にある者が憲法を遵守すべきことを明らかにするためだよ

　　　b　すべての国民に負わせているね。このような義務を規定したのは，人類の成果としての権利や自由を国民が尊重し合うためだよ

2　あなたが家庭教師をしている高校生が，「憲法には性差別をしてはならないって書いてあるのに，映画館なんかで女性だけが優遇されるレディースデイみたいなサービスがあるのっておかしくないですか。あれって憲法違反にはならないんですか」という質問をしてきた。これに対してわかりやすい説明をしなさい。（2022年度後期・関西大学全学共通科目「日本国憲法」）

■ **さらなる学習のために**

松井茂記『日本国憲法〔第4版〕』（有斐閣，2022）

佐藤幸治『日本国憲法論〔第2版〕』（成文堂，2020）

辻村みよ子『憲法〔第7版〕』（日本評論社，2021）

長谷部恭男『憲法〔第8版〕』（新世社，2022）

市川正人『基本講義　憲法〔第2版〕』（新世社，2022）

芦部信喜（高橋和之補訂）『憲法〔第8版〕』（岩波書店，2023）

君塚正臣『憲法』（成文堂，2023）

【福島力洋】

第2章　近代立憲主義

憲法を支える思想

【概念図】

　立憲主義，あるいは近代立憲主義という言葉を聞いたことがある人も多いだろう。この憲法を支える思想については，その形成された歴史を概観することによって，重要性を学ぶことができる。

■近代立憲主義：国家権力の制限→個人の尊重，国民の自由・権利の保障
　→Ⅰ参照　国家権力：主権国家の形成，絶対王政の確立
　　　　　　社会契約説───ホッブズ『リヴァイアサン』
　　　　　　　　　　　　├─ロック『統治論二篇』（自然権，政府，抵抗権）
　　　　　　　　　　　　└─ルソー『社会契約論』（一般意志）

■イギリス：近代立憲主義への架橋
　→Ⅱ参照　マグナ・カルタ（大憲章）：近代立憲主義の源流
　　　　　　イギリスにおける絶対王政→イギリス革命
　　　　　　　　　　└→権利請願，権利章典（イギリス人古来の権利）

■アメリカ：近代立憲主義の成立（立憲的意味の憲法をもった最初の社会）
　→Ⅲ参照　イギリス本国とアメリカ植民地の対立→独立戦争
　　　　　　　　　└→独立宣言（ロックの思想）
　　　　　　　　　└→アメリカ合衆国の成立，アメリカ合衆国憲法

■フランス：近代立憲主義の成立（アメリカについで立憲的意味の憲法をもつ）
　→Ⅲ参照　フランスにおける絶対王政→フランス革命
　　　　　　　　　└→フランス人権宣言
　　　　　　　　└→1791年憲法，1793年憲法，1795年憲法

■近代立憲主義の現在
　→Ⅳ参照　近代立憲主義の現代的変容：社会権の登場，権力分立制の変容
　　　　　　近代立憲主義の現代的意義

I　近代立憲主義の意義

1　近代立憲主義とは

　立憲主義とは，国家権力を制限するべきだ，換言すれば，憲法に基づいて統治をすべきだという考え方である。それ自体は中世にも存在したが，特に国家権力を制限して国民の**自由・権利**を保障する考え方は，近代の産物であり，**近代立憲主義**とよばれる。憲法（**立憲的意味の憲法**）は，この近代立憲主義に基づき，何よりも個人を大切に考え（**個人の尊重**），国家が恣意的に私的領域へ介入することを抑止し，国民の自由・権利を保障するための法である。このため憲法は**国家からの自由**（**自由権**）を保障し，これを確実にするために**国民主権**（→第3章）と**権力分立**を定める。**フランス人権宣言16条**が「権利の保障が確保されず，権力の分立が定められていないすべての社会は，憲法をもたない」と述べるのも，この趣旨の現れである。

　近代立憲主義が制限の対象とする国家は，**国民国家**であり，自己に**主権**を集中する**主権国家**である。歴史的にいえば，これは国王が中世の社会秩序を維持しつつ，主権国家の形成をめざすという（→第1章I），**絶対王政**（絶対主義）を確立するなかで成立する。それまでの中世ヨーロッパ社会は，教会や封建諸侯など，さまざまな権力が併存し，相互に牽制するような状況にあった。絶対王政はこれを克服するためになされた。この絶対王政の下で，国王は手足となって働く**官僚制**と戦時・平時を問わず組織される**常備軍**とを整え，国家統一を強力に推し進めた。これを財政的に裏づけるために，国家が積極的に経済活動に介入する**重商主義**に基づく諸政策を実施した。このように国王は国内における権力を自らに集中させることで，絶対的な力をもつに至る。しかし，このことは同時に，国王が国内において無制限な権力を行使することで，国民の自由を侵害する危険性があることを意味した。実際に，絶対王政時代の国民は，信仰したい宗教や就きたい職業を自由に選択できないなど，種々の自由がしばしば制限されていた。こうした国民の自由に対する制約を打破するために生ま

れてきた思想が，近代立憲主義である。

中世のヨーロッパは，俗なる世界であっても，**ローマ・カトリック教会**の権威に従属
していた。中世末期以降，その権威が低下する中で主権国家は成立する。この主権国家
がヨーロッパに多く形成され，それらが対等な立場で存在し競合するような国際関係を
主権国家体制というが，この体制は**ウエストファリア条約**で実現したとされる（→第1
章I）。そもそも，この主権国家体制の成立の契機とされるのは，イタリアの支配をめぐ
る神聖ローマ帝国とフランスとの間で繰り広げられたイタリア戦争（1494-1559年）であ
る。この頃に『**君主論**』を著した**マキャベリ**は，中央集権化した諸大国からイタリアを
守るためにその統一を主張した。

2 社会契約説

近代立憲主義が登場する上で重要な役割を果たしたのは，絶対王政を打倒し
た**市民革命**と，その当時の重要な政治学説である**ロックやルソー**の**社会契約説**
である。というのも，法によって権力を制限するという発想は，絶対王政から
たびたび挑戦を受けてきたが，近代立憲主義の登場以前にも存在したからであ
る（中世立憲主義）。ただし，それは身分制社会を前提とし，貴族の特権を擁護
するなど封建的性格が強い点で，近代立憲主義とは異なる。

中世立憲主義の封建的色彩がとれて，人権一般の理論となるには，社会契約
説の登場を待たなければならなかった。もっとも，ロックやルソーの前にも，
彼らと異なる社会像を描いた人物がいる。イギリスの政治思想家**ホッブズ**であ
る。ホッブズは，その著書『**リヴァイアサン**』の中で，人々が**政府のない状態**
＝**自然状態**に置かれれば，**万人の万人に対する闘争**になり，これを避けるため
に人々はこの闘争の恐怖から理性に目覚め，自己保存のために契約を結んで国
家をつくると考えた。その上で，彼は人々が生まれながらにもっている**自然権**
を国家に委譲し，そうした国家が人間を絶対的支配下に置くと主張した。

これに対して，人々が自然状態に置かれたとしても，必ずしも闘争の状態に
至るとは限らない。このように考えたのが，ロックとルソーである。ロックは，
『**統治論二篇（市民政府二論）**』の中で，次のように説明した。人は生まれなが
らに**自由**かつ**平等**であって，生命・自由・財産を守る権利など生来の自然権を

もっている。この自然権を確実なものとするために，人々は自然状態をやめ，契約によって国家（政府）をつくり，その政府に権力を信託する。政府は人民の自由・権利を保障するために存在するものであるから，もし政府が人民の自由・権利を恣意的に侵害する場合には，人民は政府に対する抵抗権を有する。またルソーは，『社会契約論』の中で，人間が国家をつくってからも自由であるためには，人民が主権者になる以外に途がないと考え，そのためには各人が社会契約を結び，各人は社会の構成員の総意である一般意志の形成に参加し，同時にその支配に自己を委ねる必要があると主張した。ルソーの理論は直接民主主義を志向した。

　このようなロックやルソーの社会契約説は，個人を尊重し，自由な諸個人が社会を形成するという思想であり，政府を樹立する目的が私的領域の確保にあると考えた。これは，市民革命期のフランス人権宣言，アメリカ独立宣言，バージニア権利章典に大きな影響を与え，近代立憲主義の成立にとって欠かせない政治思想となった。

> **Keyword 1**　**市民革命**　市民革命（ブルジョア革命）とは，市民階級（ブルジョアジー）が絶対王政を打倒することで，近代市民社会を成立させた政治的・社会的変革をいう。市民革命によって封建的な身分制度が打破され，個人の自由を確保する社会が形成された。また移動の自由や財産権などが保障されるようになり，資本主義の確立・発展にも寄与した。イギリス革命（清教徒（ピューリタン）革命と名誉革命），アメリカ独立革命，フランス革命は，その代表例である。

> **Column 1**　**啓蒙主義**　啓蒙主義（啓蒙思想）は，人間理性を尊重する立場から，宗教的権威，不合理な思想や悪しき伝統・習慣などを批判することで，宗教，政治，社会，経済および法律などの不合理などを克服しようという，17世紀のイギリスに始まり，18世紀にはヨーロッパや北米に広まった革新的な思想である。政治思想の領域では，ロックやルソーが社会契約思想を生みだした。またモンテスキューが『法の精神』を著し権力分立を唱えたり，ヴォルテールが迷信・宗教家の非寛容や偽善を攻撃し，カトリック教会を非難したりした。

第2章　近代立憲主義

Ⅱ　近代立憲主義の原点──イギリス

1　近代立憲主義の源流

（i）　マグナ・カルタ（大憲章）　　**近代立憲主義**の源流をたどると，イギリスの**大憲章**（マグナ・カルタ）に行き着く。大憲章が出された13世紀初めのイギリスは**封建社会**であり，国王は封土の媒介を通じて諸侯と主従関係を結んでいた。これは，家臣が国王に従属する関係ではなく，両者の双務的な契約関係といえるものであった。しかし，ジョン王は，王権の強化を図る上で，たびたびこの封建契約を破り，内政や外交に失敗すると，国民に兵力や戦費について過大な負担を課していた。

こうした国王の専制に反発した多くの貴族は，王権の濫用を抑制すべく，大憲章を出して国王に受け入れさせた。この大憲章は**法の支配**（→第7章Ⅰ **1**）の伝統を確認し，**議会**の同意のない課税を禁止するなど国王の権力を制約するとともに，国王が与えるさまざまな**自由**を定めていた。しかし，それはそもそも諸侯が国王に約束を取り付ける封建文書であることから，ここでいう「自由」は，近代的な意味でのそれとは異なり，封建制度を前提に諸侯が国王の恣意的な介入なく行動できるという意味での自由にすぎない。それでも，王権の濫用を抑止するという発想は，近代立憲主義の萌芽といえよう。

（ii）　イギリスにおける絶対王政の確立　　中世から近世にかけて，西ヨーロッパでは**ローマ・カトリック教会**が西欧キリスト教会の首座にあった。その司教である**教皇**は，経済的基盤となる**教皇領**をもち，さらに聖なる世界の支配権をもっていた。イギリスも同様の状況にあったが，16世紀前半に**ヘンリ8世**が自らの離婚問題をめぐって教皇と対立し，その結果イギリスはローマ・カトリック教会と絶縁して**イギリス国教会**を樹立した。国教会は，**議会**が制定した**首長法**（国王至上法）により成立し，国王を首長とした。このことは，それまで俗なる世界の支配権をもつにすぎなかった国王が，聖なる世界の支配権ももつことを意味する。これによって，国王は中央集権化を推し進め，イギリスに

23

おける絶対王政の素地ができたのである。

> **Column 2** **宗教改革** 宗教改革とは，16世紀のヨーロッパにおいて展開された，ローマ・カトリック教会の弊害を批判し，新たにプロテスタントの確立をめざした宗教運動のことをいう。1517年にドイツのルターが95カ条の論題を発表して教会の贖宥状（免罪符）販売を批判し，人は信仰のみによって救われると主張したことに始まる。この運動は，それ以前からあった聖職者の堕落等と相まって，その後ヨーロッパ全土に広まった。ヘンリ8世によるイギリス国教会の樹立も，この文脈で理解できる。

かくして16世紀から17世紀前半にかけて，イギリスは**絶対王政**の時代となる。しかし，絶対王政といっても，国王への権力集中の程度はフランスよりも弱いものであった。何よりもイギリスでは，国王の諮問機関であった11世紀の王会以来，**シモン＝ド＝モンフォールの議会**（1265年），**模範議会**（1295年），上院（貴族院）と下院（庶民院）からなる**二院制の議会**（14世紀半ば）と，議会はその権限が弱められながらも活動を続けていく（→第4章Ⅲ **1**）。しかも，イギリスでは絶対王政を支える**官僚制**と**常備軍**が十分に発達しなかった。

2 イギリス革命と近代立憲主義

（ⅰ） **権利請願と清教徒（ピューリタン）革命** イギリスでは，17世紀になると，**王権神授説**を信奉する国王が登場した。スチュアート朝のジェームズ1世やチャールズ1世である。王権神授説とは，国王の支配権が王の祖先である神から直接授けられたものであるから，国王は神に対して責任を負い，法には拘束されないという考え方である。2人の国王は法の支配の伝統を否定し，絶対主義政策を行った。例えば，ジェームズ1世はイギリス国教会を信仰するよう国民に強制し，これに従わないピューリタンを弾圧した。また，その子であるチャールズ1世は，スペインおよびフランスとの戦争によって生じた財政難を克服するために，課税に対しては国会の同意を得るという伝統を無視して，国民から法律によらず強制的にお金を集め，従わない者を逮捕・投獄したのである。

第2章　近代立憲主義

　これに対して，**エドワード・コーク（クック）**は，「国王は何人の下にあるべきではない。しかし神と法の下にあるべきである」という**ブラクトン**の言葉を引用し，王権神授説に対抗した。ここでいう法とは，中世以来の慣習法である**コモン・ロー**と呼ばれるものであって，法の支配の基礎となるものであった。1628年，庶民院はコークの主導で**権利請願**を起草し，チャールズ1世に対して議会の承諾のない課税を禁止することや**人身の自由・適正手続**の保障を求めた。この権利請願で示された権利は，新たに創造されたものではなく，イギリス人の古来からの**権利**を再確認したものである。

　チャールズ1世は権利請願をいったん受け入れたが，その後，議会を解散して絶対王政を続行した。彼は1640年にスコットランドの反乱を抑えるために，軍事費を確保するための船舶税と強制国債の導入を目論んだ。これは議会の反発を招いたが，チャールズ1世はこれを力で抑えようとした。そして，ついに1642年には，国王を支持する**王党派**と議会を支持する**議会派**の対立は内乱状態にまで達するに至った。この対立は**クロムウエル**の活躍により議会派が勝利を収め，チャールズ1世は処刑された。このスチュアート朝の絶対王政を打倒した，一連の過程を**清教徒（ピューリタン）革命**という。

　(ii)　**名誉革命と権利章典**　清教徒（ピューリタン）革命の直後は共和制が敷かれたが，クロムウエルは武力で議会を解散し，自ら護国卿として軍事独裁を行ったので，国民の自由の確保という革命の目的が達成されたわけではなかった。このため，クロムウエルの死後は議会派の多数と王党派が妥協し，**チャールズ2世**を国王に迎え共和制に終止符を打った。**王政復古**である。しかし，チャールズ2世は議会を尊重する約束で即位したにもかかわらず，絶対王政への逆行を企てたため，議会は国王の力を抑える必要があった。例えば，チャールズ2世が議会の立場に反してカトリックを容認する姿勢を示したので，議会はこれに対抗して，1673年に公職に就任する者を国教徒に限定する旨の**審査法**を制定した。また，議会は1679年に，法によらない逮捕や**裁判**の禁止を定めた**人身保護法**を制定することで，国王の専制に歯止めをかけようとしたのである。

　チャールズ2世の死後，イギリス国王となった**ジェームズ2世**も，王権の強

化を目論むとともに，カトリックをイギリス国教にするために種々の圧政を行った。このため，議会は1689年に，ジェームズ２世の娘のメアリ２世とその夫である**ウイリアム３世**をイギリスへ国王として招き，ジェームズ２世を退位に追い込んだ。流血も大きな混乱もなかったので，**名誉革命**と呼ばれる。さらに議会は，王権に対する議会の優位を示す**権利宣言**を可決し，王が立法・行政・司法・課税・軍事などについて議会の意思に反した行動をとりえないとした。メアリ２世とウイリアム３世はこの宣言を承認して，共同で王位に就いた。

　議会は，この権利宣言を法文化した**権利章典**を制定した。権利章典は，国王が議会の承認なしに，法律の執行を停止したり，課税したり，平時において常備軍の徴集・維持したりすることを禁止した。また，**請願権**，議会議員選挙の自由，議会における言論・討議の自由を定めた。このように権利章典は，王権の制約を実際の目的として，議会主権を明確にして**立憲君主制**を打ち立てるとともに，イギリス人の古来の権利を確認する手法で種々の権利を明記した。これは，イギリス立憲政治の原点であり，また**立憲主義**の歴史にとっても重要なものである。

> ＃　憲法によって君主の権力が制限され，そのような君主が**統治権**を行使する政治体制を立憲君主制という。絶対王政下の君主と異なり，君主の権力が憲法によって制約されている点が重要である。市民革命後のイギリスでは，国王の権力が議会によって事実上制約され，後には**内閣**の登場によって，国王は**行政権**（→第５章）の名目的保持者にすぎなくなった。これに対して，プロイセンや**大日本帝国憲法**下の日本では権力が君主に集中する政治体制が採用された。

　以上のように，イギリスは**イギリス革命**といわれる２つの**市民革命**を経て，絶対王政を克服し，基本的な法律に基づいて行う政治が確立した。そこでは，権力者である国王をいかに制限するか，という点に注意が払われた。大憲章，権利請願，権利章典といった，イギリス憲法における重要な文書は，この点を成し遂げるために作成されたのである。ただし，イギリスにおけるこれらの文書には，**社会契約説**の発想，すなわち生まれながらにして**自由**かつ**平等**な個人が**政府**をつくるという発想ではなく，イギリス人の伝統的な権利（身分的特権

26

としての自由）の確認という発想で諸権利が盛り込まれた。もっとも，権利章典はロックの理論を加味することで，国民一般の理論として理解することができよう。このように権利章典は，近代立憲主義そのものではないが，伝統的立憲主義・中世立憲主義から近代立憲主義へと橋渡しをする役割を果たしたのである。

ヨーロッパ諸国は15世紀末以降，「太陽の沈まぬ国」と呼ばれたスペインと17世紀中葉の覇権国家オランダを先頭に，積極的な海外進出と植民地建設を始めた。イギリスは，国内で絶対王政と市民革命を経験した頃，国外ではアメリカ建設とインド植民地化の中心的役割を果たした**東インド会社**の設立を行った。フランスも16世紀から海外進出を始めるなど，ヨーロッパで絶対王政期や近代立憲主義が開花した時代は，ヨーロッパ諸国による植民地建設が始まった時代でもあった。

Ⅲ　近代立憲主義の成立──アメリカとフランス

1　アメリカにおける近代立憲主義の成立

（ⅰ）**イギリス本国とアメリカ植民地の対立**　　アメリカは，17世紀以降，イギリスからの移民によってイギリスの植民地として形成され，18世紀前半までに**13植民地**が建設された。これらの植民地は，1760年代後半になるまで一致して行動することはなかったが，イギリス本国が植民地内部の問題に干渉するにつれ，不満を募らせていった。

　植民地がイギリス本国に対する抵抗運動を始めたのは，1756年からの七年戦争を契機として本国から財政負担を要求されたためである。1765年に制定された**印紙法**は，その最たるものであった。印紙法は，植民地における公文書にはすべて政府発行の印紙を購入し，貼り付けなければならないと定めていた。ここでいう公文書には，契約書等の法的文書だけではなく，新聞や書籍のような出版物も含まれるなど適用範囲が広かったため，植民地の人々の負担は大きかった。彼らはイギリス本国の課税に対して，「**代表なくして課税なし**」と主張して抵抗した。そして同年10月には，13植民地のうち９植民地の代表者がニューヨークに集まり，植民地に対する本国の課税権を否定するとともに，印

紙の不買運動を激しく展開した。このためイギリス本国は，最終的に印紙法の廃止に同意した。

　こうした中で，1773年12月に**ボストン茶会事件**が起こった。イギリス本国は破産の危機に瀕していた**東インド会社**を救済するために茶法を制定し，その会社にアメリカ植民地向けの茶の輸入独占権を付与した。この本国の措置に，植民地の人々は反発し，ボストン港で東インド会社船を襲撃し，積荷の茶を湾に投げ込んだ。これに対して，イギリス本国が強行・弾圧策（賠償金の支払い命令，ボストン港の閉鎖，届出のない集会の禁止など）に出たため，本国と植民地との間に一気に緊張が走った。

　植民地は，本国の弾圧に抗議するとともに植民地としての方針を決めるために，1774年9月，12の植民地の代表がフィラデルフィアに集まり，第1回**大陸会議**を開催した。この会議は，植民地の武装とイギリスとの通商の断絶を決定した。またイギリスに対して**請願権**，集会をする権利，陪審裁判などの保障を求めたが，イギリスはこれに応じなかった。1775年4月，マサチューセッツ州東部でイギリス兵と植民地兵が交戦状態になり，1万6000人のイギリス兵がボストン市を包囲する事態となる。こうして**アメリカ独立戦争**の火蓋が切られた。このため植民地は，翌5月に第2回大陸会議を開催し，**ワシントン**を植民地軍総司令官に任命した。植民地は当初，独立を究極の目的としていたわけではなかったが，次第に本国からの独立を決意するようになった。

　(ii)　アメリカ合衆国の成立　　1776年7月4日，大陸会議は，**トマス・ジェファソン**起草の**アメリカ独立宣言**を公表した。独立宣言は**自然権**思想が実定化された最初の文書といわれるように，自然権思想（とりわけ**ロック**のそれ）がアメリカの独立の発想の根底にある。13植民地はこの宣言によって，各々イギリスから独立し，邦となった。独立後の各邦は，それぞれ成文の憲法を制定する。これらが世界で最初の**成文憲法**である。中でも**バージニア権利章典**は，人権宣言の先駆的なものとして評価される。

　　＃　アメリカ独立宣言は以下のように謳う。「われわれは，自明の真理として，すべての人
　　　は**平等**に造られ，造物主によって，一定の奪いがたい天賦の**権利**を付与され，その中に

28

生命，**自由**および幸福の追求の含まれることを信ずる。また，これらの権利を確保する
ために，人類のあいだに**政府**が組織されたこと，そしてその正当な権力は被治者の同意
に由来するものであることを信ずる。そしていかなる政治の形体といえども，もしこれ
らの目的を毀損するものとなった場合には，人民はそれを改廃し，かれらの安全と幸福
とをもたらすべしと認められる主義を基礎とし，また権限の機構をもつ，新たな政府を
組織する権利を有することを信ずる」。

　アメリカ独立戦争は当初，植民地側が苦戦していたものの，フランスが植民
地側を支持してから形勢が逆転し，最終的には植民地の勝利に終わる。大陸会
議は，こうした戦争遂行にあたって，邦相互の共通の関心事を調整するために
集結したものであった。第2回大陸会議は，邦間の連帯を独立後も維持すべく，
各邦の連合をつくるために1777年にアメリカ連合規約を制定した（発効は1781
年）。連合規約は，連合の名称を**アメリカ合衆国**と定めた。この連合は，各邦
が主権をもち，中央政府の実体は独立国家の連合であった。連合会議は，人民
の直接の代表ではなく，邦によって構成されていた。連合会議は，外交と宣戦，
邦の要請による邦間の紛争の裁定などの権限をもつが，課税権や州際通商規制
権をもたず，兵士や装備を保持することもできなかった。

　この事実は，連合政府が弱体だったことを意味する。財政面では，連合政府
の財政基盤が不安定だったために，独立戦争の戦費を調達するために抱えた債
務を思うように弁済できないなどの不都合が生じた。また外交面では，戦争終
結に際して連合政府とイギリスの間で締結された**パリ条約**の履行に問題が生じ
た。この条約で，イギリスはアメリカの独立を承認する一方で，アメリカは独
立戦争中に本国への忠誠を守った人々から奪った財産の返却を約束した。しか
し，邦の裁判所は，本国への忠誠を守った者の財産返還要求に対して，この条
約を執行しなかった。このためイギリスがアメリカ船の自国の港への入港を禁
止する報復措置に出たことから，アメリカの経済不況は一段と深刻になったが，
連合政府は何も手を打てなかったのである。

　こうした状況を打開するために，連合規約を改正して強力な中央政府を樹立
する必要性が意識された。そして，この点を議論するために1787年に憲法制定
会議が開かれ，議論の末，同年に**アメリカ合衆国憲法**が制定された（発効は

1788年)。この憲法は，連合規約で認められていなかった課税権，州際通商規制権，および徴兵の権限を中央政府に認めるとともに，権力の集中・濫用を防止するために**権力分立**（三権分立。**立法権**は連邦議会に，執行権は大統領に，そして**司法権**は裁判所にそれぞれ属する）を定めた。また憲法は，各州の人民が連邦議会の下院の議員や大統領を選出する大統領選出人を選挙で選出できると定め，**民主主義**（→第3章）を採用したとされる（会議では，民主主義の行きすぎについても議論がされた。なお各州の人民が上院の議員を選挙で選出できるようになるのは，1913年の憲法修正による）。この憲法を制定するにあたって，憲法制定会議という特別の会議体が設けられたのは，**憲法制定権力**の発動が立法権の行使と，理論的にも手続的にも区別されるべきであると考えられたからである。

> ＃　憲法制定の際に，強力な中央政府の設立を主張する**連邦派**（フェデラリスト）と，州の主権の尊重を主張する**反連邦派**（アンチ・フェデラリスト）との間で激しい政治闘争が展開された。連邦と州との関係，連邦政府の権限の範囲というのは，**連邦制**を採用するアメリカにおいて，現在でも重要な争点である。

　以上のように，アメリカ合衆国憲法は，イギリスがアメリカ植民地の人々の自由を奪う中で，彼／彼女らがその状況から脱して，人権を確保し，イギリスの専制を排除するために生み出された。アメリカは，独立革命を通して<u>近代立憲主義</u>を発展させ，<u>立憲的意味の憲法</u>をもつ最初の社会になったのである。

2　フランスにおける近代立憲主義の成立

　(i)　フランス革命とフランス人権宣言　　フランスも17～18世紀は**絶対王政**の時代であった。その最盛期の国王**ルイ14世**は，「朕は国家なり」という言葉を残している。**アンシャン・レジーム**（旧制度）では，国王を頂点とした封建的身分制度が維持されていた。全人口の2％程度にすぎない第一身分（聖職者）と第二身分（貴族）が**特権身分**とされ，国からの年金支給や免税などの種々の特権と領地支配権を認められた。農民と市民階層からなる**第三身分**は平民身分とされ，人口の大部分を占めていたにもかかわらず，政治的な発言権がないばかりか，重い税負担などに苦しんでいた。

1789年，**ルイ16世**は財政問題の行き詰まりから**三部会**の招集を決めた。**身分制議会**であった三部会では，各身分で１票を投ずるという議決方法が伝統的であった。しかし，この方法では数の上で多数である第三身分の意思を議決に反映させることが難しく，また聖職者・貴族がこの議決方法を維持しようとしたため，第三身分を中心に**国民議会**が組織された。しかし，国民議会は国王によって議場の使用が禁止されたため，テニスコートで会議を行い，憲法を制定するまで議会を解散しないことを誓った（テニスコートの誓い）。これに対して，国王はヴェルサイユに軍隊を集結させ，国民議会を解散に追い込もうとした。

しかし，国民議会は不満を募らせていたパリ市民に呼びかけ，戦う道を選んだ。1789年７月４日，パリ市民は，国民議会に対する軍隊の集結や，貴族への課税を主張するなど財政再建に取り組んでいたネッケルの罷免などを契機に，市内のバスティーユ牢獄を襲撃した。この牢獄が襲撃の対象とされたのは，王政に対する政治犯を収容するなど専制政治の象徴ともいえる存在だったからである。襲撃の結果，パリ市民は10日後に牢獄を占領した。ここからフランス社会を根底から変えるようなさまざまな変革がなされた。**フランス革命**である。

国民議会は，憲法制定国民議会と位置づけられ，ラ・ファイエットらの起草した**フランス人権宣言**を８月26日に採択した。この宣言は「人は，自由かつ権利において平等なものとして出生し，かつ生存する」（１条）という。そして，人間の普遍的な自由・所有・安全・圧政への抵抗を人の自然的権利として，**国家の目的はその保全にある**（２条）と述べ，さらに「あらゆる主権の原理は，本質的に国民に存する」ことを定めた（３条）。ここには，アメリカ独立宣言やバージニア権利章典と同様に，**社会契約説**の発想（自然権思想）が明瞭に宣言されており，各個人が絶対王政から解放されたことを看取できる。

(ⅱ) 1790年代の３憲法　　国民議会は，人権宣言に引き続き憲法の制定に取り組み，1791年にフランスで最初の憲法となる**1791年憲法**を制定した。この憲法は，絶対王政が崩壊した後に制定されたものなので，**国民（ナシオン）主権**（→第３章Ⅰ **1**）を採用する一方で，君主を**立憲君主制**という形で残存させた。この憲法は，権利に関する諸規定だけでなく，**代表民主制の採用**，財産に基づ

く制限選挙の実施と一院制たる立法議会の設置を規定した。

> **Column 3** **憲法制定権力** フランス革命初期の理論的指導者であり，1791
> 年憲法の制定に努力をしたシェイエスは，『第三身分とは何か』を著し，国民のも
> つ憲法制定権力について論じた。彼によれば，国民だけが憲法をつくる権利をもち，
> その権利は，憲法によってつくられた権限からではなく，憲法をつくる力から生み
> 出される。この力は，何者にも拘束されずに法をつくり出す万能の力として理解さ
> れ，アンシャン・レジームから脱却するための思想的武器を提供した。このように
> 憲法制定権力は，憲法の外にあって，憲法をつくり，憲法上の諸機関に権限を付与
> する力といえる。立憲的意味の憲法は，国民主権を基礎づけるものとして，憲法制
> 定権力を憲法典の中に取り入れた。

　しかし，翌1792年には，国王の重要法案に対する拒否権の発動を契機に民衆
が蜂起し，それを受け国民議会は王権の停止と男子**普通選挙**を実施した。そし
て，同年にその選挙で選出された議員で構成する**国民公会**が設置された。この
国民公会は，王政の廃止と共和制を宣言し，ここに**第一共和政**が始まった。立
法議会の設置以来，フランスの議会では共和制の実現方法をめぐり，**ジャコバ
ン派**と**ジロンド派**が対立していた。しかし，1793年に民衆の声に支えられて，
ジャコバン派は国民公会からジロンド派を追放し独裁政治を行った。これは**恐
怖政治**と呼ばれ，ジャコバン派（山岳派）の指導者**ロベスピエール**は反革命派
や革命に協力的でない人を次々に弾圧した。こうした状況の中で，国民公会は
1793年（ジャコバン）憲法を採択し，人民投票での圧倒的多数の賛成で成立し
た。この憲法は，これまでの権利に加えて生活権や労働権といった権利の保障
を謳うとともに，**人民（プープル）主権**（→第3章Ⅰ**1**）を定めて**直接民主主義**
の原理を採用した。しかし，この憲法は革命の激化を理由に施行されることは
なかった。

　この恐怖政治も長くは続かなかった。国民公会の反ロベスピエール派がクー
デタを起こし，ロベスピエールらを逮捕したのである（テルミドール9日のクー
デタ）。これにより，急進的になりすぎた革命の進路が修正されることになっ
た。この状況下で，フランスで施行された初の共和制憲法である**1795年憲法**が

制定された。この憲法は，諸権利の規定とともに，「市民の総体」を主権者と定め**代表民主制**を採用するが，普通選挙制から制限選挙に戻された。また1795年憲法では，絶対王政・君主制に戻ることも，そして恐怖政治を生んだ独裁的な議会の権限集中が起こることもないように，**立法権**と**行政権**の厳格な分離が謳われ，**二院制**からなる議会と5人の総裁からなる**総裁政府**が整えられた。しかし，総裁政府の政治は安定せず，1799年に**ナポレオン・ボナパルト**の軍事クーデタによって打倒された（ブリュメール18日のクーデタ）。

　総裁政府が崩壊すると，3人の統領からなる統領政府が樹立した。共和制ではあったものの，実際は**第一統領**であるナポレオン・ボナパルトの軍事独裁といえるものであった。ナポレオンは，フランス銀行の設立，ローマ教皇との和解，そして**ナポレオン法典**の制定など，次々と新しい政策を行った。そのナポレオンは，1804年に人民投票によって皇帝に就任する。ここに，1792年以来の第一共和政は終わりを迎え，**第一帝政**が開始された。この軍事独裁の時期には，ともに共和制憲法である1799年憲法と1802年憲法が制定されたが，第一帝政の開始に際して1804年憲法が制定された。ナポレオンは，**ライン同盟**の結成によって，**神聖ローマ帝国消滅**を導いたり，**プロイセン**を撃破したりするなど，対外的にもヨーロッパを支配する。しかし，イギリスに経済的打撃を与えるために発した**大陸封鎖令**が成功せず，またモスクワ遠征に失敗するなど，ナポレオンの勢いにも陰りが生じる。そして，ワーテルローの戦いでプロシア・ロシア・オーストリア連合軍に敗れた後は，1814年に退位してセント・ヘレナ島に流された。こうして第一帝政と1804年憲法の時代は幕を閉じたのである。

　このようにフランスでは，絶対王政に苦しめられた人々が革命を通じて，人の権利（自然的権利）と市民の権利（政治的権利）を獲得した。フランスは，アメリカについで，<u>近代立憲主義</u>を現実化して<u>立憲的意味の憲法</u>をもつ社会になった。革命後の諸憲法は，権利の内容について，また主権，民主主義および統治機構のあり方について，種々あることを示している。

　# フランスでは，君主制から共和制に移行し，また君主制に戻るサイクルがみられた。このため「憲法の実験場」と呼ばれるほど多くの憲法が制定され，現行の**第五共和政憲**

法まで15もの憲法が制定された。1789年の革命で絶対王政が崩壊し，1791年憲法は立憲君主制を定めたが，その後は共和制に移行し，1793年憲法や1795年憲法などが制定され，1804年にはナポレオンを皇帝（君主ではない）とする憲法が制定された（第1のサイクル）。ナポレオン失脚後の1814年にはルイ18世が王位に就き，君主制の憲法（1814年憲章）が制定され，第2のサイクルが始まる。

\# ドイツにおける立憲主義の成立・展開は，イギリスやフランスと異なる道をたどった。神聖ローマ帝国の崩壊の後，1871年にプロイセン主導による国家の統一がなされるまで，ドイツは分裂状態にあった。1830年代から南ドイツ諸邦ではフランス革命の影響で複数の憲法が制定され，この時期の憲法思想は初期立憲主義といわれるが，ドイツ全体の民主化は遅れた。1848年の三月革命を背景に，ドイツの統一を模索し自由主義的内容をもつフランクフルト憲法が構想されたが，結局は挫折した（1849年）。その後，プロイセンを中心にドイツの統一が推進・達成された。1850年の**プロイセン憲法**（**大日本帝国憲法の範となった**）や1871年のドイツ帝国憲法は，君主中心の統治制度を構築し，不十分ながらも権利保障の規定を設けるが，近代立憲主義の趣旨を徹底するものではなかった（**外見的立憲主義**）。

Column 4 **近代立憲主義成立期における国民の政治参加**　　社会契約説では人は生まれながらに自由で平等な存在とされるが，**市民革命**が起きた各国で政治に参画したのは，すべての個人ではなく，財産と教養のある市民であった。実際に革命直後のイギリスやフランスでは，普通選挙ではなく，制限選挙が実施されていた。またフランスでは，人民が政治に直接意思表明できる人民（プープル）主権は主流にならなかった。さらにアメリカ合衆国憲法の起草者たちは，民主主義の行きすぎに警戒感をいだき，直接民主制について，統治者が人民の感情に支配されるとして懐疑的であった。このように，近代立憲主義の成立期において，すべての人民に政治参加を認めることは問題視されていたのである。

Ⅳ　近代立憲主義の現在

1　近代立憲主義の現代的変容

　<u>近代立憲主義</u>は，国民の<u>自由・権利</u>を守るために<u>国家権力の制限</u>を主眼とするため，ここで当初想定された国家は，市民社会の秩序を維持するための必要最小限度の警察・消防・国防を任務とする<u>消極国家</u>（小さな政府，自由国家）で

ある。しかし，これは**資本主義**の発展に伴って修正が施される。というのは，富める者とそうでない者の差が大きくなり，**社会契約説**が想定する「個人は生まれながらにして自由で平等である」という観念が崩壊したからである。社会的・経済的弱者は，現実には不自由・不平等での生活を余儀なくされた。

そこで，国家が市民の自律に従来委ねられていた市民生活の領域に一定の限度まで積極的に介入し，社会的・経済的弱者の救済に向けて努力しなければならなくなった。**福祉国家**（積極国家，**大きな政府**，社会国家，行政国家）の登場である。さまざまな経済政策を実施するために**行政権**の役割が飛躍的に増大し，**権力分立**が変容する現象が生じた。また多くの国では**社会権**（→第10章Ⅳ）が憲法で保障されるべきものと理解されるようになった。

2　近代立憲主義の現代的意義

現代において，国家が市民生活の領域に一定の限度まで積極的に介入するという福祉国家の考え方は，確かに必要であろう。しかし，そうだとしても，国家が生活領域に介入することに対して，国民は常に緊張感をもたなければならないはずである。というのは，現代においても，国家が国民に対して「あれをしてはいけない，これをしてはいけない」ということまで認められるわけではないからである。近代立憲主義の核心である「国家を縛る」という考え方は，現代においても不要で時代遅れなものではない。国家の役割が増大し，また各個人の**価値観**が多様化する現代社会だからこそ，**個人の尊重**に不可欠な**国家からの自由**（自由権）は今もなお重要な意味をもっているといえよう。

【設　問】

1　近代国家について説明した文章の中で，「さまざまな問題に対処するためには，政府の権限拡大が必要になることもあるだろう。しかし，これまで見てきたように近代国家の歴史が示すのは，　イ　が欠かせないということである。政府を私たちがいかにコントロールするのかという問題を，今後も私たちは考え続けなければならない。」という一節がある。空欄　イ　に当てはまる語句として最も適当なものを，次の①②のうちから一つ選べ。（2018年・センター試験本試「政治経済」・改）

①　国家の権力に対する憲法上の制約をなくす仕組み

②　人々に対する国家の介入を制約する仕組み

2　国家の役割を説明した上で，近代立憲主義とそれに基づく憲法（立憲的意味の憲法）について詳しく説明しなさい。（2024年度前期・専修大学法学部専門科目「憲法入門」・改）

■ さらなる学習のために

佐藤幸治『立憲主義について』（左右社，2015）

樋口陽一『比較憲法〔全訂第3版〕』（青林書院，1992）

君塚正臣編『比較憲法』（ミネルヴァ書房，2012）

加藤紘捷『概説イギリス憲法——由来・展開そして EU 法との相克〔第2版〕』（勁草書房，2015）

M. L. ベネディクト（常本照樹訳）『アメリカ憲法史』（北海道大学図書刊行会，1994）

M. デュヴェルジェ（時本義昭訳）『フランス憲法史』（みすず書房，1995）

【榎　　透】

第3章　国民主権

民主主義の基本原理

【概念図】

　デモクラシーとは国民が国政を治める権限をもつ政治体制のことである。この政治体制を日本国憲法は採用している。ただ，代議制の下で，治者と被治者の分離現象が見受けられる。ではより理念型に近いデモクラシーを実現するためには，実際に政治的決定を行う人と一般国民との間にどのような制度を設ければよいのであろうか。そもそも日本国憲法はなぜデモクラシーを採用しているのであろうか。

■日本国憲法─国民主権（ナシオン主権，プープル主権）
　→Ⅰ **1**参照　代議制←直接民主主義で補完──国民投票，国民審査，地方自治
■代表選出過程（選挙）──普通選挙，平等選挙
　→Ⅰ **2**・**3**参照　──選挙制度（大選挙区，小選挙区，比例代表区）
　　　　　　　　　　　──問題点（定数不均衡，選挙運動）
■民主政治と政治参加──政党　55年体制→政治腐敗→政治改革
　→Ⅱ参照　　　　　──圧力団体　意義，発祥，問題点
　　　　　　　　　　──マス・メディア　世論の形成と誘導
　　　　　　　　　　　　　　　　──国民の政治的自覚とアパシー

■国民主権の意義──ファシズムの否定
　→Ⅲ参照　　　──独裁政治の否定
　　　　　　　　──民主主義の帰結（政治思想）

I 国民主権と選挙

1 国民主権

国民が国政に関する最終的決定権をもつことを**国民主権**という（→第1章 I **1**）。**日本国憲法**（→第1章 II **3**）は，前文と第1条で国民主権を規定している。

（i）天皇主権から国民主権へ　1889年制定の**大日本帝国憲法**（→第1章 II **3**，第5章 I）は，「大日本帝国ハ万世一系ノ天皇之ヲ統治ス」（1条），「**天皇ハ国ノ元首**ニシテ**統治権**ヲ総攬シ……」（4条）というように，**天皇主権**（→第1章 II **2**）を定めていた。

1946年制定（1947年施行）の日本国憲法は，天皇の地位について「日本国の**象徴**」「日本国民統合の**象徴**」とすると同時に「この地位は，**主権**の存する日本国民の総意に基く」と規定している（1条）。この条文は，天皇の主権者としての地位を否定し，象徴としての機能を負わせると同時に，主権が国民に帰属することを規定したものである（国民主権，**民主主義**）（→第1章 II **2**，**3**）。

> ＃　民主主義の語源——ギリシャ語の demos（民衆）による kratia（支配）——のように，**民主政治**は，国民の意思の下で統治を行う政治体制でなければならない。「万学の祖」といわれる古代ギリシャの哲学者**アリストテレス**は，為政者の腐敗防止や市民の多元的意見が政治に反映されやすいことを理由に，多数者による支配を望ましい政治体制としていた。また，「近代**政治学の祖**」とされる**マキャベリ**は，『君主論』により，理想の政体として，君主政と，世襲ではない民選の国家**元首**の下で，国家権力が国民多数の意思により決定され行使される**共和政治**を構想していた。

（ii）国民主権と代議制　国民主権における国家権力の正当性の源泉は国民である。ただし，日本国憲法は，国民の意思を，代表者を通じて間接的に国政に反映させ，その権力を代表者に行使させる仕組みをとっている（**間接民主主義**）。国民に選出された代表者は，**議会**を形成し，**法律の制定**，予算の審議などを行う（→第4章 I **1**）。議会には，政府の監視機能も負わされている。国政の最終的決定を国民が担う国民主権下では，議会のもつ**政府監視権限**は重要な意義をもつといえよう。

第 3 章　国民主権

＃　代議制による統治は，憲法前文にもあるように，国民の幸福や利益が目的でなければ
ならない。これはリンカンが1863年にペンシルバニア州ゲティスバーグの演説で用いた
「人民の，人民による，人民のための政治」と同義といえよう。

(iii)　直接民主主義による補完　　これに対し，国民が直接国政に参加し，統治に関する最終的決定を行う仕組みのことを**直接民主主義**（→第 2 章）という。古代ギリシャの**ポリス**での民会，アメリカのタウン・ミーティング，スイスの州民集会などが，その例である。

＃　実際，古代ギリシャや**ローマ**において，民主主義の理念の下で現実の政治運営を行う
民主政治（共和政）が実現していたとされている。そこでは市民が公共広場に集い政治
的決定を自らの手で行う直接民主主義がとられていたという。

　間接民主主義には，ルソー（→第 2 章 I **2**）が「イギリス人は選挙のときだけ自由であり，それが終われば奴隷になる」とイギリス代議制を揶揄したように，実際に国政に関わる人と一般国民とが分離してしまう欠陥がある。そこでこれを補完するために，各国の憲法でも，**国民発案**（イニシアティブ→第 6 章 Ⅲ **2**），**国民投票**（レファレンダム→第 6 章 I **3**，Ⅲ **1**），**解職請求**（リコール→第 6 章 Ⅲ **2**）など，直接民主主義的要素をもつ制度を備えているものがある。

　日本国憲法でも，憲法改正国民投票（96条憲法改正の発議→第 1 章 Ⅱ **3**），**最高裁判所**（→第 7 章 Ⅱ **1**，Ⅲ **1・2**）裁判官に対する**国民審査**（79条→第 7 章 Ⅲ **2**）が，そのような制度であるといえよう。また，**地方自治法**（→第 6 章 I **3**）には，**地方公共団体**（→第 6 章 Ⅱ）の議会に対する**議会解散請求権**（→第 6 章 Ⅲ **2**），議会の議員に対する**解職請求権**が規定されている（13条）。**公務員**（→第 5 章 Ⅱ **3**）の選定および罷免を直接国民の手に係らしめるこれら**公務員選定罷免権**は，国民主権の原理に基づく**参政権**の核心をなす権利であるといえる。さらに，**地方自治特別法の住民投票**（95条→第 6 章）も，直接民主主義を機縁にもつ制度であり，国や地方公共団体に対する**請願権**（16条）も，この枠組の中で捉えることができるものであろう。

39

> **Column 5** **国民主権にいう「主権」と「国民」** 主権には通常，下記の意味
> があるとされている。①国内における実力支配を可能にする統治権そのもののこと。
> ②対内的には最高の，対外的には独立の権力のこと。③国政に関する最終決定権限
> のこと。国民主権にいう「主権」とは③のことである（→第１章Ⅰ）。
>
> 　国民主権の「国民」には２つの見方がある（→第１章）。まず，それを実在する
> 人民の統一体である人民（プープル）とみる見方がある（人民（プープル）主権）。
> ルソーの社会契約論を淵源にもつこの立場は，人民は公共の利益を求める一般意志
> に導かれて（→第２章Ⅰ **2**），人民各自が政治的意思を最終的に決定する直接民主
> 主義的契機をもつ，国民主権理解をとっている。これに対し，主権の主体を国籍保
> 持者の抽象的総体である国民（ナシオン）とみる見方がある（**国民（ナシオン）主
> 権**）。観念上の存在として主権の主体をみるこの立場からは，現実に意思をもち，
> 国政に関する最終的決定を行うのは代表者であるという間接民主主義的契機をもつ
> 国民主権理解が生まれている。

2 普通選挙運動

　代議制の下で国政を直接担う者は，選挙で選ばれる。選挙は，国民の真の代
表者を選ぶ機会でなければならず，そのためには**普通選挙**が実施されなければ
ならない。国民主権の下で普通選挙の意義は重要であろう。普通選挙とは，選
挙人・被選挙人の資格を財産や教育程度などで制限（**制限選挙**）せず，一定年
齢以上の者全てに選挙権・被選挙権を付与する選挙制度のことである。

　（ⅰ）イギリスの普通選挙権獲得過程　　イギリスの労働者による普通選挙権
獲得運動は，制限選挙の下で一部の市民の代表で構成されていた議会を，全市
民を代表する組織に再編成していった。

　名誉革命（→第２章Ⅱ **2**）に先立つ1670年代末頃から，イギリス議会内には，
トーリー党と**ホイッグ党**という２党派が誕生し，議会活動が活発化し始めてい
た。名誉革命後，一時は両党派による**連立政権**が誕生したけれども，後には議
会の多数派が政権を握る**政党政治**が始まった。しかし，当時のイギリスの**参政
権**は財産と教養をもつ地主階級（ジェントリや貴族）に限定されていた（この時
代には**名望家政党**が議会を支配していた）ので，イギリスの議会政治は，十分に民
主的なものとはいえなかった。

第3章 国民主権

18世紀後半，イギリスに**産業革命**が起こった。ただ産業構造の変化に伴い大きな人口移動が起こった後も，従来通りの選挙区で下院議員を選出していたために，有権者のほとんどいなくなった**腐敗選挙区**が残存していた。そこでの選挙は，有力地主や貴族の意のままの結果になっていた。

このような中で選挙法改正の気運が高まった。当初は地主勢力の強い上院の反対にあったものの，**七月革命**の後に誕生したホイッグ党内閣により，選挙区の再編と選挙資格の拡張をめざした**第1回選挙法改正**が実施された（1832年）。腐敗選挙区廃止，新興都市への議席割り当て，新興産業資本家層への参政権付与が，第1回選挙法改正の目的であった。これでも選挙権を得られなかった都市労働者たちは，普通選挙の実現など6項目の政治的要求からなる人民憲章を掲げ，労働者による世界最初の組織的政治運動を展開した（**チャーチスト運動**）。

第2回選挙法改正（1867年）では，都市部の労働者の多数に，**第3回選挙法改正**（1884年）では，農業労働者，鉱山労働者に選挙権が付与された。

そして，1918年の第4回選挙法改正では，成人男性と30歳以上の女性にまで選挙権が拡大された。1928年の第5回選挙法改正で，男女を問わず21歳以上の成人に選挙権が与えられ，イギリスにおける普通選挙制は完成をみた。

（ⅱ）日本の普通選挙権獲得過程　　1889年に公布された**衆議院**議員選挙法では，満25歳以上で直接国税15円以上を納入している男子に選挙人は限定された（有権者は全人口の1％強）。直接国税の要件はこの後，段階的に引き下げられ，男子普通選挙制導入直前には3円以上にまで減額されたが，全人口中の有権者はまだ5.5％にすぎなかった。

第一次世界大戦後，連合国の民主主義思想が世界中に広まっていった。日本でも，**ロシア革命**や米騒動などを契機として，社会運動の気運が高まった。大正期には，「閥族打破・憲政擁護」を掲げた犬養毅（立憲国民党）や尾崎行雄（立憲政友会）らによる倒閣運動として展開された**第一次護憲運動**に始まる，自由主義，民主主義的な運動が展開された（**大正デモクラシー**）。

大正デモクラシーは，**資本主義**の発展により増加した都市部の産業資本家層，中産階級，労働者層を基盤にもつ政党勢力により展開された憲政擁護・普通選

41

挙権獲得運動が中心であった。この間にはいわゆる**無産政党**も結成された。世界的なデモクラシーの思潮の中で，1925年には**普通選挙法**が制定され，これにより満25歳以上の男子は，衆議院議員の選挙権をもつことになった。この制度の下で，有権者数は全人口の20％程度に達した。**大衆民主主義**（マス・デモクラシー）は，こうして実現したのである。

> **Column 6**　**社会民主主義の発祥**　労働運動の高まりにより，資本主義の枠内で漸進的に社会主義（→第10章Ⅰ **2**）の実現を図ろうとする政治的思潮が20世紀初めのヨーロッパで誕生した。社会民主主義である。社会主義革命，プロレタリア独裁（→第4章Ⅲ **4**）を否定し，あくまでも議会制民主主義（→第4章Ⅰ **1**）の中で政策実現をめざしたこの政治的思潮は，ドイツ社会民主党やイギリスの労働党など，現在でも政権の一翼を担う政党勢力の中に息づいている。

　しかし，**女性参政権**の実現は遠かった。1890年制定の集会及び政社法を引き継いで1900年に制定された**治安維持法**には，女子の政治結社・政治集会を禁止する規定があった。ただ，当時の思潮は婦人解放運動にも影響を与えた。1920年には，**平塚らいてう**，**市川房枝**らを中心に，**新婦人協会**が設立された。婦人の地位を高める大衆運動の成果により，1922年には女性に集会参加を認める法改正がなされた。この新婦人協会は同年に解散し，その活動は市川を中心として1924年に設立された婦人参政権獲得期成同盟（翌年に婦選獲得同盟になった）に引き継がれた。1930年には婦人公民権案が衆議院で可決されたものの，貴族院では否決され，**第二次世界大戦**前には女性参政権は実現されなかった。

　1945年の選挙法改正で，ついに男女普通選挙制は実現した。この改正により納税額に加えて性別を要件としない選挙制度が創設され，有権者の年齢も20歳に引き下げられた。翌年，この下で第1回総選挙が実施され，有権者数は全人口の48.7％を占めるまでになった（39名の女性が当選）。

　＃　公職選挙法9条は年齢満18歳以上の日本国民に国政選挙の選挙権（同条1項），そのうち3箇月以上の居住要件を満たす者に，居住している地方公共団体の議会の議員および長の選挙権を付与している（同条2項）。ただし，同法11条は，拘禁刑以上の受刑者などについて，その選挙権および被選挙権を否定している。（平25年法21号により削除された

成年被後見人に対する選挙制限〔旧公選法11条１項１号〕については，東京地判平25・３・14判時2178号３頁が違憲判決を下している）。また天皇および皇族も「国民」であるとするのが通説的見解であるが，天皇（および皇族）に国政に関する権能を与えていない日本国憲法の趣旨に鑑みると（同４条１項），天皇・皇族に選挙権を付与することはできないものと思われる。

定住外国人の選挙権については，国民主権に基づく法理論により，全面否認説（禁止説）が通説的見解である。ただし，最高裁は，傍論ながら地方レベルの選挙権については現行公職選挙法（公選法）を改正して外国人に選挙権を付与することも憲法は禁止していない（許容説）とした（最判平７・２・28民集49巻２号639頁）。

また，障害を有する人，介護認定を受けている人などには，代理投票制度（公選法48条）や郵便投票制度（同49条２項），また国外に居所をもつ者には在外投票制度（同49条の２）という，選挙権行使の事実上の制限を解消する措置がとられている（在外邦人の選挙権行使が制限されていた平成10年法47号による改正前の公選法については，最大判平17・９・14民集59巻７号2087頁が違憲判決を下している）。

なお，2015年，**公職選挙法**改正により，選挙権年齢が18歳となった。2016年の参議院議員通常選挙から適用されている。

3　選挙制度

日本国憲法前文にもあるように，国政は「正当に選挙された国会における代表者」により担われている。国民の意思を適切に反映する選挙制度の確立と運用は，民主政治にとって非常に重要な課題である。

（ⅰ）日本国憲法における選挙制度　　選挙人（有権者）が一定の手続により代表を選出することを**選挙**という。

日本国憲法15条３項は，成年者による普通選挙制を定めている。また同条４項では投票の秘密が保障されている。民主政治の要である選挙においては，選挙人の政治的意思が自由に表明されなければならない。そのためには**秘密投票**が保障されていなければならないのである。

「一人一票」という言い方に代表されるように，選挙人に与えられる票数を同じくする制度を**平等選挙**という。これは，**法の下の平等**（→第８章Ⅲ）を定める憲法14条に加え，議員および選挙人の資格について**形式的平等**を求める憲法44条但書により要請される。

全選挙人の直接投票により代表者が最終的に決定される選挙制度を**直接選挙**という。**公職選挙法**（1950年制定）上の選挙（**衆議院議員**，**参議院議員**ならびに地方公共団体の議会の議員および長の選挙）は，全て直接選挙で行われている。これに対して，アメリカ合衆国**大統領**選挙のように，選挙人が中間選挙人を選出し，その中間選挙人が公職就任者を選出する制度を**間接選挙**という。

　　＃　国会の両議院，地方公共団体の議会の議員および**首長**（→第6章）の選挙は，公職選
　　　挙法に基づいて行われる。同法は，民主政治の適切な実現をめざし，選挙権，被選挙権，
　　　選挙区，選挙管理の方法および選挙違反行為などを規定している。

　(ii)　国政選挙における選挙区制　　一つの選挙区から1人の当選人を選出する方法を**小選挙区制**という。この制度では，各選挙区が比較的小さくなるため，有権者が候補者のことをよく知ることができ，また選挙費用が少額で済む，**二大政党制**で政局が安定するなどの長所がある。反面，いわゆる**死票**が増えるという短所があるとされている。

　これに対して，一つの選挙区から複数の当選人を選出する方法を**大選挙区制**という。小選挙区制の短所とされる死票を少なくすることはできるが，小党分立の傾向を誘発し，選挙費用も増加するとの指摘がある。

　　＃　小選挙区制の短所として，ゲリマンダリングの発生が指摘されることもある。**ゲリマ
　　　ンダー**とは，特定の政党や候補者に有利になるように選挙区割をすることである。この
　　　呼び名は，1812年のマサチューセッツ州知事ゲリーの影響下での選挙区割の形が伝説上
　　　の動物サラマンダーに似ているとされたことに由来している。

　かつてわが国の衆議院議員選挙では，いわゆる**中選挙区制**がとられていた。これは，一つの選挙区から3〜5名の当選人を選出する制度で，大選挙区制の一種である。多党化しやすく，また，**派閥**が生まれやすい選挙制度であるとされている。1994年の公職選挙法改正で廃止された。

　大選挙区制の一つとして，投票用紙には原則として政党名を記載させ，各政党の得票数に応じて議席数を配分する選挙制度がある。**比例代表制**である。わが国では1983年の参議院議員選挙（比例代表区）でそれまでの全国区に代えて初めて導入された。死票を減らし国民の政治的意思を比較的忠実に選挙結果に

第3章　国民主権

反映させることができるといわれている選挙制度である。

　1994年の公職選挙法改正で，衆議院議員選挙は，中選挙区制が廃止され，**小選挙区比例代表並立制**に変更された。この選挙制度の下，有権者は，小選挙区選挙では候補者名を，ブロックごとの比例代表区選挙では政党名をそれぞれ別々の投票用紙に記載し投票する。なおいわゆる**重複立候補**も認められているため，小選挙区で落選した候補者が比例代表区で当選することもある。この制度下では，政党は比例代表区では当選順位を定めた候補者名簿（重複立候補者については同順位でもよい）を提出する（**拘束名簿式比例代表制**）。有権者はこれをもとに政党名を記載して投票する。各政党の当選者数は獲得票数に応じて**ドント式**で配分される。最終的な当選者は，小選挙区での当選者を除き，名簿の順に政党に配分された当選議席数の枠内で決定される。同順位の者の間では，小選挙区でのいわゆる**惜敗率**によって順位が定められる。

　参議院議員選挙は，全国を単位とする比例代表制と参議院合同選挙区選挙を並立させている。2000年の公選法改正後，前者は**非拘束名簿式比例代表制**となった。この制度下では，政党は当選順位を定めずに候補者名簿を提出する。有権者はこれをもとに政党名か候補者名を記載して投票する。政党名・候補者名各々の得票数を足したものが政党の獲得投票数であり，各政党の当選者数は獲得票数に応じてドント式で配分される。最終的な当選者は，候補者名による得票数の多い順に政党に配分された当選議席数の枠内で決定される。

　＃　衆議院議員の任期満了または解散によって実施される選挙を**総選挙**といい（**衆議院の解散**→第5章Ⅱ），参議院議員の任期満了に伴う選挙のことを**通常選挙**という。ただし，日本国憲法7条4号には両選挙を併せて総選挙とする規定がみられる。

　(iii)　**議員定数の不均衡**　　政治過程に国民の意思を適切に反映させるためには，各有権者が投じる一票が当選者決定に与える影響力（一票の価値）が等しくなければならないと考えられる。一票の価値を等しくするためには，選挙区選挙の下，各選挙区に配分される議員定数が当該選挙区の有権者の数に比例していなければならない。ところが，**高度経済成長**に伴う人口移動で選挙区の人

45

口の著しい増減があっても定数の是正を行わなかったことなどを理由として，選挙区間で有権者数と議員定数の比率に大きな較差が生じた。これが**議員定数の不均衡**（一票の格差）の問題である。

　この問題について最高裁は，1972年総選挙（最大判昭51・4・14民集30巻3号223頁，最大較差1対4.81），1983年総選挙（最大判昭60・7・17民集39巻5号1100頁，最大較差1対4.40）における選挙区割りは違憲だと判示した（**議員定数不均衡違憲判決**）。しかし，両判決では，当該選挙自体を無効にするという「憲法の所期しない結果」を回避する目的で，**行政事件訴訟法**（→第7章Ⅲ **5**）31条1項前段から「一般的な法の基本原則」を読み取って，当該選挙を無効とはしないという，いわゆる**事情判決**の法理が採用された。

　このほか，議員定数の不均衡が「違憲状態」（最大較差1対3.94）ではあるが，なお定数是正のために憲法上猶予されている「合理的期間」を渡過していないとした判決（**合理的期間論**，最大判昭58・11・7民集37巻9号1243頁），参議院では，その地域代表機能や半数改選制を理由に厳格な人口比例主義は要請されていないとした判決（**参議院の特殊性論**）などもある（最大判平8・9・11民集50巻8号2283頁は最大較差1対6.59に合憲判決）。

　なお，1994年，公職選挙法改正とともに，定数不均衡を防ぐために選挙区画定審議会設置法が制定された。そこで当初採用された「**一人別枠方式**」は，新制度導入直後にはその合理性が認容された（最大判平11・11・10民集53巻8号1441頁，最判平13・12・18民集55巻7号1647頁）けれども，新しい選挙制度が定着した以降においては，もはや「合理性は失われていた」と判示されている（最大判平23・3・23民集65巻2号755頁）。

　#　1998年の公選法改正まで，在外国民は，日本の選挙で一切の投票ができなかった。また，同年の公選法改正でも，在外国民が投票できるのは，「当分の間」，国政選挙の比例代表選挙に限られていた。この公選法の規定に対する違憲判決（最大判平17・9・14民集59巻7号2087頁，**在外国民選挙権違憲判決**）を受けて，現在，在外国民は比例代表選挙に加えて選挙区選挙においても選挙権を行使できる。なお，最高裁は，在外国民に審査権の行使を認めていない最高裁判所裁判官国民審査法についても，平成17年大法廷判決に依拠しながら違憲としている（最大判令4・5・25民集76巻4号711頁，**在外国民国**

民審査権違憲判決）。

(iv)　選挙運動　　国民の政治的意思が適切に選挙結果に反映されるためには，代表者を選出する過程の公正さを確保するルールを法定することが重要である。

　選挙において，有権者の支持を求めて展開される候補者やその支持者，政党などによる活動のことを選挙運動という。公職選挙法は，この選挙運動の期間を立候補の届出のあった日から投票日の前日までとしている。これは各候補者が平等な条件の下で選挙運動を実施できるようにするためのルールである。立候補の届出前に行う選挙運動は罰則をもって禁止されている（**事前運動の禁止**，最大判昭44・4・23刑集23巻4号235頁）。

　また選挙の際に個別に各家庭を訪れて，政策を訴えたり投票を依頼したりすることも禁止されている（**戸別訪問の禁止**，最判昭56・7・21刑集35巻5号568頁）。ただ，戸別訪問は，欧米では正当な選挙運動とされており，日本でもその禁止は違憲であるとの主張も強い。

　公選法は，**選挙違反**をした当選人の当選を無効とするだけでなく，選挙運動の総括主宰者，出納責任者等による選挙違反の場合にも，当選人の当選を無効にしている。いわゆる**連座制**である（最大判昭37・3・14民集16巻3号530頁）。連座の範囲は，当選人の父母，配偶者，子または兄弟姉妹および秘書などにまで拡大されている（最判平9・3・13民集51巻3号1453頁では，組織的選挙運動管理者等の選挙違反行為により当選が無効とされた）。

II　民主政治と国民の政治参加

1　政党政治の展開と政治改革

　政治的選好を同じくする人々が，その政治的目標を実現するためにつくる組織体を**政党**という。政党は，国民の政治的意思形成に大きな影響を与えているため，**国民主権**に基づく統治において重要な役割を演じている。

\# 村松岐夫は,『戦後日本の官僚制』(東洋経済新報社, 1981) において, 行政運営に関する**政党優位論**を展開している。それは当時の主流であった辻清明らの官僚優位論に対立する理論であった (→第5章Ⅲ **1**)。

Keyword 2 **政治学** 古代ギリシャに起源をもつとされる<u>政治学</u>では, 政治体制における理念的規範理論と現実の政治実践についての経験的分析を架橋する試みが展開されてきた。政治学は, 古典的には哲学や歴史学, 法学の影響を強く受け, 政治現象を記述的に説明する政治史や, あるべき政治制度を規範的に追求する政治哲学として成立したが, 19世紀末以降は, 政治的現象の原因と結果の因果関係を科学的に分析する政治科学 (ポリティカル・サイエンス) として発展してきている。そこでは社会学や経済学, 心理学などの影響がみられる。

(ⅰ) 戦前から55年体制確立まで　明治維新後の近代化の過程において, 1881年には, **国会開設の詔**が出された。これに呼応する形で, **板垣退助**らの**自由党**, 大隈重信らの**立憲改進党**など, 日本にも本格的な政党が誕生した。大正デモクラシー期の1918年には, 原敬による最初の**政党内閣**が誕生し, その後, **立憲政友会や立憲民政党**による政党内閣が展開されるなど, 一時, **政党政治** (政党が中心となり議会政治を展開すること) の発展がみられた。ただ, 戦時体制下の1940年には**大政翼賛会**が結成され, 各政党は解散し, 翼賛議員同盟となった。**第二次世界大戦**前の日本に本格的な政党政治が根づくことはなかった。

　第二次世界大戦後, 政党の再発足や創設が相次いだ。日本共産党が活動を再開し, 旧無産政党を統合した**日本社会党**, 旧政友会系の日本自由党, 旧民政党系の日本進歩党などが, この時期に誕生している。1946年4月, 戦後初めて衆議院議員**総選挙**が実施され, そこで**日本自由党**が第一党となり, **吉田茂** (→第1章Ⅱ **3**) が進歩党の協力の下で, 第1次吉田内閣を組織した。

\# 折しも国外では, アメリカを盟主とする西側とソ連を盟主とする東側という2大陣営が形成されつつあった。ヨーロッパでは, ソ連が各国の共産党と共同してコミュニズムが結成され, 東アジアでも中国革命がなり, 東西両陣営の緊張が一気に高まっていった (**冷戦**)。また分割統治下にあった朝鮮半島では, 中国革命の成功に触発された北朝鮮が, 1950年6月に武力による統一を求めて**北緯38度線**を越えて韓国側への侵攻を開始している (**朝鮮戦争**→第12章Ⅲ **1**)。このような国際情勢の中で, 親英米派の第3次吉田内閣

は，アメリカによる強い再軍備の要求を受け，1952年には駐留米軍の朝鮮戦争派遣に伴う軍事的空白を埋める目的で設置されていた**警察予備隊を保安隊に改組し**（→**第12章Ⅱ3**），破壊活動防止法（→第9章Ⅵ）を制定することで，暴力的な政治活動に対する取り締まりを実施した。また1954年には新警察法を制定し，警察庁指揮下の都道府県警察からなる警察の一元的集権制度を創設している。このような保守政権による政治運営について，社共両党などの革新勢力は戦前・戦中への**逆コース**と捉えて，抵抗活動を行った。

多党化傾向にあった戦後のわが国の政党勢力図は，1955年の**保守合同**による**自由民主党**（自民党）の結成，左右社会党の再統一（1996年に社会民主党に党名変更）を契機に，**二大政党**を基軸とする保革対立の図式に収斂し，その後，40年近くにわたる政党対立の構図がこの年に誕生した（**55年体制**）。

（ⅱ）55年体制の終焉・政界再編へ　　55年体制で確立された保革対立の構図は，実際には自民党の**一党優位制**（社会党の国会における議席数が自民党の約半分であったので，「1½政党制」ともいう）であった。それでも国外での**イデオロギー対立**に呼応するように，国内でも左右正反対の政策を主張する政党間での体制選択の枠組みを有権者に示した点では，大きな意義があったと思われる。

1960年代にわが国は**高度成長**を経験した。**池田勇人**内閣による「所得倍増計画」，それを受けての**佐藤栄作**内閣による経済政策などの実施により，自民党の安定政権期がしばらく続いた。1970年代に入ると高度成長により生じた国内的問題の解決を訴える公明党や民社党（民主社会党から党名変更），共産党，新自由クラブなどが得票を伸ばし，社会民主連合も議席を獲得したが，自民党の一党優位体制を揺るがすほどではなかった。

ところがこの一党支配は，政権党と業界団体，その業界の所轄官庁という3者間の結びつき（**アイアン・トライアングル**＝鉄の三角形）を強めていった。族議員の誕生や政治腐敗（金権政治）などの問題は徐々に無視できなくなった。

そして，1970年代の**ロッキード事件**，1989年に摘発された**リクルート事件**，1992年の佐川急便事件という政界での汚職事件に対する批判は，**政治改革**への気運を高めていった。「金のかからない政治」「金のかからない選挙」の実現を契機とする政治改革は，戦後の政治システムそのものの再構成をめざすものへと，後に転化していく。政界再編の序曲が奏でられていったのである。

1993年の総選挙で，自民党は過半数の獲得に失敗する。その結果，直前の自民党分裂を受けて発足した新党などが中心となって，非自民8党派からなる**連立政権**（細川護熙内閣）が誕生した。55年体制成立以降，常に**与党**（政権を担当している政党。議院内閣制では議会内の多数派がそうである）であった自民党は，**野党**（政権を担当していない政党）に転落し，55年体制はついに終焉を迎えた。ただ，93年の総選挙は政界再編のほんの端緒にすぎなかった。その後，自民党は，社会党，新党さきがけと連立政権（村山富市内閣）を組むことで与党に復帰し，それを解消すると，1999年には前年に結成された自由党と，同党と連立解消後は公明党と連立政権を樹立するなどして，長く与党の座に就いている。またこの間，第2，第3の政界再編と呼ばれる諸政党間の離合集散が繰り返された。

　(iii)　政治改革　　細川護熙内閣は，政治改革関連4法案を成立させた。それは，**政治資金規正法改正**，**政党助成法**，前述の公職選挙法改正と選挙区画定審議会設置法である。

　1948年に制定された政治資金規正法は，政党や政治家に政治活動（日常的な活動や**選挙**の際の費用など，政治活動全般）にかかった経費の収支報告を義務づけることで，政治資金の流れを国民に監視させることを目的としていた。確かに，政策立案のための調査・研究費，政策内容を「政権公約」の形で広報する**マニュフェスト**の作成費用，事務所維持費など，政治活動に一定の経費が必要である一方，例えば**派閥**の維持や政界工作のためには巨額な費用が必要だともいわれており，こうした資金の調達にあたって政治腐敗が生まれたことも知られている。94年の改正では，政治家個人宛に許されていた企業・団体献金が，政党（政党支部を含む），政治資金団体，資金管理団体宛に限定された。また，国会議員関係の政治団体の活動費について，1円以上の支出に領収書の添付公開を求めた改正法も2009年分の収支報告書から適用されている。

　政党助成法は，政治活動費用の一部を国費（政党交付金）により賄うことで，政治資金の調達をめぐる疑惑の発生の防止を目的としている。

　　＃　政党交付金の総額は，国勢調査で算出された人口に250円を乗じた金額であり，交付金の対象政党は，5名以上の国会議員が所属する政党および直近の国政選挙の得票率が2

％以上の政党である。

(iv) 近年の状況　　政治不信の払拭をめざした政治改革ではあったが，国民の政治に対する信頼を回復するまでには至っていないようである。特に，既成政党に対する国民の不信の高まりは，特定の支持政党をもたない**無党派層**の増加として顕著に示されている。日本の政党にとって，有権者の過半数を占めているとされているこの無党派層の支持をいかに獲得するかが，重要な課題となっている。

　このような政治状況の中で，1996年には社民党，新党さきがけ，**新進党**などを離党した国会議員を中心に**民主党**（後に民進党を経て**立憲民主党**と**国民民主党**に）が，2015年には大阪の地域政党を母体とする日本維新の会が結成された。近年の政党の特徴として，普通選挙制の下，議員だけではなく多くの党員によって組織される**大衆政党化**および特定の階級を支持基盤とするのではなく一党で国民の全ての層の利益の実現をめざす**包括政党化**がみられる。

　政党は，憲法21条の保障を受ける結社の一つであると考えられる（**集会結社の自由**→第9章Ⅰ**1**，Ⅵ）。したがって，その内部問題については，政党の自律的運営に委ねられているとされている。**日本新党繰上補充事件**（最判平7・5・25民集49巻5号1279頁）は，参院選の候補者名簿に登載され次点者となった者が，その後の除名処分のために，直後に当該政党の参議院議員に欠員が生じたにもかかわらず繰上当選者となれなかったので，当該除名処分の不存在または無効，下位名簿登載者の繰上当選無効を訴えた事件である。最高裁は，除名処分の当否は**司法**（→第7章）が介入できない政党の自律的決定に委ねられている事項であるとした。
　　また，党を批判する言論活動を理由として除名処分を受けた政党幹部が，当該除名処分は党規約に違反する無効の除名処分であると争った**共産党袴田事件**（最判昭63・12・20判時1307号113頁）で最高裁は，政党による除名処分の司法審査について，「政党が党員に対してした処分が一般市民法秩序と直接の関係を有しない内部的な問題にとどまる限り，裁判所の審判権は及ばないというべきである」との判断を下している。

2　圧力団体

(i) 圧力団体の意義　　政党とは別に，集団の特定の利益実現のために，**議会や政府の政策決定に影響力を行使する団体**のことを**圧力団体**という。自己利

益を追求する集団であることから，利益集団，利益団体とも呼ばれている。

　圧力団体は，ともすると国民と実際の政治過程が乖離してしまうおそれのある**間接民主主義**の下で，国民の中にある利益を集約し，それを政策として実現していくための架け橋としての機能をもつといえよう。

　(ⅱ)　わが国の圧力団体　　諸外国の例にもれず，わが国においても，圧力団体の活動が実際の政治過程に与える影響の強さは，ますます増加しているといえよう。わが国における主な圧力団体としては，まず，労働者の利益を守るために労働運動の先頭に立つ日本労働組合総連合会（**連合**），経済政策について議論・提言する目的で組織された日本経済団体連合会（**日本経団連**）などがある。また，農業経営者がその営農活動の発展や生活の向上を目的に組織した**JA**（**農業協同組合，農協**）や，消費者の利益を守るために結成された全国消費者団体連合会，それに**日本医師会**なども，圧力団体の例である。

> ＃　圧力団体には，団体加入者の特別な利益に基づいて活動するのではなく，環境保護団体や，反核運動を行う市民団体などのように，社会の諸問題について公共的利益を追求する**市民運動**から発展してきた団体もある。

　(ⅲ)　圧力団体の問題点　　圧力団体は，特別な利益の実現を求めて政治過程に影響力を行使しようとするだけに，「少数派の過剰代表」現象（D．トルーマン）により，ときには議会政治を歪めてしまう。また，圧力団体の選挙時の集票機能に期待したいわゆる**族議員**は，業界団体の代弁者となり，特定業界と所轄官庁，議会とのパイプ役となる見返りに多額の政治献金を受け取るなど，政治腐敗や汚職を招きやすいともされる。この業界団体・政治家・行政官庁が業種ごとに形成している相互依存関係はアイアン・トライアングルと呼ばれている。

> ＃　政治過程への圧力団体の強い影響は，**ネオ・コーポラティズム**の弊害（T．ローウィ）を生む契機になるとも指摘されている。コーポラティズムとは，身分制的色彩を帯びた職能代表が政策決定を行うことで，政治的安定を実現しようという思想のことをいう。現代日本の議会政治においては，圧力団体による政策形成過程への影響力行使が，すでに制度化されている場面が見受けられる。重要な政策決定機構の構成員に，当該政策に利害関係をもつ業界団体の代表者がすでに選出されているのである。このような現状のままでは，一部の特権的圧力団体が行政官庁と協調しながら**寡頭制**に類似した統治を行

うおそれがあろう。

3 大衆社会とマス・メディア

（i）世論　国民主権下では，国民各人の主体的意思決定により，国政が運営されるべきであろう。**世論**はこの国政運営に大きな影響を与える。世論の在処については**世論調査**で知ることができる。近代民主政の下で，国民の間には，日常的嗜好や宗教的または思想的信念や政治的選好において，多様化がみられる。政治観，思想観，人生観における**多元主義**が容認されている現代社会において，政府や政党は，世論および世論調査の動向を常に注視することになる。

世論は，大衆運動，**住民運動**（→第6章Ⅲ**3**），圧力団体などによっても形成される。ただ，一度に大量のメッセージを**大衆**に伝達することができる**マス・メディア**は，世論形成過程に大きな影響力をもつといえよう（→第9章Ⅴ**4**，**5**）。

（ii）マス・メディア　不特定多数の者に情報を大量に一方的に伝達する過程のことを**マス・コミュニケーション**（マスコミ）という。このマスコミを行う機関のことをマス・メディアという。新聞，雑誌，ラジオ，テレビなどが，その代表例である。

マスコミには，さまざまな有益な機能がある。ただその反面，ほとんどのマス・メディアが**営利法人**であることから，**ポピュリズム**（大衆迎合主義）に陥りやすいとか，大量に伝達される情報内容が客観的でない場合にはセンセーショナリズム（扇情主義）となるなど，さまざまな弊害も指摘されている。

> ＃　またマスコミが行う，特に政治報道には**予言の自己成就（アナウンスメント効果）**があることも指摘されている。これは投票日前に行われる選挙の予測報道が有権者の**投票行動**に影響を与えることで，その予測がいかに正確であっても，当該予測とは逆の選挙結果を発生させてしまう効果のことである。

これらの弊害を防止するために，各種の法令（**放送法**（→第9章Ⅴ**5**），公選法など）による規制が行われている。また，情報の受け手の側にいる我々にも，メディア・リテラシーを高めるよう努めることが要請されている。

(iii)　大衆社会と政治意識　　**近代国家**成立以降，財産と教養ある市民が政治の担い手であった。しかし，**産業革命**と**普通選挙**実現を経て，政治参加は**大衆**にまで拡大された。匿名の生活基盤の異なる不特定多数の者も，政治に参加する機会を得たのである。

　未組織で生活基盤の異なる者からなる**大衆社会**で，人々は，互いの生活基盤を区々とするため，他者との連帯感が希薄となり，孤立化する傾向にあるとされる。この大衆社会における現代人の性格類型を分析したのが，アメリカの社会学者 D. リースマンの『**孤独な群衆**』（1950年）である。現代人は伝統・慣習などから解き放たれた**自由**をもつ。ただ，複雑化した社会構造と，各人が帰属する巨大組織の中で，個人が主体的に判断を下す場面は限られる。こうした状況にマスコミの扇情主義が伴うと，ときに人々は冷静な判断力を喪失し，現実社会からの逃避を願うことがある。政治・社会問題についての無力感がときにそれらの問題への無関心を生起させるのである。

> ＃　村上泰亮は，現代日本における社会階層意識を分析する中で，<u>新中間大衆</u>の生起を見取った。古典的な階級意識は薄れ，中流意識が国民に浸透したと述べる。

　国民が政治に対して興味を示さない現象を**政治的無関心**（ポリティカル・アパシー）という。国民主権下においては，国民の政治への参加と同意に，国家統治の正当性を基礎づけている。したがって，政治的無関心の蔓延は，**民主政治**の存立基盤そのものを危うくさせる現象であるといえそうである。

Ⅲ　国民主権の意義

　絶対的な権力をもつ個人が，国民の政治参加を認めずに，国政に関する強大な権力を恣意的に行使する統治形態のことを**専制政治**という。これに対し，少なくとも形式的には国民の支持を受けている個人または特定の集団が，国政に関する権力を掌握する統治形態のことを**独裁政治**という。独裁政治は，国民主権国家および大衆社会となった民主政国家の病理として捉え直す必要がある。

1 ファシズム

（i）　ファシズムの発祥　　1929年10月24日（暗黒の木曜日），ニューヨーク・ウォール街の株価が大暴落し，世界は空前の経済不況である**世界恐慌**を経験することになった。

　世界恐慌の発生地であるアメリカは，当時，圧倒的な経済力をもつ存在であった。それだけにアメリカと関係の深かった**資本主義**諸国では，**企業**や**銀行**が次々に倒産し，失業者が街に溢れ，社会不安が急速に蔓延していったのである。こうした資本主義体制の危機的状況の中で，国民に蔓延した経済不安や社会的不満あるいは反資本主義的思想を巧みに利用しつつ，**全体主義**政治体制を構築した政治イデオロギーが**ファシズム**である（→第7章Ⅰ**1**）。共産主義および，近代的理念である**自由主義**を全面的に否定するこの全体主義政治体制は，国民主権および民主政に，危機的状況をもたらした。特に**第一次世界大戦**直後からファシズム政権であったイタリア，アメリカ資本の引き上げによって社会不安が高まったドイツ，また日本でも，ファシズム勢力が台頭していった。

> ＃　わが国における民主主義の展開に大きな役割を果たした政治学者として**丸山眞男**がいる。丸山は，**第二次世界大戦**後，ファシズムの問題を注視した「超国家主義の論理と心理」（世界1964年5月号），近世儒学の中に日本の近代意識の萌芽を見出した『日本政治思想史研究』（東京大学出版会，1952）を発表する中で，日本の政治状況に批判的分析を施した。

（ii）　ファシズム勢力の展開　　イタリアは，第一次世界大戦戦勝国であったが，多くの犠牲の割に，約束されたはずの領土の割譲を得られず，次第に政府への批判が高まっていた。

　このような中で，**ムッソリーニ**は，戦後の混乱と政府への不信に乗じる巧みな弁舌により，地主層や軍人層の支持を獲得していった。1919年にファシスト党を結成した後は，1922年には政権獲得のための軍事**クーデタ**である**ローマ進軍**を敢行し，ファシスト党による独裁政権を樹立した。ムッソリーニは，その後，国政に関する権限をファシズム大評議会に集中させると同時に，反対派の言論・出版の自由（**表現の自由，出版の自由**）を抑圧する政策を実施した。

世界恐慌の影響をまともに受けたドイツでは，**インフレーション**を恐れた中産階級を中心に，社会不安についての不満が顕著であった。この状況に乗じる巧みな大衆宣伝を展開することで，**ナチス**（国家社会主義ドイツ労働者党）はその勢力を次第に高めていった。

　ナチスの党首**ヒトラー**は，対外的には**ヴェルサイユ条約破棄**など国家主義的要求を掲げつつ，対内的には官僚，商店主，中小企業主などの中産階級の支持を集める政策を展開した。1932年の**選挙**でナチスは第一党となり，翌年，ヒトラーが首相になり政権を獲得した。ヒトラー政権は，**国会議事堂放火事件**を利用して共産党を非合法化し，ゲルマン民族の優越性を唱道するとともに，憲法に拘束されない無制限の権限を政府に与える**全権委任法**を制定（1933年）するなど徹底した独裁体制を築いた。このために秘密警察，親衛隊，突撃隊などを配置したほか，**アウシュビッツ強制収容所**では**ユダヤ人の虐殺**をはじめナチス政権に対する反対派を収容するなど，恐怖政治を布いた。

> ＃　1936年にベルリン＝ローマ枢軸を結成したドイツとイタリアは，1930年代中盤に起きたスペイン内戦で，反乱軍側を支援した。この内戦に勝利した反乱軍の指導者フランコは，1970年代まで，国家主席としての地位に就いていた。

2　独裁政治

（ⅰ）ソ連・北朝鮮　　民主化前のロシア（ソ連）では**レーニン**の死後，後継者争いが起こった。その中で1922年に共産党書記長に就任し，1930年代には事実上の独裁政権を確立したのが**スターリン**である。社会主義国家建設の過程において，スターリンは反対派を大量処刑（**粛清**）した。スターリンの死後，個人崇拝・大量粛清・大国主義の傾向をもった国政運営は，スターリン主義として批判された。

　第二次世界大戦後，朝鮮半島は，半島に進出した米ソ両軍により，**北緯38度線**を境とする南北分断統治が実施された。朝鮮半島独立をめぐる対立の中で，1948年には南部で李承晩を大統領とする大韓民国（韓国）が，北部でも**金日成**

第3章　国民主権

を主席（就任当初は首相）とする朝鮮民主主義人民共和国（北朝鮮）が成立する。

> ＃　金日成の政権を引き継いだのがその子である金正日である。1993年に国防委員会委員
> 長（2012年の憲法改訂で同機関は「国家の最高領導者」とされている）に就任した金正
> 日は，軍部を中心とした独裁政権を維持した。2011年の死後，三男の金正恩が後継者と
> なった。

（ii）　開発独裁　　経済社会の発展を名目として，多くの場合には**軍事政権**
（軍部が国政に関する権限を独占している政治体制）や単独政党が，統治に関する全
権を掌握している政治体制のことを**開発独裁**という。1960年代中盤以降に現れ
た，効率的な経済開発を正当化の根拠としたこの体制からは，経済開発の進展
以降，民主化を進めていった国（韓国など）も出現している。

> ＃　スハルト政権下のインドネシアやマルコス政権下のフィリピンが，開発独裁の例であ
> る。また朴正熙政権下の韓国は，軍事政権による開発独裁の例であろう。

3　独裁を超えて

　我々は20世紀に**民主主義**に対する危機（ファシズムや独裁政治）を経験した。
民主政治の実現・発展をめざすためには，もう一度その理念・発祥に戻って，
国民主権の意義を再考する必要があろう。

　アメリカの政治学者 R. ダールは，20世紀以降の西欧社会の政治実践を分析
する概念として**ポリアーキー**を提唱した。ポリアーキーの語源は多数者による
支配（ギリシャ語の poly（多数）による arkhe（支配））であり，ダールは，ポリ
アーキーの政治体制が実現しているかを，代表者が公選されていること，公正
な選挙の実現，政治的表現の自由の保障，政党や利益集団の結成・活動の自由，
市民の政治参加などにみている。これこそが，ファシズムや共産主義体制など，
名ばかりの「民主主義」「共和国」とは異なる，自由で民主主義的な国家（近
代立憲主義国家）の指標であると述べていることは参考になろう。

【設　問】

1　生徒Xは，選挙制度が選挙結果に与える影響についてモデルケースで考え，次のメモを作成した。メモ中の空欄　ア　～　ウ　に当てはまる語句として正しいものを，それぞれ選べ。（2024年・大学入学共通テスト本試「政治・経済」・改）

　　ある議会の定員は10人で，各選挙区の各有権者は候補者1人に投票し，各選挙区で投票数の多い順に候補者2人が当選人となる。この議会の選挙において，三つの政党A～Cが五つの選挙区a～eで，それぞれ1人の候補者を立てた。次の表は，この選挙での各候補者の得票数を示したものである。表において，得票数の合計が最も少ない政党は，当選者数が最も　ア（多い，少ない）。

　　いま，選挙制度が変更されたとする。変更後は，議会の定員は5人で，議員は小選挙区制で選出される。各選挙区で政党は変更前と同じ候補者1人を立て，有権者は変更前と同じ候補者に投票する。このとき，死票の数は変更前より　イ（増加，減少）する。そして，得票数の合計が最も少ない政党は，当選者数が最も　ウ（多い，少ない）。

　　このように，選挙制度が選挙結果に与える影響を考える際には，得票数と獲得議席数との関係，死票の数など，複数の観点からの考察が必要である。

選挙区	得票数			合計
	A党	B党	C党	
a	10	25	65	100
b	25	30	45	100
c	15	20	65	100
d	60	25	15	100
e	40	35	25	100
合計	150	135	215	500

2　間接民主制における選挙の意義と，現行選挙制度における問題点を論じなさい。（2009年度前期・熊本大学理学部教職科目「日本国憲法」・改）

■ さらなる学習のために

杉原泰雄『国民主権の研究――フランス革命における国民主権の成立と構造』（岩波書店，1971）

岩村正彦ほか編『岩波講座現代の法3　政治過程と法』（岩波書店，1997）

野中俊彦『選挙法の研究』（信山社，2001）

村松岐夫ほか『日本の政治〔第2版〕』（有斐閣，2001）

【大日方信春】

第4章 立 法 権

国会の仕組みと働き

【概念図】

　「法」というルールは，特定の誰かが定めなければまったく存在しないというわけではないし，誰かが定めるにしても，議会が定めなければならないというわけではない。このことは，慣習法というものが存在することや，君主が法規範を決めていた時代があることからもわかる。しかしながら，今日，立憲政治が行われている国では，種々の法的ルールの中で，「法律」という名前をもつ，議会の制定する法的ルールが中心的なものであるのが通例である。

■国会の組織　二院制　→Ⅰ参照
　　　　　　┌衆議院（定数475　議員の任期4年　解散あり）
　　　　　　└参議院（定数242　議員の任期6年　解散なし）
■国会の権限　→Ⅱ参照
　　　　　　┌立法権
　　　　　　├財政統制権
　　　　　　└憲法改正発議権
■議会と政府の関係　→Ⅲ参照
　　　　　　超然内閣制→二元型議院内閣制→一元型議院内閣制

I　国会の組織

1　国会・議院・議員

　国会は，自然人のような目にみえる物理的存在ではなく，**日本国憲法**の定めによって初めて存在するものである。すなわち，「国会は，**衆議院及び参議院の両議院で……構成**」され（42条＝二院制），そして，衆議院と参議院とは，「全国民を代表する選挙された議員」で組織される（43条）。つまり，国会が何かをする，というのは，突き詰めていうと，**国会議員**が何かをする，ということである。国政上の基本的な決定が，このように選挙によって民主的に選出された議員によってなされること，これが**議会制民主主義**である。

　法律の制定についてみてみよう。「**法律案**は，この憲法に特別の定のある場合を除いては，両議院で可決したとき法律となる」（59条1項）のだが，「議院で可決」という事態は，原則として，その議院の「議員の過半数」が賛成する——多数決——という事態のことである（56条2項）。

　なお，59条の「この憲法に特別の定のある場合」はいくつかあり，その一つは，ある法案が衆議院では可決されたのに参議院では否決されたという場合である。このとき，**両院協議会**（59条3項）が開かれて話合いが行われ，両院が合意に至ればそれはそれで問題ない。だが，合意が成立しなくとも，あるいはそもそも両院協議会を開かずとも衆議院で出席議員の3分の2以上の多数で**法律案の再可決**がなされたならば，法律案は法律となるのである（59条2項）。また，法律の制定以外にも，国会の権限には，**条約の承認**（73条3号）や予算の議決（86条），**内閣総理大臣の指名**（67条1項）があるが，これらについては，両院の議決が異なったままでも一定の期間が経過したりすると衆議院の議決が国会の議決とされる（**自然成立**）。なお，予算が会計年度の始まる4月1日までに成立しなかった場合には**暫定予算**が組まれる。ただし，これに関する憲法上の規定はなく，**財政法**という法律に基づく措置である。

　このように，議決の価値などにおいて，衆議院が参議院よりも憲法上優先的

第4章 立 法 権

な地位を与えられていることを**衆議院の優越**と呼ぶ（衆議院の優越の例としてほかに，予算案はまず衆議院で審議されなければならないという**予算先議権**（60条1項）を含めることもある）。確かに，衆議院で多数を占める政党と参議院で多数を占める政党とが異なるいわゆる**ねじれ国会**の状態にあるときには，両院の意見が異なることはありえるし，そしてそのようなときには国会としては何もできない，というのでは，国政運営上多大な問題が生じうることは容易に想像がつくだろう。特に，予算が承認されなかったり，**内閣総理大臣**が決まらないままでいたりすることの不都合がきわめて大きいことはいうまでもない。しかし，ではなぜ，参議院ではなく，衆議院の方に優越が認められているのだろうか。これについては，衆議院議員の方が**任期**が短く，また任期途中で解散があるなど，民意をより反映しているからだと一般に説明されている。

ここで注意して欲しいのは，国会の権限とされているものと，議院の権限とされているものとは違うことである。後者には，例えば**国政調査権**がある。ほかに，議院の活動が自主的に行われることを保障する議院自律権が各議院には認められており，これには，**議院の規則制定権**や議員の懲罰権などがある（58条2項）。議院の自律を重んじる立場からは，**国会法**という法律が議院の内部事項について定めていることには問題があると指摘されている。

> ＃ 二院制は，議会としての決定に際して，異なる構成を有する2つの院の一致が原則として必要とされるとすることで，議会の決定が適切なものとなることを目的としている。その意味で，ねじれ国会という現象が起きること自体は，憲法の予期しているところである。

2 国会での審議

上述のように，法律が制定されるかどうかは，最終的には議員による投票の結果で決まるわけだが，議員に求められるのは，法案に賛成か反対かを表明することだけだろうか。与党が野党の反対にもかかわらず審議を打ち切って法案の採決に踏み切る，いわゆる**強行採決**が問題視されていることは，投票だけではなく審議もまた求められていることを示していると考えられる。審議の内容

61

を充実させるためには、審議事項に関する調査が必要であることはいうまでも
ないが、憲法は、特に国政調査権（62条）を両議院に付与して、証人の出頭・
証言や記録の提出などを強制できるようにしている。また、国会での審議を国
民の目に明らかにすることも、両議院の会議は公開が原則であり**秘密会**は例外
であること（57条1項）や議事録の作成・公表が義務づけられていること（57条
2項）から、憲法上、求められているといえるだろう。

　議院での審議は、**大日本帝国憲法**下では、**本会議**を中心に行われていた。こ
れに対して日本国憲法下では、アメリカ合衆国の議会に倣って**委員会制度**が採
用され、法案は実質的には委員会で審議されている。すなわち、法律案などの
議案は、原則として、委員会での審査に付された後に本会議で議決される（国
会法56条2項）。ただし、いったん委員会へ送られても、そこでの審議が甚だし
く遅延した場合などには、議院は、当該委員会に**中間報告**を求め、議案の審議
の場を本会議へと移すことができる（国会法56条の3）。

　委員会は、常設の**常任委員会**と、必要な場合にその都度設置される**特別委員
会**とに区別される。前者には、法務委員会や厚生労働委員会などの省庁の編成
にほぼ対応したもののほか、予算を審査する**予算委員会**、議院の運営に関する
事項などを審議する**議院運営委員会**などがある。

　国会の活動方法でほかに特徴的なのは、一定の期間だけ活動する会期制がと
られていることである。憲法上、**常会**が毎年召集されること（52条）や**臨時会**
が召集されることがあること（53条）、**衆議院の解散**後30日以内に**特別会**が召
集されること（54条1項）が規定されている。なお、衆議院の解散中に、**内閣**
は必要があれば、参議院の**緊急集会**を求めることができる（54条2項）。

　# 　2010年代後半に憲法53条後段の規定による臨時会召集要求を内閣が拒否するケースが
　　相次ぎ、憲法違反でないか問題となった（最判令5・9・12民集77巻6号1515頁）。

> **Column 7**　**変換型議会とアリーナ型議会**　　議会には、変換型議会とアリー
> ナ型議会という2つのタイプがあることが政治学において指摘されている。前者は、
> 社会のさまざまな要求を現実の政策へとまとめ上げること、つまり法律の実質的な

作成をその主要な機能とするものであり，アメリカ合衆国議会が代表的なものである。これに対する後者の代表はイギリス議会である。議院内閣制のイギリスでは，政府と与党とは一体であり，政府提出法案が修正されたり否決されたりする見込みはきわめて小さい。そこで議会は，与野党が選挙民に向けてそれぞれの政策をアピールする闘技場（アリーナ）としての役割を主に担うことになる。イギリス議会での党首討論（クエスチョン・タイム）や野党の影の内閣（シャドー・キャビネット）は，議会のこのような役割を背景としている。日本で20世紀末の政治改革の一環として成立した国会活性化法（国会審議活性化法）は，イギリス議会に倣ったものである。ただし，国会がアメリカ型の委員会制度を採用していることと整合するのか，議論がある。

3　議員の地位と権限

　国会議員の地位は，選挙によって取得されるが，**選挙についての詳細は法律で定められる**ことになっている（憲法47条）。衆議院については**小選挙区比例代表並立制**がとられており，参議院については都道府県を単位とする選挙区選挙と比例代表選挙（**比例代表制**）が併用されている。

　国会が議員の多数決で物事を決定する機関であることからすると，議案の表決に加わることは明らかに議員の権限である。また，国会での審議の重要性から，議案について質疑する権限も議員が有するべきことには異論がないであろう。では，議案の提出についてはどうだろうか。これについては，法律上，「議員が議案を発議するには，衆議院においては議員20人以上，参議院においては議員10人以上の賛成を要する」とされ，議員個人では提出できないことになっており，特に，「予算を伴う法律案を発議するには，衆議院においては議員50人以上，参議院においては議員20人以上の賛成を要する」と，条件が厳しくなっている（国会法56条１項）。後者の目的は，議員が自分の選挙区への利益誘導的な「おみやげ法案」提出するのを防ぐことだと理解されている。

　かつて君主が強い力をもっていた時代には，議会で政府の政策に反対する演説をした議員が**逮捕・投獄**されることもあった。もちろん，このようなことがあっては，自由な討論を通じて議会が適切な結論に至ることは期待できない。

そこで，1689年のイギリスの**権利章典**（→第2章Ⅱ**2**）をはじめとして，諸外国の憲法は，議員の活動を一般市民のそれよりも手厚く保護する規定を設けてきた。日本国憲法も，**議員の不逮捕特権**（50条）や**議員の免責特権**（51条）を保障している。これらは，歳費受領権（49条）とあわせて，議員特権（議員特典）と呼ばれている。

Ⅱ　国会の権能

1　立法権

　国会は，**唯一の立法機関**（憲法41条）とされている。これは，「国会だけが立法できる」と言い換えることができるだろう。ところで，立法とは何か。おそらくこれに，「国会が法律を制定すること」と答える人が多いのではないだろうか。国語辞典にもそう書いてあるし，日常用語の理解としては確かに正しい。しかし，憲法学では違う風に考えられてきた。というのは，ここで，立法を「国会が法律を制定すること」と解すると，「国会だけが立法できる」というのは同語反復（トートロジー）であって，情報量がゼロの命題になってしまうからだ。そこで，41条は，次に説明する，**国会中心立法の原則**と**国会単独立法の原則**の2つの原則を意味していると考えられてきている。

　（ⅰ）　国会中心立法の原則　　41条の「立法」とは，「ある種の法的ルールを定めること」と理解されてきた。これは実質的意味の立法と呼ばれる（他方，「法律という名称の法的ルールを定めること」は形式的意味の立法と呼ばれる）。つまり，「国会が唯一の立法機関である」という文は，「国会だけがある種の法的ルールを定めることができる」ことを意味するという理解であり，国会中心立法の原則と呼ばれている。ではどんな種類の法的ルールがそれなのか，ということである。この点，伝統的には，「国民の権利や**自由**を制限したり，国民に義務を課したりする法的ルール」，と考えられてきた。この解釈には，かつて，議会と君主が争っていた時代に，最低限このようなルールだけは国民代表たる議会が同意しなければ定めることができないようにしようという意図，言い換

えると，君主が勝手に定めることができないようにしようという意図があった。

実は，日本国憲法にも，このような解釈に親和的な規定がいくつかある。「国民の権利や自由を制限したり，国民に義務を課したりする法的ルール」として最も強度なのは，**刑罰**を科すルールと税金を課すルールであるが，そのどちらについても，日本国憲法は，法律で定めることを求めている（31条，84条）。また，73条6号は，**内閣**は「憲法及び法律の規定を実施するために，**政令**を制定すること」ができるが，「但し，政令には，特にその法律の委任がある場合を除いては，罰則を設けることができない」としている（**委任立法**の制限）。

しかし最近では，このような解釈には批判が強い。というのは，それでは，それにあてはまらない法的ルール，例えば，「国民に利益を付与する法的ルール」は，国会でなくとも，行政機関で定めてもいいということになってしまうからだ。しかし，現代国家においては，国民に対して規制を行うことだけではなく，国民に対して利益を付与すること（給付行政）も，国家の主要な活動となっている。そこで，「立法とは，市民の生活の関連する法的ルールを定めること」という解釈や，「立法とは，一般的な法的ルールを定めること」といった解釈のように，もう少し広く「立法」を捉える解釈が今日では有力である。

いずれにせよ，この原則には例外がある。第1に，**最高裁判所**が制定する**規則**（77条）と議院が制定する規則（58条2項）である。これらには，裁判所や議院の内部的なルールであって一般国民の権利義務関係と直接関係しないものもあるが，中には，例えば「訴訟に関する手続」を定める裁判所規則のように，まさに「国民の権利や自由を制限したり，国民に義務を課す法的ルール」であるものもあり，こういったものについては，国会の制定する法律との関係が問題となる。第2に，**地方公共団体**の制定する**条例**である（→第6章Ⅰ**3**，Ⅱ**2**）。第3に，行政機関もまた**命令**という名称の法的ルールを定めることができるとされている（→第5章Ⅱ**3**）。もっとも，法律の具体的な委任を受けた委任命令と法律を執行するのに必要な細則を定める執行命令の制定だけが行政機関には許されているので，原則に反するものではないと説明されることもある。

　(ⅱ)　国会単独立法の原則　　「国会は，……唯一の立法機関であ」る（41条）

とされることのもう一つの意味は、「法律の制定は国会の手続のみで完了する」ということである。これは国会単独立法の原則と呼ばれる。かつては、議会が法律案を可決しても、君主が反対すれば（裁可しなければ）その法律案は法律とならないという規定をもつ憲法があった（**大日本帝国憲法**など）。そこで、日本国憲法41条は、そういったことがないことを定めているのである。

　ただし、ここでも例外がある。憲法が明文で定めている例外は、「一の地方公共団体のみに適用される特別法」を制定する場合には、国会の議決だけではなく、「その地方公共団体の住民の投票においてその過半数の同意」を得なければならないとする95条である（**地方自治特別法の住民投票**→第6章）。憲法制定直後には、いくつかの法律がこの手続を踏んで制定されている。

　また、**内閣提出法案**はこの原則に照らして認められるのか、という問題もある。これについては、内閣は「議案」を国会に提出できること（72条）、内閣の構成員の過半数は**国会議員**であること（68条1項）、法律とするかどうかの最終的な決定権は国会にあることなどから、憲法上許されると一般に解されている。現実に国会に提出される法案の多数は内閣によるものだが、日本の議会論においては、議会が立法をするのだから、議員提出法案（**議員立法**）が本来のあり方であるという考え方が強かった。内閣提出法案をどう評価するかは、議会のあるべき姿をどう考えるかということと密接に関連している。

> ［**Keyword 3**］　**国権の最高機関**　　日本国憲法は、国会を「国権の最高機関」と呼んでいる（41条）。これは国会に対するリップサービスであって、法的な意味はないという理解が支配的であった（政治的美称説）。しかし最近の憲法学では、国会と政府の関係が改めて再検討されており、これに法的な意味を読み込む解釈も出てきている。

2　財政統制権

（i）　租税法律主義　　今日では、議会の仕事として最初に思い浮かべられるのは、立法であろう。しかし、歴史的には、初期の議会が有していた主な権限は、国王による課税に同意する権限であった。その重要性は、**アメリカ独立革**

命の原因の一つが，植民地側の同意なしにイギリス本国が植民地に課税をした
ことであったことに象徴的に現れている（このときの，植民地側のスローガンが
「代表なくして課税なし」である）。

　そこで日本国憲法も，税金の問題に関しては特に，「あらたに課税を課し，
又は現行の租税を変更するには，法律又は法律の定める条件によることを必要
とする」（84条）として，いわゆる租税法律主義を採用している。つまり，国
家財政が赤字だからといって法律の改正なしに財務大臣や内閣が消費税率を上
げることを決定して国民から取り立てるといったことはできないのである。

　租税法律主義は，しかし，逆にいうと，租税の具体的なあり方については，
憲法自身では定めずに，国会に基本的に任せることを意味している。例えば，
税収入に占める直接税と間接税の比率（直間比率）はどうするのかといった問
題は，国会の広い裁量に任されていると解される。

　国会に租税のあり方が委ねられたことは，現代国家においては特に重要な政
治的意味を帯びている。小さな政府（夜警国家）における財政の役割は，市場
に任せていたのでは適切な量が供給されない公共財（国防や司法など）を国家が
供給するのに必要な財源を確保し，そして支出するという，いわば技術的なも
のであった（もっとも関税は，以前から国内産業保護という政策目的のために用いら
れてきた）。ところが，現代の大きな政府（福祉国家）（→第5章Ⅲ **1**，第10章Ⅰ
2）においては，そのような公共財の供給だけではなく，所得の不平等を是正
するための所得再分配（→第10章Ⅰ **2**）や景気の安定化（ケインズ政策）もまた，
財政の役割として期待されている。したがって，例えば，高福祉国家をめざす
のかどうかといった国政の根幹に関わるような事柄と，国民負担率の大小と
いった租税体系のあり方とが，密接に関連しているのである。

　ただし，租税法律主義によって，国会に無限大の裁量が与えられているとい
うわけではない。国会を拘束する枠がいくつか存在する。それらのうちで特に
重要なのは，平等原則である（→第8章）。まず，経済力が同じ人には同じだけ
の税負担が課されるべきである（水平的公平）。また，経済力が異なる人に同じ
税負担を課すことは，形式的には平等であっても，実質的には平等でないと考

えられ，異なる税負担が課されるべきであるとされる（垂直的公平）。**累進課税制度**は後者の一例である。

(ii) **財政議会主義**　歴史を振り返ると，初期議会の課税同意権は，課税（**歳入**，収入）の是非を判断するためには**歳出**（支出）についての是非を判断することが必要があることから，**予算**の同意権へ発展した。

日本国憲法も，**財政権**の行使が国会の議決に基づくことを要求する財政議会主義（財政民主主義）をとっている（83条）。政府が政策を実施したりする場合，もちろん，法律によっても拘束されているが，お金がなければそもそも実施することができないのが通常であるから，法律と同じくらいに，あるいはそれ以上に，予算によって拘束されているといえよう。

したがって，ここでも，国会は政府の活動を強く縛ることができるはずである。しかし，実際には，現代の福祉国家の多様で複雑な諸政策について，国会が予算を一からつくり上げることは現実的ではないと考えられ，実際には**財務省**が原案を作成する。また，憲法の解釈としても，予算案の作成権が内閣に与えられていること（73条5号）から，それを無にするような国会による大幅な予算修正は許されないという考え方も根強い。なお，国会による政府の統制という観点からは，**一般会計**の他に多くの**特別会計**（財政法13条2項）が設けられていて，全体的な把握が困難になっていることも問題視されている。

> ＃　他方，財政の事後的な監督の意義が近年では注目されてきている。この点に関しては，憲法は，**決算を会計検査院**が検査し，内閣は決算とその検査報告を次の年度に国会に提出しなければならないとしている（憲法90条1項）。

3　憲法改正発議権

国会には，憲法改正発議権もある（憲法96条）。この発議を受けてなされる国民投票の手続については，2007年に成立した**国民投票法**が定めている。

第 4 章 立 法 権

Ⅲ　国政における議会の位置

1　身分制議会

　イギリス議会は，1265年にシモン＝ド＝モンフォールが招集した議会がその起源とされており，長い歴史をもつ。それもあって，イギリスは，しばしば，「議会制の母国」と呼ばれる。初期の議会で特に有名なのは，1295年にエドワード1世が戦費調達のために招集した，いわゆる模範議会である。これは，聖職者，貴族，騎士や市民の代表から構成されており，当時のイングランドの社会構成を反映するものであった。フランスでも，1302年にフィリップ4世が最初の全国三部会を招集した。三部会という名前は，聖職者・貴族・平民の各代表から構成されていたことを示している。このように，これら中世の議会は，身分制を基礎とする身分制議会であった。つまり，各議員は，それぞれの出身母体の利益のために行動すべきであり，また，出身母体の指示に拘束されると考えられていたのである（ちなみに，前述の議員の免責特権は，議員は選挙民の指示に反しても法的責任を問われない，ということも意味している）。イギリスでは，その後，議会は世襲貴族などから成る貴族院と，庶民院によって構成されることになっていき，20世紀に至るまで，世襲貴族などから成る貴族院は実質的な権限を保持し続けた。なお，大日本帝国憲法において天皇に協賛するという形で立法を行った帝国議会も，貴族院と衆議院とから構成されていた。

2　近代議会の誕生

　近代の議会（少なくともそれを構成する院の一つ）は，身分制議会とは異なり，全国民を代表する議員により構成される。このことは，人間は皆平等であって身分によって区別されてはならないという観念を前提とする。このような観念が現実政治のものとなったのは，アメリカ独立革命（アメリカ独立宣言）とフランス革命という18世紀の2つの市民革命によってである（→第2章Ⅰ2，Ⅱ2，Ⅲ）（イギリスでは，1911年の議会法の制定により，庶民院の貴族院に対する優位が定

69

められた）。

　ただし，アメリカでは，もともと各植民地がイギリスから独立して一つの国
家となり，その後でそれらが合同してアメリカ合衆国という**連邦制**国家を建設
したために，連邦議会の下院は国民代表という性格をもつものの，上院は各州
の代表という性格をもっている。また，権力を集中させることへの不信感から，
アメリカ合衆国憲法は厳格な**権力分立**を採用した点が特徴的である。すなわち，
大統領選挙人によって選出される**大統領**は，弾劾の場合を除いては，連邦議会
によって辞めさせられることがないが，逆に，連邦議会に法案を提出する権限
がなく，勧告的な**教書**を送ることができるのみである。ただし，大統領は連邦
議会の立法に対して**拒否権**を有している（**大統領制**）。

　フランスでは，革命によって一院制の**国民議会**が誕生する。議会は全国民を
代表すべきものであるから一院で十分であり，第二院は無用かつ有害であると
考えられたのである。その後，**ナポレオン・ボナパルト**の帝政や**王政復古**など，
フランスはさまざまな政治体制を経験するが，1875年憲法の下での**第三共和政**
以降，法律を**一般意志**の表明と捉える，議会中心主義が定着する（→第2章Ⅲ**2**）。

3　議会と政府

　議会の権限は，課税同意権から次第に拡大していった。このような権限の拡
大は，議会と政府・内閣との間の関係に変化をもたらした。

　内閣は，君主の諮問機関に起源をもち，そこから発展してきた（→第5章Ⅰ，
Ⅱ）。そこで，かつては，君主の信任が内閣存立の必要十分条件であった。こ
のような内閣制度は，**超然内閣制**（大権内閣制）と呼ばれる。

　だが，議会の権限が強まってくると，議会の同意を取り付けることなしには，
君主・内閣が国政を運営していくことが難しくなる。イギリスでは，18世紀半
ばに首相の**ウォルポール**が，国王の信任は失われていないにもかかわらず，庶
民院の信任が失われたことを理由として辞職した。このような，内閣が君主と
議会の両方の信任をその存立のために必要とする制度を，**二元型議院内閣制**と
呼ぶ。

やがて，君主が政治上の実質的な権限を失っていくと，内閣の存立は，議会の信任のみによって左右されることになる。これを一元型議院内閣制と呼ぶ。

日本国憲法においては，内閣の運命は国会（特に衆議院）の信任の有無に左右される。すなわち，**内閣総理大臣の指名**を行うのは国会である（67条1項）。そして衆議院は，**内閣不信任決議案の可決**（または内閣信任決議案の否決）でもって**内閣総辞職**を強いることができるのである（69条，70条）。これらのことから，日本国憲法は議院内閣制を採用しているといわれている。

4　議会制への批判と現代国家

「19世紀は議会の世紀」といわれることがあるが，19世紀終わりから20世紀にかけて，議会に対して，さまざまな論拠に基づく種々の批判が噴出した。

このような議会否定論の一つは，共産主義思想である。それによれば，**資本主義**社会は，**労働者**階級からの搾取で成立しており，それをなくすためには私有財産制度を廃止しなければならず，そして，少なくともその過程では，労働者階級が権力を掌握しなければならない（**プロレタリア独裁**）。この思想は，**ロシア革命**によって現実政治の存在となった。

> ＃　ロシアでは，帝政が1917年の**ロシア二月革命**によって倒され，臨時政府が樹立された。しかし臨時政府と労働者や兵士によって組織された**ソヴィエト**との間で，二重権力状態が続いた後，**ロシア十月革命**によって，レーニンが指導する**ボリシェヴィキ**（後の共産党）が権力を掌握し，一党支配体制となった。なお，今日の中国でも，共産党が**全国人民代表大会**を指導する立場にあるとされる。

現実政治において実現された議会否定論として，もう一つ，**ファシズム**を挙げることができる。ドイツでは，**第一次世界大戦**の敗北によって帝政が倒れた後，民主的な**ヴァイマル憲法**（ワイマール憲法）が制定された。しかし，不安定な社会状況の中でナチスが台頭し，1933年のいわゆる授権法によって，**立法権**が政府に白紙委任されて議会制は実質的に終焉した。

しかし，これらの議会否定論は，今日では過去のものである。現代の民主主義国家では，議会は国政において重要な役割を演じ続けている。もっとも，**自**

由主義国家においても，**大きな政府**（福祉国家）化などに伴う国家機能の拡大
は，行政権優位の**行政国家化**をもたらしており，議会はそれにいかに対処する
べきか，議論されている。

英米では，**委任立法**の増加などによる行政裁量の拡大が顕著となった。フランスでは，
第二次世界大戦後の，**第四共和政憲法**では議会中心の議院内閣制が採用されたが，アル
ジェリア独立紛争の混乱の中で登場した**ド・ゴール**の下で制定された**第五共和政憲法**は
大統領中心主義へ傾斜したものであった。

【設　問】

1　下線部ⓗ［立法過程］について，生徒Ｘは，「政治・経済」の教科書を読み，
日本の立法過程について整理した。日本の立法過程に関する記述として誤って
いるものを，次の①〜④のうちから一つ選べ。（2022年・大学入学共通テス
ト本試「政治・経済」）

①　国会議員が予算を伴わない法律案を発議するには，衆議院では議員20人
以上，参議院では議員10人以上の賛成を要する。

②　法律案が提出されると，原則として，関係する委員会に付託され委員会
の審議を経てから本会議で審議されることになる。

③　参議院が衆議院の可決した法律案を受け取った後，60日以内に議決をし
ないときは，衆議院の議決が国会の議決となる。

④　国会で可決された法律には，すべて主任の国務大臣が署名し，内閣総理
大臣が連署することを必要とする。

2　「国会単独立法の原則」の例外として日本国憲法が明文で認めているものを
挙げ，日本国憲法がその例外を認めている理由として考えられるものを説明せ
よ。（2024年度前期・専修大学法学部専門科目「憲法統治機構論」）

■ さらなる学習のために

大山礼子『日本の国会』（岩波書店，2011）

杉原泰雄＝只野雅人『憲法と議会制度』（法律文化社，2007）

原田一明『議会制度──議会法学入門』（信山社，1997）

【二本柳高信】

第5章 行　政　権

内閣と行政権の統制

【概　念　図】

　近代国家から現代国家へ移行する中で，複雑多様化する社会に対応すべく行政への需要は増大し続けてきた。結果，行政権は拡大し，国家運営において絶大な力を有するようになった。この拡大する行政権をいかに統制するのか，それは今日の国政における重要課題の一つである。なお，行政権の統制には，憲法学のみならず，行政法学，行政学からもさまざまなアプローチが試みられている。

■大日本帝国憲法　→Ⅰ参照

　　行政権——天　皇

　　　内　閣——内閣総理大臣　　同輩中の首席
　　（超然内閣）——国 務 大 臣　　天皇の輔弼機関（55条1項）

■日本国憲法　→Ⅱ参照

　　行政権——内　閣（議院内閣制）

　　　　　　——内閣の地位……行政権の帰属主体（65条）

　　　　　　——内閣の組織……内閣総理大臣・国務大臣（66条）

　　　　　　——内閣の権限……一般行政事務及び73条各号所定事務

　　　　　　——内閣の責任……国会に対して連帯責任（66条3項）

■行政権の課題　→Ⅲ参照

　　行政権の優越……行政需要の増大に伴う行政国家化現象

　　　　　——委任立法

　　　　　——行政指導

　　　　　——官僚政治

　　行政権の統制……行政責任のあり方

　　　　　——情報公開

　　　　　——行政手続法

　　　　　——行政改革

I 大日本帝国憲法下の行政権と内閣

1 内閣制度の創設

1885（明治18）年，それまでの太政官制度（1868年に布告された**五箇条の御誓文**を実現するために設けられた）に代わって，新たに**内閣制度**が創設され，初代内閣**総理大臣**には**伊藤博文**が就任した。

> \# 内閣制度の創設とともに，内閣職権が制定された。これは，新内閣機構の運営に関する基準として，7条から成る主として内閣総理大臣の職責を明確にしたもので，内閣総理大臣の各省大臣に対する広汎な統督権が認められていた。

2 大日本帝国憲法下の内閣制度

1889（明治22）年に公布された**大日本帝国憲法**（明治憲法）は，「国務各大臣ハ天皇ヲ輔弼シ其ノ責ニ任ス」（55条1項）と規定し，国の**主権者**は**天皇**であり，天皇は国家の**元首**として**統治権**を掌握し，**立法・行政・司法**の全てを総攬すると定めていたが，**内閣**についての特段の規定は設けられなかった。

天皇は，強大な**天皇大権**をもち，国家意思の決定権のほとんどを直属とした。

> \# 帝国議会閉会中，必要に応じて**緊急勅令**（議会閉会中，緊急の必要により，天皇が発する**命令**で**法律**と同じ効力をもつが，次の議会で承諾を得なければ失効する）を出すことができ，法律のない領域についても議会の関与なしに独立命令を出すこともできた。また，陸海軍の**統帥権**も天皇大権の一つとして認められていたが，実際には，天皇の補佐機関であった**参謀本部**（陸軍）・**軍令部**（海軍）の参謀総長と軍令部長がこれを行使していた。統帥権は，他の天皇大権とは異なり，帝国議会や内閣からも独立し，天皇が直接行使できたことから，軍部独裁に利用された。

行政権は天皇にあり，内閣は，憲法外の機関であり，帝国議会や**政党**に対して左右されない立場をとるべきとする**超然主義**に基づいたもので**国務大臣**は天皇を助ける輔弼機関であって，大臣は天皇に対してのみ責任を負い，**議院内閣制**は排除されていた。内閣制度の運用については，内閣官制（勅令）が制定さ

れた。また，天皇の最高の諮問機関として**枢密院**が設けられ，政府と帝国議会に対してお目付役的機能を担っていた。

内閣官制は，1885年の内閣職権をおおむね踏襲していたが，内閣総理大臣の各省大臣に対する統制権限は弱められた。内閣官制は，内閣総理大臣について，「各大臣ノ首班トシテ機務ヲ奏宣シ旨ヲ承ケテ行政各部ノ統一ヲ保持ス」（2条）と定めていたが，つまりはいわゆる**同輩者中の首席**にすぎず，他の国務大臣への任免権もなかった。また，内閣総理大臣は**元老**などの推薦に基づいて任命されていた。

Ⅱ　日本国憲法下の行政権と内閣

1　内閣の地位

(i)　行政権の担い手としての内閣　　**日本国憲法**は国家作用を**立法・行政・司法**に分け，それぞれ**国会・内閣・裁判所**に帰属させる権力分立制をとっている。65条は「**行政権は内閣に属する**」と規定し，内閣を行政権の帰属主体と位置づけた。行政とは，国家作用のうち，立法・司法を除いた残りの一切の作用が行政であるとする控除説（消極説）が通説だが，所属不明の作用全てを行政とする難があり，行政権を積極的に定義する積極説も有力である。

また，内閣が全ての行政権を行使するのではなく，行政各部にその役割を分担させ，その行政各部に内閣の指揮監督が及ぶことで足りるとされる。

(ii)　内閣制度　　**大日本帝国憲法**とは異なり，現行憲法は，**議院内閣制**を採用している。その根拠として，①内閣が国会に対して連帯して責任を負うこと（憲法66条3項），②**内閣総理大臣**は**国会議員**の中から国会の議決で指名すること（67条1項），③**国務大臣**の過半数が国会議員であること（68条），④衆議院で**内閣不信任決議**がなされたときなどには**内閣総辞職**か**衆議院の解散**かのいずれかをとらなければならないこと（69条）などを挙げることができる。すなわち，国民の民主的コントロールの及ぶ国会を通じて，内閣の成立と存続が図られている。

> **Column 8** **議院内閣制と大統領制**　議院内閣制は，18世紀から19世紀初頭にかけてイギリスのハノーバー朝において初めて成立した。初代首相はウォルポールである。議会，特に下院（日本では衆議院）の信任に基づいて内閣が成立する制度で，内閣は議会に対して政治責任を負う。また，内閣と議会は完全には分立せず，相互に関連性をもつ。なお，イギリスで発足した議院内閣制は，その後，大陸諸国の多くの国でも採用されたが，国ごとでその発展形成によって様相が異なる。他方，アメリカ合衆国に代表される**大統領制**は，執行権の首長として大統領を直接，国民が選出する。大統領が議会に対して高度の独立性を有し，政治に対する強いリーダーシップを発揮することができる制度である。

　(iii)　行政委員会　　行政機関の中には，その職務の性質上，内閣の指揮監督を受けず，独立してその職権を行う機関が存在する。**行政委員会**と呼ばれるこれらの機関は，「行政権は，内閣に属する」とした憲法65条に反しないのか，また，「準」とはいえ，司法的作用・立法的作用を担うことは**権力分立**に抵触しないのか。学説・裁判例（福井地判昭27・9・6行集3巻9号1823頁）は，行政委員会が合憲ということでは一致するが，その理由は分かれる。65条は，全ての行政について内閣が指揮監督権をもつことを求めるものではないこと，これらの委員会が内閣から完全に独立しているわけではなく，わずかなりとも内閣・国会の統制を受けること，また，委員会の職務の性質上，政治的介入からの独立性・中立性の確保が必要であることなどの点を根拠として挙げることができる。

> **Keyword 4** **行政委員会**　19世紀末から20世紀初頭のアメリカで，変動の激しい社会経済に迅速・公正に対応すべく創出された。情実人事と呼ばれる**猟官制（スポイルズ・システム）**による職員採用のため，活動の公正性や能力に問題があった。戦後，日本にも**連合国軍最高司令官総司令部（GHQ）**の主導で多数創設されたが，実際に機能しない委員会も多く，その多くが改廃された。現在，**公正取引委員会・（中央）労働委員会・会計検査院・人事院**などが，政治的中立性や高度な専門性・技術的能力が要求されて存続している。また，委員の採用については，猟官制ではなく，内閣から独立して職務を実行するために，資格任用制（**メリット・システム**）を採用している。

2 内閣の組織

内閣は,「その首長たる内閣総理大臣及びその他の国務大臣」で組織される合議体（66条1項）であり,その構成員は,「すべて文民でなければならない」（66条2項）と規定されている。

（ⅰ）文　民　現行憲法は,戦前の軍部暴走に対する反省から,内閣の構成員を**文民**に限定する規定を設けた。この解釈について,文民とは「軍人」でない者を指すが,戦後の日本には**憲法9条**（→第12章）の規定により軍人は存在しないことから,当初は,過去に職業軍人歴のない者とするのが通説であった。しかし,現在,実質的な職業軍人である**自衛隊**員に対して,この規定をどう解釈適用するのかが議論されている。また,もし自衛隊合憲論に立てば,この規定は,**文民統制**（シビリアン・コントロール）を要求する重要な意味をもつ。

（ⅱ）内閣総理大臣　明治憲法とは異なり,現行憲法での内閣総理大臣は,国会議員の中から国会の指名に基づいて天皇によって任命される（6条1項,67条6項）。国会議員であることは,指名要件ばかりか在任要件でもある。内閣総理大臣は,内閣の首長として内閣を統括し代表する地位にあり,内閣を代表して議案を国会に提出し,行政各部を指揮監督する（72条）。

> \#　この指揮監督権について,いわゆる**ロッキード事件**丸紅ルート判決は,「内閣総理大臣は,少なくとも,内閣の明示の意思に反しない限り,行政各部に対し,随時,その所掌事務について一定の方向で処理するよう指導,助言等の指示を与える権限を有するもの」としている（最大判平7・2・22刑集49巻2号1頁）。

また,現行憲法は,内閣総理大臣に国務大臣の任免・罷免権（認証は天皇の**国事行為**→第1章Ⅱ**3**）を認め,首長としての地位を強化した。しかし,制度上の地位が強化されたとはいえ,現実には,長期にわたる派閥政治の影響から,首相に強力なリーダーシップが期待できないとして,首相公選論も唱えられている。

> \#　首相公選論とは国会による指名ではなく,直接,国民による首相選出を行い,政治に対する民意の反映と行政へのコントロールを強化しようという主張である。**大統領制**と類似する。ねじれ国会が発生しやすく,難点が多い。

(ⅲ)　国務大臣　　内閣法により，人数は14人以内（特別に必要がある場合は17人，また復興庁存立中と国際博覧会推進本部設置中は各々１名増）と定められている。また，**国務大臣**は，内閣の構成員であると同時に，各省の長として行政事務を分担する「主任大臣（各省大臣）」となるのが通例であるが，無任所大臣が存在しても構わない。なお，各省以外でも，内閣官房長官，**内閣府外局の国家公安委員長，2001年の中央省庁再編**で内閣府に新設された特命担当大臣も国務大臣が担当するとされている（内閣法13条，警察法６条，内閣府設置法９条２項）。また，国務大臣の過半数は国会議員であることが，内閣の構成・存続要件となっている（憲法68条１項）。もっとも，中途でこの要件を欠いたからといって，すぐに内閣が存続しなくなるのではなく，内閣総理大臣に速やかに要件を満たすべき義務を負わせるものと考えられている。

(ⅳ)　内閣の総辞職　　内閣は総辞職することで消滅する。**内閣総辞職**は自らの判断でも可能だが，憲法は，それ以外にも，①衆議院で内閣不信任決議（または信任決議の否決）がなされ，10日以内に**衆議院の解散**をしなかったとき（69条），②内閣総理大臣が欠けたとき（70条），③衆議院議員総選挙後の新国会召集のとき（70条）には，総辞職すると規定している。なお，総辞職した内閣は，新たに内閣総理大臣が任命されるまでは，引き続きその職務を行う（71条）義務を負う。

Keyword 5　７条解散　　衆議院の解散については，一般に内閣が解散権を有していると思われているが，現行憲法には，誰が解散を決定する権限を有しているのか，どのような場面で解散を決定するのかについて，明確に定めた規定はないとされる。69条の規定により，内閣不信任決議があれば衆議院を解散させることはできるが，解散権を正面から規定したものではないとする考えもある。

では，解散権の実質的根拠はどこにあるのだろうか。そこで挙げられるのが，憲法７条３号の天皇の国事行為による解散である。もっとも，天皇は国政に関する権能を有しないので，これはあくまでも解散を外部に宣旨するという形式的解散権であると解されている。結果，実務上，本条により，内閣が衆議院を解散させているが，その妥当性については，学説上争いがある。

3 内閣の権限 (権能)

内閣は，他の**一般行政事務**のほか，憲法73条各号所定の事務を行う。内閣の権限は，73条各号所定の事務に限られず，行政事務全般に及ぶ。

（ⅰ）権限の種類　①**法律**を誠実に執行し，国務を総理すること　「誠実」な執行とは，行政が法律に従って行われることを求める法律による行政（**法治主義**）の原理を明確にしたものである。内閣が違憲と考える法律の執行は，国会の立法権，裁判所の司法権（違憲審査権）との関連から，内閣に合憲性の実質的判断は認められないため，法律の執行を拒否するようなことはできないというのが有力である。ただ，裁判所が，違憲判決を出した場合には，その限りではないとされる。

> ＃　近年，行政活動の複雑多様化から，国会で具体的な内容を定めず（あるいは，定められず），執行者である行政機関に具体的内容の制定を委任する法律が増加し，**委任立法・行政裁量**の拡大につながっている。拡大する行政活動に対する統制手法について検討することが，今日の**行政法**の重要課題となっている。

②**外交関係**を処理すること　　**外交関係**とは，全権委任状や大使・公使の信任状の発行，外交文書の発行などで，日常一般の事務は外務大臣の主管である。

③**条約**を締結すること　　**条約の締結**とは，当事国の署名（調印）および内閣による**批准**をいう。場合により，署名のみで直ちに成立することもある。いずれにせよ，事前または事後に国会の承認を得る必要がある。

> ＃　条約は，締結によって国内においても直接効力を発するものもあるが，多くは国内法の整備を待って初めてその効力を発する。なお，条約に類似するもので，文書で取り交わされる国際間約束である行政協定がある。これは「外交関係の処理」（73条2号）に該当するとされ，国会の承認を必要とはしないという扱いを受けているが，その内容・性質において，条約同然の効果をもつケースもあり，問題がある。

④**官吏**に関する事務を掌理すること　　明治憲法下では，官吏は天皇の使用人とされていたため，人事は**天皇大権**として，勅令に基づいて実施されていたが，現行憲法では，「法律の定める基準に従い」内閣の行う事務とした。

＃　なお，この法律とは国家公務員法を指すと考えられているが，官吏の意味については諸説ある。官吏と類似する用語に**公務員**があり，官吏がその中に包含されることには争いはないが，**裁判官**，裁判所職員および国会職員が官吏に含まれるのかにつき，学説上争いがある。国家公務員法は，一般職と特別職（国務大臣，裁判官，国会職員，裁判所職員など）とを区別し，そのうち特別職については，原則その適用を除外し，例外的に適用を認めている。また，この法律は，内閣の所轄の下に人事院を置き，人事行政に関する権限を人事院に付与している。

⑤予算を作成して国会に提出すること　　**予算**の作成とは，内閣が一会計年度における**歳入・歳出**の計画を立てることである。もっとも，国会の議決がなければ，執行はできない。また，作成された予算が適正に執行されたか検討するために，毎年，**決算**を作成し**会計検査院**による検査を受け，次年度にそれを国会に報告しなければならないと現行憲法は規定している。この**予算**を含む**財政**に関して，内閣にはさまざまな権利義務が付与されている。憲法は財政全般の基本原則を定め，詳細については**財政法**によって定められている（→第4章Ⅰ**1**）。

　財政を支える最大の財源は**租税**である。現行憲法では，納税の義務を国民の三大義務の一つとし，税金は全て法律によって定められるとする**租税法律主義**を採用している（→第4章Ⅱ**2**，第6章Ⅱ**2**）。租税は，国に納める**国税**と地方公共団体に納める地方税からなる。租税にはさまざまな種類が存在するが，課税対象者（納税者）と担税者（実質的な税の負担者）の関係によって大きく二分することができる。両者が一致する税を**直接税**，異なる税を**間接税**と呼ぶが，日本では，第二次世界大戦後の**シャウプ勧告**により，直接税中心の方針が取られている。前者には，**所得税**，**法人税**，相続税が該当し，後者には，たばこ税，**酒税や消費税**が該当する（酒税の負担者は消費者であるが，納税者は酒造業者である。これを租税の転換と呼ぶ）。

Column 9　**税の不平等**　　所得税に関して，サラリーマン9割・自営業6割・農業4割の通称クロヨンと呼ばれる，職業による所得の捕捉率に不公平感があるとの指摘がなされている（サラリーマン税金訴訟＝最大判昭60・3・27民集39巻2号247頁参照）。法人税については，**累進課税制度**ではなく比例税であるため税率が低い，小売店などが消費税で益税を生んでいる，などの批判も存在する。

租税のみで**歳入**を賄えない場合，国家は債券を発行して歳入を確保する。この債券を**公債**と呼び，特に国が発行するものを**国債**と呼ぶ。戦前の日本は，軍事費をこれで賄い，戦中戦後の**インフレーション**を引き起こした反省から，公債の発行は財政法による厳しい制約を受けている。財政法4条は，国の歳出は，公債または借入金以外の歳入を財源としなければならないと規定するが，その但書において，例外的に**公共事業**にあてる（社会資本の供給を行う）**建設国債**の発行を認めている。財政法が認める例外はこの建設国債のみだが，現実には**赤字国債**なるものも発行されている。これは，一般財源を確保するために特例法を設けることで発行できる特例国債であるが，この赤字国債の発行が増大しており，**財政赤字**の深刻化や財政の硬直化を招くおそれがある。

> **Keyword 6** **建設国債**　国民生活を豊かにするためには，生活基盤となる上下水道・学校・病院などの**生活関連社会資本**や，生産基盤を支える道路・鉄道・港湾などの生産関連資本，経済活動の基盤となる道路・発電所・空港などの**インフラストラクチャー（インフラ）**等，社会資本の充実・整備が必要となるが，この整備に必要な財源の中心となっているのが建設国債である。

＃　また，内閣は，特定の政策に対して，その実現を目的に市場よりも低利な資金を創出し，大規模な公共投資や産業開発援助に融資することで経済に介入している。これは**財政投融資**と呼ばれ，**一般会計**では実現できない大規模な事業が実現できることから，主に景気対策として利用されている。この財政投融資計画案も国会に提出し，議決を経なければならず，その額の大きさから第二の予算とも呼ばれる。

⑥政令を制定すること　　行政機関が定立する法規範を一般に<u>命令</u>，そのうち内閣が制定するものを**政令**と呼んでいる。命令は，法律の規定を執行するための細目を定める執行命令と，法律によって委任された事項を具体的に定める委任命令とがある。執行命令は，直接，国民の権利義務に変動を及ぼすものではなく，法律の施行細則（例えば，婚姻届の様式など）を定めるにすぎないので，法律による具体的な根拠は必要ないが，国民の権利義務関係に変動を及ぼす委任命令（例えば，各種の許認可の基準設定など）は，法律による個別具体的な委任が必要であり，いわゆる白紙委任は許されない。しかし，限定委任でも，複雑

多様化・専門化により法律による明確な委任が困難なため，委任の範囲が争われることがある（最判昭33・5・1刑集12巻7号1272頁，最判平14・1・31民集56巻1号246頁など）。**委任立法**は，複雑多様化する行政需要に柔軟に対応するものとして有用ではあるが，その多用は権力分立を脅かし，行政権の拡大を招く。また，法律から委任を受けた政令が，委任内容を他の命令（省令・府令など）に再委任することは許されるのかといった問題も生じる。

⑦恩赦を決定すること　　**恩赦**とは，訴訟法上の手続によらず，刑の言渡の効果の全部または一部を消滅させ，あるいは公訴権を消滅させることである。

> ＃　この恩赦について，その用語の響きがいかにも君主の恩恵であるかのようで不適切であるという非難と，これまでの政令恩赦の大半が選挙違反者の復権に関するものであるため，政治的濫用であるとの批判がある。

(ii)　権限の行使　　内閣は合議体であり，その意思決定は**閣議**によってなされる（内閣法4条1項）。閣議は内閣総理大臣が主宰するが，各国務大臣も閣議の開催を要請できる。閣議の議事手続や議決方法については，内閣の自律的判断に委ねられている。閣議決定については，多数決で足りるとする説もあるが，慣行として全員一致が求められており，通説・判例もその立場に立つ。

> ＃　なお，現実には，各行政作用はそれぞれの行政機関によって実行されており，内閣の統括（統合調整し指揮監督する）の下における各行政機関については，**国家行政組織法**および各機関の設置法（内閣府設置法など）によって定められている。

4　内閣の責任

明治憲法下では，国務大臣が単独で天皇に対して責任を負っていたが，現行憲法は，内閣が，行政権の行使について，国会に対して連帯して責任を負う（66条3項）と規定し，国会に対する内閣の**連帯責任**を認めた。もっとも，内閣が負う責任は，あくまで政治責任であって法的責任ではないとされる。

> ＃　行政の活動によって国民の生命・身体，財産に損害が生じた場合には，国民は行政に対する責任を争える。憲法17条は，公務員の不法行為による損害に対して**国家賠償請求権**を認めており，その権利を実現するために**国家賠償法**が定められている。近年，公務

員の故意または過失による行為に対する広範な免責規定を設けていた平成14年改正前の郵便法が，この憲法17条に違反して無効であるとの最高裁判決が出された（**郵便法損害賠償免除規定違憲判決**＝最判平14・9・11民集56巻7号1439頁）。

Ⅲ　行政権の課題

1　行政権の優越

　国家は，政府活動を国防と治安維持に限定した近代の**小さな政府**（夜警国家（ドイツの社会主義者ラッサールが批判的に呼んだ用語）・消極国家）から，**財政**の拡充や**市場経済**への介入で雇用や**社会保障**など国民の福祉を充実させようとする現代の**大きな政府**（福祉国家・**積極国家**・行政国家）へと移行した。その過程において，**行政**に対する求めは増大した。社会的弱者の救済など，多様化する行政需要の高まりに応じた積極的な国家介入による社会政策の実行は，行政の権能を拡大させ，**権力分立**とはいいながらも，**行政権の優位**をもたらした。

　（i）**委任立法**　社会の複雑多様化に柔軟・迅速に対応すべく**委任立法**が増大している。この背景には，複雑化・専門化する行政活動について素人同然の**国会議員**が，それに対応する**法律**を制定することができないという現実が存在する。結果として，法律では大綱のみを定め，詳細は，行政機関の制定する委任立法に委ねざるをえない。特に，福祉国家への移行の中で行政の許認可を行う領域が広がったが，その許認可の基準のほとんどが委任立法，特に**命令**によって設定されている。いかに，法律による委任を受けているとはいえ，**行政権**を執行する行政が，その執行ルールを自ら設定することには，権力分立論あるいは法律による行政の原理からの批判も少なくない。

　また，行政機関は内部規範として**規則**を定立することできる。例えば，行政活動の重要要素である法令の解釈適用について，意思統一のための基準のほとんどは，上級機関から下級機関に**通達**という形式で伝えられる。なかでも，政府提出の法律案や政令の審査立案，法律問題に関して，**内閣**等に意見を述べるなどの権限を有する**内閣法制局**が発する通達は，公定解釈として大きな影響力

をもち，関係する行政機関を拘束する。このような内部規範は<u>行政規則</u>と呼ばれ，行政内部にのみ効力を及ぼし，外部（国民）への法的拘束力はないとされる。しかし，今日では，通達による法解釈が結果的に国民の権利義務に影響を及ぼすことなどが指摘され，行政規則の外部効果が重大な問題となっている。

　(ii)　行政指導　　行政活動には，法律により権限を与えられて行政が権力的手法を行使できる領域とそうではない領域が存在する。後者の一つに，指導や助言，勧告といった非権力的手法を行使し，行政目的の達成を図る**行政指導**がある。行政指導は，相手側への任意の協力要請であり，法的拘束力をもたない事実行為であるので，当然，相手側はそれを拒否することができる。

　しかし，現実には，行政はさまざまな**許認可権**を有しており，行政指導を相手側に直接強制することはできなくても，間接的に強制することができる（製薬会社に対して新薬開発の指導を行う場合に別薬品の承認をちらつかせるなど）という問題があった。この間接強制の影響を排除すべく，**行政手続法**（1993年制定）は，行政指導に従わない者への不利益な取扱いを禁止する条文を規定した。

> ＃　行政指導は戦後，金融行政で盛んに行われていた。日本経済の復興のために**護送船団方式**を採用し，弱小金融機関を保護すべく合併などを強力に指導するなど，大蔵省の行政指導は金融業界全般に及んでいた。結果的に，このことが官民の癒着を招くなど，多くの非難を浴びた。そして，1990年代前半，バブル経済崩壊後には，**不良債権**問題の処理や金融機関の破綻などにより，**金融の自由化**が始まった。

　(iii)　官僚政治　　行政権の拡大（行政国家化現象）により，**官僚**の権限が増大し，官僚主導の政治が行われるようになっていった。憲法は，**国務大臣**が行政各部（省庁）の長として行政事務を分担し，内閣が行政各部を指揮監督するよう規定するが，大臣らの在任期間は，官僚のそれと比較して短期間であること，また，行政の活動内容の複雑化，専門化が進んだことから，大臣が完全に行政各部の事務を掌握することは現実問題として困難である。結果，通産**事務次官**であった<u>佐橋滋</u>をモデルにしたとされる小説『官僚たちの夏』（城山三郎著，新潮文庫）に描かれたように，各省関連の法律案の作成や**予算**，人事といった国家運営において重要な政策が，官僚主導（特に<u>キャリア</u>官僚のトップである事務次

官）で進められるようになった。

> \#　このように，政治による行政統制が弱く，政策過程の中心が官僚によって行われているという行政の観方を<u>行政学</u>では官僚優位論と呼んでいる。本来は**国会**の権能である**立法**についても，現実には関係官庁の官僚が，所属する機関が活動しやすいようにつくっていることが多く，官僚の支配力は行政のみならず立法にまで及んでいることも指摘されている。このような官僚政治は，汚職や政官業の癒着（佐川急便事件（1992年）やゼネコン汚職事件（1993年）など）を生み，また，官僚の**天下り**問題（2007年に天下り関連法成立）など多くの課題をもたらした。こういった批判を受けたこともあり，官僚優位はすでに崩れたとする見解もある。

2　行政権の統制

　行政権の拡大とともに透明公正な行政活動が求められるようになり，活動に対する**行政責任**と行政に対する民主的統制の重要性が問われ，それを実現するための法制度も整備されつつある。

　（i）　情報公開　　従来，行政活動は不透明であり，国民がそれを知ることは困難であった。それゆえ，国民は行政内部において恣意的な活動が行われ，国民に不利益が課せられた場合であっても，それを争う術さえ見出せなかった。行政情報の重要性が認識されるようになっていくにつれ，従来，内閣が国会に対して自らの活動の弁明を行うことであった**説明責任**（アカウンタビリティー）が，広く**主権者**たる国民一般に対するものと解されるようになった。また，国民が積極的に行政活動を監視して違法・不当な行政活動を是正し，国民の**知る権利**を保障するために情報公開制度の必要性が唱えられ，1999年に**情報公開法**が制定された（ただし，同法中に「知る権利」は明記されなかった→第9章Ⅴ**4**）。

　（ii）　行政手続法　　本来，**法治主義**の観点からは，行政活動は法の機械的執行であるべきだが，現実には，複雑多様な行政活動に完全に対応しうる法律を規定することは困難である。そこで，法律は先述した委任立法以外にも，行政の専門技術性が要求される場面において，行政に権限を委ねることがある。法律は一定の枠組みのみを定め，より具体的な要件や効果などの内容については，行政に判断を委ねる。この行政の判断は，行政裁量と呼ばれ，国民の多様な行

政需要への柔軟な対応が期待できるが，常に行政による濫用の危険をはらんでいる。この委任立法，行政裁量に対する統制として注目されるのが，行政過程に対する統制手法である。憲法31条は，**法定手続の保障**（適正手続の保障）を規定しており，この規定が刑事手続を対象とすることは周知であるが，行政手続（特に不利益処分）にも及ぶのかといった問題がある。

> \# 判例は，**成田新法事件**（最大判平4・7・1民集46巻5号437頁）において，行政手続に関しても憲法31条の保障は及ぶとしたが，行政手続と刑事手続とは性質において差異があり，事前手続の付与は，制限される権利利益の内容等と公益とを総合較量して決定されるべきとした。

1993年，行政過程における事前手続の一般原則を定めた**行政手続法**が制定された。行政手続法は，行政が有する許認可権を行使する際の審査基準や不利益処分における処分基準の設定・開示などを具体的に規定することで，委任立法・**行政裁量**による行政の恣意的活動（行政権の濫用）を抑止し，行政活動の過程における公正性と透明性を実現しようとする。また，2005年の改正では，1999年に閣議決定によって実施されていたパブリック・コメントの制度が，意見公募手続として追加され，国民が行政立法の過程に参加できるようになった。

(iii) 行政改革　　肥大化した**行政国家**に対して**行政改革**の必要性が唱えられ，1980年代には，小さな政府への回帰を求める**新自由主義**や**リバタリアニズム**が台頭した。イギリスの**サッチャー**政権やアメリカの**レーガン**政権は，福祉国家政策を批判し，規制緩和による経済再建と強い国家をめざした。サッチャー政権は，行政機関の民営化と公共部門への市場原理導入を推進したが，日本でも，**中曽根康弘**内閣（1982年成立）が行政改革（地方分権推進，公務員改革なども含む）の推進を図った。1981年の**第二次臨時行政調査会**（臨調）の答申を背景に，翌年，臨時行政改革推進審議会設置法案を成立させ，翌83年に第一次臨時**行政改革推進審議会**（行革審）を発足させた。この指揮の下，**公企業**の中でも特に公益性が高く，特別の法律によって設立された**特殊法人**（特殊会社）に対する見直しが進められ，**電電・専売・国鉄民営化**が実施された。

第 5 章　行　政　権

> **Column 10**　私的諮問機関　　第一次行革審の実施に大きな影響を及ぼしたの
> が，数々の<u>私的諮問機関</u>である。私的諮問機関とは行政の執行機関の附属機関の一
> 種で，行政庁の意思決定に際して，専門的な立場から事項を調査・審議する諮問機
> 関の一つである。諮問機関には，法令によって設置される「審議会等」と，法令に
> 基づかない「私的諮問機関」の２種類があるが，私的諮問機関（懇談会，研究会，
> 検討会議等の名称が用いられる）は，閣議決定や大臣などの決裁のみで開催される。
> 法令に基づかない機関でありながら，事務局運営は各省庁が行い，予算は公費から
> 支出されており，法的形式面および審議会等と類似の機能の点で，以前から問題と
> されてきた。<u>国家行政組織法</u>８条の「審議会等は法律・政令によって設置すること
> ができる」という規定に抵触するという批判も根強い。

　特殊法人については，現在でも赤字を抱える法人が多く，多額の**国債**と**財政
投融資**が赤字補填に投入されていること，<u>**キャリア**</u>官僚の天下り先となってい
ることなどから，批判が根強かった日本道路公団・住宅金融公庫などが2001年
に廃止された。また，1996年には，橋本内閣の下で，中央省庁の再編等を検討
するために，**内閣総理大臣**の直属機関として<u>行政改革会議</u>が設置された。その
最終報告に基づいて，1999年，**中央省庁等改革関連法**が成立し，2001年の**省庁
再編**によって，それまでの１府22省庁が１府12省庁（2021年，デジタル庁の発足
により１府13省庁）に統合され，特殊法人の**独立行政法人化**も進められた。

> **Keyword 7**　独立行政法人　　公共上必要な事務および事業のうち，国が自ら
> 実施する必要はないものの，民間では実施されない可能性がある，または，一つの
> 主体が独占して行う必要があるものを実施する法人で，特別の法律により設立され
> る（国民生活センター，大学入試センター，造幣局，国立病院機構など）。独立行
> 政法人の業務が効率的かつ効果的に行われるように運営の基本等，制度の基盤とな
> る共通の事項を定める独立行政法人通則法が制定されている。

　その後，**構造改革**を旗印に，2001年に発足した**小泉純一郎**内閣における，内
閣総理大臣の私的諮問機関である「行政改革推進事務局」の影響力も大きかっ
た。小泉内閣で敢行された**郵政民営化**も，内閣総理大臣の私的諮問機関「郵政
三事業の在り方について考える懇談会」が，政策の方向性に影響を与えた。行
政のスリム化は進んだが，福祉の後退など，その行きすぎを懸念する声もある。

87

【設　問】

1　後の会話文中の空欄　ア　には後の語句 a か b，空欄　イ　には後の記述 c か d のいずれかが当てはまる。空欄　ア　・　イ　に当てはまるものの組み合わせとして最も適切なものを，後の①～④のうちから1つ選べ。(2023年・大学入学共通テスト本試「政治・経済」・改)

Y：日本国憲法第65条に「行政権は，内閣に属する」とあるけど，　ア　である公正取引委員会は，内閣から独立した機関といわれるね。行政活動を行う公正取引委員会が内閣から独立しているのは憲法上問題がないのかな。

X：独占禁止法の条文をみると，「独立してその職権を行う」とされているけど，委員長及び委員の任命については，　イ　。公正取引委員会は，内閣から完全に独立しているわけではないよ。公正取引委員会の合憲性を考えるときには，独立性が必要な理由や民主的コントロールの必要性も踏まえて，どの程度の独立性を認めることが適切かを考える必要がありそうだね。

　ア　に当てはまる語句
　　a　独立行政法人　　　　　　　b　行政委員会
　イ　に当てはまる語句
　　c　両議院による同意を要件としつつも内閣総理大臣に任命権があるね
　　d　内閣総理大臣が単独で任意に行うことができるね

①　ア―a　イ―c　　　②　ア―a　イ―d
③　ア―b　イ―c　　　④　ア―b　イ―d

2　委任立法の適法性の問題における，立法府の委任規定の限界について説明せよ。(2024年度 春学期・京都産業大学法学部専門科目「行政法Ⅰ」)

■ さらなる学習のために

曽和俊文ほか『現代行政法入門〔第5版〕』(有斐閣，2023)
宇賀克也『行政法概説Ⅰ―行政法総論〔第8版〕，Ⅱ―行政救済法〔第7版〕』(有斐閣，2023，2021)
山岸敬子『行政権の法解釈と司法統制』(勁草書房，1994)
真渕勝『行政学〔新版〕』(有斐閣，2020)
山口二郎『内閣制度』(行政学叢書6)(東京大学出版会，2007)

【若狭愛子】

第6章　地方自治

いちばん身近な民主政治

【概念図】

　地方の政治をその住民が行う地方自治制度は「民主主義の学校」と称される。きわめて中央集権的であった大日本帝国憲法（明治憲法）と異なり，日本国憲法は第8章に地方自治の章を設け，同法92条は「地方自治の本旨」に基づいて地方の政治が行われなければならないことを規定する。また，近年の地方分権改革によって，地方自治制度は多くの課題を抱えつつも新たな時代を迎えたといえよう。

■ 地方自治→民主政治の基盤，権力分立の観点からも重要　→Ⅰ参照
　　　　日本の地方自治制度→日本国憲法は地方自治を憲法上の制度として保障
　　　　地方自治の本旨（憲法92条）→住民自治と団体自治　制度的保障説が通説
■ 地方公共団体の種類・機関　→Ⅱ参照
　　　　普通地方公共団体と特別地方公共団体　長と地方議会の二元代表制
　　　条例の制定（憲法94条）
　　　　憲法と条例の関係→地方議会の自主立法として法律に準じた性質をもつ
　　　　法律と条例の関係→ナショナル・ミニマム論が有力
　　　地方財政
　　　　地方税や地方債等の自主財源の乏しさ
　　　　地方交付税交付金や国庫支出金等の補助金への依存
■ 住民の権利　→Ⅲ参照
　　　　憲法上の権利→長・議員の直接選挙（憲法93条）
　　　　　　　　　　　地方自治特別法の住民投票（憲法95条）
　　　　地方自治法上の権利→イニシアティブやリコール等の直接請求の制度
　　　住民投票
　　　　原発，産廃処理施設等の設置の是非をめぐる住民投票条例の制定
　　　　ただし，拘束型住民投票は認められないというのが通説

I　地方自治の展開

1　地方自治制度の意義

　住民がその地域の政治を行う**地方自治**の歴史は古い。古代ギリシャの都市国家では，奴隷や女性が排除されていたが，18歳以上の男性市民が民会を中心に自治を行っていた。北イタリアと地中海東岸地方を結ぶ東方貿易で栄えた**ヴェネツィア**などの北イタリア諸都市は，12世紀以降，領主の権力を抑えて自治都市（コムーネ）として独立した。主として13世紀以降にドイツで成立した**帝国都市（自由都市）**も皇帝から特許状を獲得し，地方領主である諸侯と同じ地位を認められた。これら西欧の自治都市では，封建的支配者（国王や領主）から**自治権**を獲得した市民による高度な自治が営まれていた。また，北ドイツ諸都市による**ハンザ同盟**など，経済的利益や自治を守るための連合体が結成された。近代でも，アメリカ植民地のタウンミーティングが知られている。

　　＃　「都市の空気は（人を）自由にする」というドイツの諺のように，封建領主の支配下の
　　　農奴も，荘園から都市に逃れて1年と1日住み続ければ自由な身分となった。

　地方自治制度は**民主政治**（→第3章Ⅱ）にとっても，また，地方に権力を分散することで，中央政府の権力濫用を防ぐという**権力分立**の観点からも重要である。イギリスの政治学者ジェームズ・ブライス（1838-1922年）は，その著書『近代民主政治』で，「地方自治は**民主主義の学校である**」と述べ，住民が自分達の地域の政治を行うことが民主主義の実現には必要不可欠であると指摘した。フランスの政治家アレクシス・ド・トクヴィル（1805-59年）も同様の指摘を行った。

2　日本の地方自治制度

　日本においては，江戸時代には徳川幕府による幕藩体制が敷かれていたが，1868年の明治維新，それに続く1869年の版籍奉還や1871年の**廃藩置県**によって

崩壊し，藩主に代わって**府知事・県令**が国（中央政府）から派遣されることとなった。そして，1878年に，郡区町村編成法，**府県会規則**，地方税規則の三新法が制定され，府会・県会等を通じて民意が多少反映されるようになった。明治政府は**国会開設**と**大日本帝国憲法**（明治憲法）の制定に際して地方制度の整備を進めた。1888年には**市制・町村制**が，1890年には**府県制・郡制**が施行され，日本の地方制度が確立した。だが，天皇中心の近代国家形成と富国強兵のための中央集権的傾向が非常に強かった明治憲法には，地方制度の規定もない。府県知事は官選の内務官僚であり，内務大臣の指揮監督に服したし，**市会・町村会**の議決事項は限定的なものとされていた。このように，戦前の地方自治の保障はきわめて不十分で，地方は国の出先機関にすぎなかった。

　中央集権的な明治憲法下の地方制度への反省から，日本国憲法は第8章に地方自治の章を設け，憲法上の保障を与えた。だが，現行憲法施行後も**地方公共団体**（地方自治体）を国の出先機関としてみなす傾向は強く残った。特に，国の業務を地方自治体に肩代わりさせる**機関委任事務**については，地方公共団体が住民のために本来行うべき<u>固有事務</u>を妨げ，**地方財政**の基盤の弱さもあり，いわゆる**三割自治**の原因だとする批判も強かった。また，地方公共団体がこの機関委任事務を執行しない場合，国が地方公共団体に当該事務を執行するように裁判所に請求する<u>職務執行命令訴訟</u>を起こすことも可能であった（旧地方自治法（地自法）151条の2）。沖縄県知事が米軍施設のための土地収用手続への署名を拒否したことが争われた沖縄代理署名訴訟（最大判平8・8・28民集50巻7号1952頁）では，この手続が用いられた。

Column 11　**革新自治体と「地方の時代」**　　1960年代の高度経済成長期に，公害や都市問題が深刻化し，その解決を求める住民運動が活発化した。1970年代には，日本社会党や共産党といった革新勢力の支持を受けた候補者が東京，大阪，京都，横浜といった大都市部の知事・首長として当選し，革新自治体が誕生した。これらの革新自治体は，公害防止条例の制定や住民福祉の向上に努め，こうした流れは，「地方の時代」とも称された。革新自治体の政策は地方財政の赤字を招き，1970年代末には衰えたが，中央政府中心の政治を見直し，住民参加を基調とした地方の独自政策の推進に大きな役割を果たした。

1995年の地方分権推進法は，地方分権推進委員会を設け，機関委任事務のあり方の見直しを提案した。そして，これを受けて2000年に施行された**地方分権一括法**は地方公共団体の事務について，機関委任事務を廃止し，**地方税の徴収**，長や議員の選挙，ごみ処理，上下水道の管理，道路，公民館や病院といった公共施設の管理，道路交通・**デモ行進**の規制（→第9章Ⅵ），都市計画の決定，飲食店の営業許可，病院・薬局の開設許可など，地方公共団体が処理できる**自治事務**（地自法2条8項）と，国勢調査等の統計事務，国政選挙の事務，旅券交付等，国や都道府県の関与が必要とされる**法定受託事務**（同9項）に再編して，地方公共団体の自治を強化した。地方公共団体の事務に国が関与する場合，法律または政令の根拠が必要とされる（同245条の2）。国の関与は必要最小限度でなければならず，地方公共団体の自主性・自立性に配慮しなければならない（同245条の3第1項）。国と地方の権限争い解決のため，**国地方係争処理委員会**が設置された（同250条の13）。このように，国と地方の関係は，従来の上下・主従関係から対等・協力関係の時代を迎えたといえよう。

　また，バブル崩壊や少子高齢化による税収不足に対処するために，**市町村合併**が推進された。1999年には第1次市町村合併特例法が改正され，その失効後に**第2次市町村合併特例法**（市町村の合併の特例等に関する法律）に引き継がれた。そして，国は**地方交付税交付金**の見直しや合併特例措置による財政支援措置を行うことで「平成の大合併」を促進した。2010年4月から**第3次市町村合併特例法**（市町村の合併の特例に関する法律）が施行された（2020年3月31日まで）。

Column 12　**平成の大合併**　　1999年の市町村合併特例法改正により，2005年3月31日までに合併を申請した市町村に，合併後10年間は従来通りの地方交付税交付金を支給し，**地方債**の発行を認めるという優遇措置が行われた。これにより，1999年3月末に3232あった市町村は2006年3月末には1821に，大合併に区切りがついた2010年3月には1727に減少した（2024年9月時点で1718）。その経済効果は大きいが，公共サービス低下や地域の独自性の喪失を批判する声もある。

3 地方自治の本旨

　日本国憲法92条は，「地方公共団体の組織及び運営に関する事項は，**地方自治の本旨**に基いて，法律でこれを定める」と規定する。同条の規定する地方自治の本旨とは，地方自治が，その地域の住民の自由な意思に基づいて行われなければならないという**住民自治**と，地方自治が，国から独立した地方公共団体によって行われなければならないという**団体自治**を意味する。この地方自治の本旨を具体化するために，1947年に**地方自治法**が制定された。

　地方自治の性質については，地方公共団体が憲法制定以前から保持していた固有の自治権を保障したものであるとする**固有権説**，自治権が国家の統治権から伝来したとする**伝来説（承認説）**，地方自治の本質部分は法律によっても侵害できないとする**制度的保障説**が主張されている。通説である制度的保障説によれば，都道府県・市町村という２段階の地方自治（**二重の自治**），議会の設置，長や議員の**直接選挙**，条例制定権が地方自治の本質部分であるとされる。

　なお，日本国憲法は，国政レベルの政治が代表者を通じて行われ（前文），国会が「国の唯一の立法機関」（41条）と規定しているなど（→第４章Ⅱ **1**），原則として**間接民主主義**を採用し，**直接民主主義**的な政治参加の手段を憲法改正**国民投票**（96条）などに限定している。地方自治についても，「議事機関として議会を設置する」（93条）と規定し，間接民主主義を採用している。しかし，地方自治については，憲法41条に相当する規定はなく，住民が身近な地域の問題に取り組むという住民自治の性質上，国政の場合よりも直接民主主義に親和的と考えられており，議員だけでなく，長の直接公選（93条２項），**地方自治特別法の住民投票**（95条）が規定されている。また，地方自治法には条例の制定・改廃等，**直接請求権**に基づく制度が規定されている。

Ⅱ　地方公共団体

1　地方公共団体の種類と機関

　憲法に規定はないが，**地方自治法**１条の３は**地方公共団体**（**地方自治体**）に

ついて，都道府県および市町村からなる**普通地方公共団体**と，東京23区のような特別区，地方公共団体の組合，財産区，地方開発事業団という**特別地方公共団体**を規定する。憲法93条1項は，地方公共団体には議事機関として議会を設置すべきことを，同条2項は，地方公共団体の長，その議会の議員および法律の定めるその他の吏員について，住民の**直接選挙**で選出すべきことを規定する。

　まず，都道府県と市町村が憲法上の地方公共団体であることに疑いはない。しかし，東京都の特別区については，1952年の地方自治法改正によって区長公選制が廃止され，住民による直接選挙ではなく，都知事の同意を前提に区議会が選出するとされていたため，この**間接選挙**が憲法93条2項に反しないのかが争われた。最高裁は，**東京特別区区長選挙事件**（最大判昭38・3・27刑集17巻2号121頁）において，憲法上の「地方公共団体といい得るためには，単に法律で地方公共団体として取り扱われていることでは足りず，事実上住民が経済的文化的に密接な共同生活を営み，共同意識をもっているという社会的基盤が存在し，沿革的にみても，また現実の行政の上においても，相当程度の自主立法権，自主行政権，自主財政権等地方自治の基本的機能を附与された地域団体であることを必要とする」として，特別区が憲法上の地方公共団体に該当せず，区長を公選とするか否かは立法政策の問題であると判断した。だが，憲法は，都道府県と市町村の2段階からなる**二重の自治**を保障しているのであり，特別区の住民がその保障を受けられないのは不当だとの批判が強かった。1974年に地方自治法が改正され，区長は公選制となった。また，1999年の同法改正により，特別区は「基礎的な地方公共団体」と規定されることとなった。

　＃　地方自治法1条の3は，基礎的地方公共団体としての市町村と，それを包括する広域の地方公共団体としての都道府県の2段階制を規定するが，市町村制を維持しつつ，都道府県に代え，より広域の**道州制**を導入することは違憲ではないと考えられている。第28次地方制度調査会の「道州制のあり方に関する答申」（2006年2月）は，市町村合併の影響，都道府県の区域を越える広域行政課題の増加，地方分権改革の確かな担い手の必要性という課題に対応するために，道州制の導入を提言した。しかし，道州制の導入は**住民自治**の希薄化を招くのではないかとの批判もある。

第6章　地方自治

　地方公共団体の機関について，地方公共団体には，議事機関として**地方議会**（都道府県議会，市町村議会）が，執行機関として長（都道府県**知事，市町村長**等の**首長**）および各種委員会・委員（**教育委員会**や，**自治体警察**を監督する公安委員会，**監査委員**等）が置かれている（地自法89条，138条の2以下）。憲法93条は地方議会と首長の二元代表制を採用する。地方議会と首長は**権力分立**に基づく抑制と均衡の関係にあり，首長は地方議会の解散権や議会の決定に対する拒否権をもち，地方議会は首長の**不信任決議権**をもつ（地自法176-178条）。

　地方議会の権限としては，**条例**の制定・改廃，**予算**の議決等（同96条）の他，地方公共団体の事務に対する検査権・**監査請求権**（同98条），調査権（同100条）が挙げられる。地方議員の**任期**は4年で，その地方公共団体の議会の**選挙権**をもつ25歳以上の日本国民が被選挙権をもつ（同18条，19条）。国と異なり，地方議会には**議員の不逮捕特権**や**議員の免責特権**はない。

　長は，地方公共団体の最高執行機関として，地方公共団体を統括・代表し（同147条），地方公共団体の事務を管理・執行し（同148条），議会に提出する議案を作成する（同149条）。議案の中には条例提出権も含まれる。首長の任期は4年で，都道府県知事については30歳以上，市町村長については25歳以上の日本国民が被選挙権をもつ（同18条，19条）。地方議会議員や**国会議員**との兼職は禁止されている（同141条）。

2　条例の制定

　重要な地方公共団体の権限に，地方公共団体の自主法であり，地方議会の議決によって成立する条例の制定がある。長や各種委員会が制定する**規則**（地自法15条，138条の4）も憲法上の条例に含めるのが多数説である。ただし，条例は「法律の範囲内」で制定しなければならず（憲法94条），当該地方公共団体が処理すべき事務（地自法2条2項）に関してのみ，「法令に違反しない限りにおいて」制定することができる（同14条1項）。それゆえ，法律で国の事務と規定されている事項，法令によって全国一律に制定すべきと考えられる事項（義務教育制度や社会保障制度等），**私法秩序**の形成に関する事項（権利能力や行為能力の

95

付与・制限等），刑事犯の創設に関する事項，一地方のみならず全国の利害に関連する事項については条例を制定できない。

　憲法が法律による規制を予定している場合，条例で規制可能かが問題となる。例えば，**奈良県ため池条例事件**（最大判昭38・6・26刑集17巻5号521頁）では，憲法29条2項の**財産権**を条例で規制することが認められた。**大阪市売春取締条例事件**（最大判昭37・5・30刑集16巻5号577頁）では，条例で罰則を規定することは憲法31条の**罪刑法定主義**（→**第7章Ⅲ5**）に反しないとされた。**大牟田市電気税事件**（福岡地判昭55・6・5訟月26巻9号1572頁）では，**租税法律主義**を規定する憲法84条との関連で，条例による課税は違憲ではないとされた。これらの条例の合憲性については，条例が住民を代表する地方議会の議決によって成立する自主立法であり，法律に準じた性質をもつことに根拠を求める学説が多い。

　法律と条例の関係も問題となる。条例の制定について，憲法94条は「法律の範囲内」で，地方自治法14条1項は「法律に違反しない限り」と規定する。従来，法律が先に規制を行っている場合には条例が新たな規制を行うことはできないという，法律先占論が有力であった。しかし，高度経済成長に伴う公害問題の深刻化に対処するために，1969年の東京都公害防止条例等の**公害防止条例**が各地で制定されたが，これらの条例は法律の基準よりも厳しい規制を行う「上乗せ条例」や，法律が規制していない事項を規制する「横出し条例」であった。公害関係の条例をきっかけに，問題となっている法律の規制が全国一律の最低限度の基準を規定したものであれば，住民の健康保護や福祉のため，各地域の事情に応じて条例による加重規制を行うことは認められるとする**ナショナル・ミニマム論**が有力となった。ただし，この理論については，条例制定の範囲が法律によって決定されてしまうことになるので，必ずしも条例制定の範囲が広くなるわけではないとか，法律の趣旨・目的があいまいで，多様な解釈が可能なことも多いので，明確な判断基準とはいいがたい，などの批判もある。

　最高裁は，**徳島市公安条例事件**（最大判昭50・9・10刑集29巻8号489頁）において，法律と条例が「同一の目的に出たものであっても，国の法令が必ずしも

その規定によって全国的に一律に同一内容の規制を施す趣旨ではなく，それぞれの普通地方公共団体において，その地方の実情に応じて，別段の規制を施すことを容認する趣旨であると解されるときは，国の法令と条例との間にはなんらの矛盾抵触はなく，条例が国の法令に違反する問題は生じえない」と判断した。逆に，地方税法の均衡要件に反する外形標準課税導入は許されないとする判決もある（東京都銀行税訴訟＝東京高判平15・1・30判時1814号44頁）。

3 地方財政

地方公共団体が自治を行うには十分な自主財源の裏づけが必要不可欠である。**地方財政**については，地方自治法や地方財政法が基本原則を規定する。

地方公共団体の主要な財源としては**地方税**が挙げられる。地方公共団体の「行政の執行」（憲法94条）については，**課税権**も含まれると解されている。大牟田市電気税事件においては，「地方公共団体がその住民に対し，国から一応独立の統治権を有するものである以上，事務の遂行を実行あらしめるためには，その財政運営についての自主財政権ひいては財源確保の手段としての課税権もこれを憲法は認めているものというべきである」とされた。地方自治法223条および地方税法（地税法）2条は，「法律の定めるところ」により，地方税を課すことができる旨を規定する。地方税法の認める地方税の例としては，都道府県の法人事業税，自動車税，市町村民税，固定資産税，軽自動車税等が挙げられる。その他，地方税法は，総務大臣との事前協議と同意を得た上で，一般経費にあてる**法定外普通税**（地税法4条3項，5条3項）と，特定経費にあてる**法定外目的税**（同4条6項，5条7項）を課すことを認めている。

> ＃ しかし，**地方分権**が推進されているとはいえ，地方公共団体の財政は厳しい状況にある。2007年には北海道の夕張市が財政赤字のために**財政再建団体**に，2010年から財政再生団体に指定された。地方分権推進の関連諸法令においては，地方財政の問題は十分にふれられておらず，早急な抜本的解決が求められる。

地方税による収入は全体の約3〜4割程度であり，残りは国からの**地方交付税交付金**や国庫支出金といった**補助金**である。地方交付税交付金とは，地方公

共団体相互間の財政格差を是正するため，**所得税，法人税，消費税，酒税**，たばこ税などの**国税**の一定割合を国が地方に配分する制度である。国庫支出金は，**公共事業，社会保障**，義務教育の諸経費を国が補助する制度であるが，使途や補助率については国が決定し，不足分を地方が補わなければならないので，地方自治の侵害につながるとの批判もある。また，地方公共団体は**地方債**を発行することができる（地自法230条1項）。地方債発行には国の許可が必要であったが，地方分権一括法の施行により原則として協議制となった。

> ＃　2003年6月に，地方分権改革推進会議は，国の地方公共団体への補助金削減，国から地方への税源委譲，地方交付税の見直しを同時に行うという**三位一体の改革**を提言した。地方分権の推進に伴う地方公共団体の自主財源確保がその目的であるが，地方への税源委譲が十分に進まない中での地方交付税の削減は地方公共団体に厳しい予算編成を強いることになるとの批判もある。

Ⅲ　住民の権利

1　憲法上の権利

地方公共団体（地方自治体）の住民の憲法上の権利としては，まず，憲法93条2項の長や議員の**直接選挙**が挙げられる。**地方自治法**10条1項によれば，住民とは，その地域の「区域内に住所を有する者」であるとされるが，同法11条によれば**選挙権**の要件として日本国籍が必要となる。

参政権は，従来，国民主権の観点から外国人には保障されないと考えられてきたが，生活に密着している地方レベルでは**定住外国人**の選挙権は認められるとする学説が有力である。最高裁も，いわゆる定住**外国人の地方参政権**訴訟で，「我が国に在留する外国人のうちでも永住者等であってその居住する区域の地方公共団体と特段に密接な関係を持つに至ったと認められるもの」について，「法律をもって，地方公共団体の長，その議会の議員等に対する選挙権を付与する措置を講ずることは，憲法上禁止されているものではない」（最判平7・2・28民集49巻2号639頁）と判断した点が注目される。ただし，国政レベルの

選挙権，地方・国政レベルの**被選挙権**については否定的な見解が多い。

次に，憲法95条の**地方自治特別法の住民投票**が挙げられる。地方自治特別法とは，特定の地方公共団体にのみ適用される法律を意味し，そのような特別法を制定する場合には，特別法による地方自治権の侵害を防止し，住民の意思を尊重するためにレファレンダム（国民投票，住民投票，国民表決）を行い，その過半数の同意を得なければならない。これは憲法41条の国会単独立法の原則の例外にあたる。特別法の例としては，広島平和記念都市建設法，首都建設法等が挙げられるが，旧軍港市転換法のように複数の地方公共団体に適用される場合もある。しかし，特別法の定義が不明確であり，実際には特定の地方公共団体だけに適用される法律（「古都における歴史的風土の保存に関する特別措置法」やいわゆる成田新法等）も多く，この制度は実際にはほとんど用いられておらず，形骸化しているとの批判が多い。

2 地方自治法およびその他法令上の権利

日本国憲法は地方公共団体についても国政と同様に，**間接民主主義**を原則としているが，地方自治法では**直接民主主義**的な制度が導入されている。代表者たる長や議員が住民の意思から乖離した行動をとらないように，間接民主主義の欠点を補うために直接民主主義的な制度を導入したと考えられている。

地方議会の解散請求（地自法76-79条），**議員や長の解職請求**（同80-88条）については，請求者は有権者の3分の1以上の署名を集めた上で，選挙管理委員会に提出する。そして，住民投票で過半数の同意が得られれば，議会の解散が行われ，議員や長は失職することになる。この制度は，住民が不適任とみなした特別職の公務員を罷免するリコール（国民解職，解職請求権）としての性質をもつ。

条例の制定・改廃請求（同74条）は，請求者は有権者の50分の1以上の署名を集め，長に提出する。長はその議会付議と結果公表の義務を負う。この制度はイニシアティブ（国民発案，住民発案）の性質をもつ。長や議会には条例の制定・改廃の法的義務はないが，住民投票条例制定には有意である。

事務の監査請求（同75条）については，請求者は有権者の50分の1以上の署名を集めた上で，**監査委員**に提出する。**住民監査請求**（同242条）については，地方公共団体の機関や職員が「違法又は不当な公金の支出」などを行っていると疑われる場合に，住民（1人でもよい）はそれを防ぐために，監査委員に監査を請求できる。監査委員の監査に不満がある場合には，客観訴訟の一種である**住民訴訟**を提起することができる（同242条の2）。住民監査の対象となるのは地方公共団体の財政上の行為であるが，多くの政策には金銭の収入・支出が伴うので，実際には住民が政策の是非を争う際に用いられる。ただし，住民監査請求は違法な行為だけでなく不当な行為も対象となるが，住民訴訟は違法性のみ争うことができる。住民訴訟による主要な判例としては，愛媛県知事の靖国神社・県護国神社への公費からの玉串料支出が争われた**愛媛玉串料訴訟**（最判平9・4・2民集5巻4号1673頁）等が挙げられる。

> **Keyword 8　町村総会**　　町村だけの特別の制度に**町村総会**がある（地自法94条）。町村は，条例に基づき，議会に代わり，有権者の町村民による総会を設けることができる。議会の非設置は憲法93条1項違反との疑問もあるが，直接民主主義が可能な規模の町村で町村総会を設けることは違憲ではないと考えられている。

　地方自治法以外のその他の法令上の権利としては，以下のものが挙げられる。現行の第3次市町村合併特例法においては，市町村合併のための**合併協議会**設置の直接請求や住民投票（4条）の権利が規定されている。これは，市町村合併は地方公共団体の存立に関わる事柄であり，その決定には，対象地域の長や議会だけでなく，住民の意思を問うことが重要であるからである。

　行政機関の活動を監視・調査を行う，スウェーデン由来の**オンブズマン**（行政監察官）も注目される。国政レベルでは制度化されていないが，地方自治体レベルでは神奈川県川崎市が市民オンブズマン条例を制定し，住民の行政に対する苦情を受け付け，行政を監視する**市民オンブズマン制度**を導入したことで知られている。

　国や地方公共団体の保有する情報の提供を求める権利を**知る権利**という（→第9章Ⅴ **4**）。旧ソ連の**グラスノスチ**（情報公開）のように，知る権利の保障は

第6章　地方自治

民主主義に欠かせない。そこで，住民の知る権利に応えるために，**情報公開条例**の制定が1982年の山形県金山町や神奈川県を皮切りに，盛んに行われてきた。国政レベルにおいても，2001年に**情報公開法**が施行された。近年，住民監査請求制度と情報公開制度を利用する市民オンブズマンの活動が注目される。

3　住民投票をめぐる問題

　地方自治法上の条例の制定・改廃請求の制度を利用して，原子力発電所，米軍基地や産廃処理施設の建設の是非を問う**住民投票条例**の制定を求める**住民運動**が近年盛んである。例えば，原発建設の是非をめぐっては新潟県巻町や刈羽村で，米軍基地建設・移転の是非をめぐっては沖縄県名護市や山口県岩国市で，それぞれ住民投票条例が制定され，住民投票が実施された。

　住民投票条例は，住民投票の結果を議会や長が「尊重しなければならない」と規定するが，長や議会は必ずしもその結果に従わなければならないわけではないので，<u>諮問型住民投票</u>と呼ばれる。これに対して，住民投票の結果に法的拘束力を認める**拘束型住民投票**については，認める見解もあるが，憲法は地方公共団体の意思決定手続については間接民主主義を原則としており，地方自治法には住民投票の根拠規定はないので，同法が規定する長や議会の権限（96条，147-149条）に反するというのが通説である。住民投票の法的拘束力はないという判決もある（名護市住民投票事件＝那覇地判平12・5・9判時1746号122頁）。ただ，住民投票の結果を長や議会が無視することは事実上困難であろう。

　住民投票については，住民の生活に大きな影響を与える地方公共団体の政策が住民の意思を無視して行われることを防ぎ，間接民主主義を補うという点で**住民自治**に資するという利点がある。しかし，法的拘束力のない住民投票では**世論調査**以上の意味はないのではないか，住民が専門的な知識をもちあわせていない場合もあるのではないか，独裁的な政治家が自らの主張を正当化するための<u>プレビシット</u>になってしまうのではないか，といった批判もある。それゆえ，住民投票の発動要件をどうするのか，どのような事項を住民投票の対象とするのか，住民投票の選択肢をどのように設定するのか，特別多数決や最低投

101

票率を設定するか否か，といった問題点を解決することが課題となる。

#　日本国憲法は本来直接民主主義が原則であるが，それが実際上困難であるので間接民主主義を採用したとも説かれる。また，近年，長や議会の機能不全による住民投票の活発化も指摘される。しかし，多様な価値観をもつ人々の意見の対立について，少数意見にも配慮しながら妥協・調整を図るためには，多数意見が直に表明される直接民主主義より，有権者からの命令委任を受けない代表者が議会で自由な議論を行うことができる間接民主主義の方が望ましいとする意見も有力である。

【設　問】

1　下線部ⓒ［地方の政治・行政］に関して，日本の地方公共団体の議会，首長，有権者に関する制度の記述として最も適当なものを，次の①～④のうちから一つ選べ。（2024年・大学入学共通テスト本試「現代社会」）

①　地方議会は，首長に対して不信任決議をすることができない。

②　首長は，有権者がその解職を請求できる対象に含まれていない。

③　有権者は，地方議会議員と首長をそれぞれ別の選挙で選ぶ。

④　有権者は，事務の監査請求を首長に対して行う。

2　Ｘ市は公害対策のために，いわゆる「上乗せ規制」と「横出し規制」を行う条例を制定した。この条例の合憲性について，条例制定権の法的性質を説明した上で，ナショナル・ミニマム論と徳島市公安条例事件を手がかりに論じなさい。（2023年度秋学期・東海大学教養教育課程「日本国憲法」小テスト・改）

■ さらなる学習のために

斎藤誠『現代地方自治の法的基層』（有斐閣，2012）

小林直三ほか『地域に関する法的研究』（新日本法規，2015）

宇賀克也『地方自治法概説〔第10版〕』（有斐閣，2023）

川﨑政司『新・地方自治法基本解説』（日本評論社，2024）

【大江一平】

第7章 司　法　権

公正な紛争解決と人権の確保

【 概 念 図 】

　法は社会生活を規律するルールであるが，ルール破りやルールの内容についての争いが生じることは避けられない。裁判所は，そうした争いを公正に解決するために設けられている。また，国家権力によって恣意的に人権が侵害されてしまえば，自由な社会生活は成り立たない。憲法は，裁判所に違憲審査権を与え，私たちの人権を確保するという重要な役割を担わせている。

■司法権───────英米型：民事・刑事・行政裁判───日本国憲法76条
　→Ⅰ・Ⅱ参照　　　大陸型：民事・刑事裁判─────────大日本帝国憲法
■司法権の組織　　　最高裁判所　　＊司法権の独立───司法府の独立
　→Ⅲ参照　　　　　↑　上　告　　三　　　　　　　└─裁判官の独立
　　　　　　　　　　高等裁判所　審　←──公正な裁判
　　　　　　　　　　↑　控　訴　制　　　　　　└──→刑事手続上の人権
　　　　　　　　　　地方裁判所（簡易裁判所・家庭裁判所）
　　　＊司法制度改革──裁判員制度・法科大学院・日本司法支援センターなど
■司法権の運用──紛争解決の要件
　→Ⅱ・Ⅳ参照　　法律上の争訟か─────「具体的」な「法律関係」の有無
　　　　　　　　　司法判断をすべきか──統治行為論，自律権，部分社会の法理
　　　　┌──────憲法判断をすべきか──憲法判断の回避の準則
　　　　└──────違憲判断をすべきか──司法消極主義・司法積極主義←─┐
■違憲審査権────付随的違憲審査制（アメリカ型）──日本国憲法81条─┘
　→Ⅳ参照　　　　└抽象的違憲審査制（ドイツ型）
　　　＊違憲審査の手法──法令審査・適用審査，違憲審査基準（二重の基準論）

I　近代立憲主義と司法権

1　近代立憲主義と「法の支配」

18世紀の**市民革命**によって確立した**近代立憲主義憲法**（→第2章）に基づく**近代国家**は，個人の**権利・自由**を確保するために国家権力を制限することを目的とするが，近代立憲主義の思想は**法の支配**の原理を一つの要素としている。

法の支配の原理の母国はイギリスであった。イギリスでは，**法**は，人為を超えて客観的に存在する正義であり，**議会**が制定する通常の法よりも高次のものと理解された。この意味での「法」は，統治者を含む全ての者を拘束するものとされ，国王の**裁判所**が，個々の事件の解決のために発見・適用していく中で，王国の一般法（コモン・ロー）という形で具体的で明確な内容を与えられ，歴代の王たちにより維持・継承された。しかし，**王権神授説**を信奉するジェームズ1世は，「法」とは統治者の意思を反映させた統治の道具であると主張した。これに対し，**エドワード・コーク（クック）**は，「国王は何人の下にもあるべきではない。しかし神と法の下にあるべきである」という13世紀のブラクトン裁判官の言葉を引用して対抗した。この言葉は，国家権力が，統治者の恣意的な意思によって行使される（**人の支配**）のではなく，予め存在する法に拘束されるべきことを要求する「法の支配」の原理の本質を的確にいい表している。

> **Column 13**　**法の支配と法治主義**　　「法の支配」と内容が異なるものとして（形式的）**法治主義**がある。法に基づいて統治活動を行わせようとする点では同じだが，法治主義における「法」とは議会の制定する**法律**を意味している点，「法」が内容とは関係のない形式的な法律にすぎず，議会の制定する法律の内容は問題とされない点で異なる。このため法治主義は，形式的に理解されれば，法律によりさえすれば国民の自由も制限可能であると理解されてしまい，**第二次世界大戦前のドイツ**では，**ナチス**による**全体主義国家**の登場を許してしまった。

中世イギリス由来の「法の支配」の原理は，近代**啓蒙思想**の影響を受けて，**近代立憲主義**に結実する（→第2章）。中世イギリスにおいては，**マグナ・カル**

タ（大憲章）や**権利章典**などのように，「法」の内容は封建領主らの特権という色彩が強かったが，次第に，ロックやルソーの**自然法**思想の説くような，人一般が生まれながらにして有する権利・自由と理解されるようになっていった。また，国家権力がそのような意味での「法」に服することを確保するためには，モンテスキューが『**法の精神**』で示したように，国家権力を一つの機関に独占させず，「法」に適った法律の制定が可能となるように諸権力の**均衡・抑制**の仕組み（**権力分立**）が必要であると理解されるようになっていったのである。

2　司法に関する2つの伝統

このように，近代立憲主義は，国家権力の統治の目標を**基本的人権の尊重**（**人権保障**）に置き（→第8～11章），その実効手段としての権力分立を制度上の原理として確立されたが，**司法**を担う裁判所の役割については，フランスを典型とする**大陸法**系諸国と，アメリカなどの**英米法**系諸国では異なった。

> **Column 14**　**権力分立**　　権力分立＝三権分立と考えられているが，その原型を最初に示したとされるロックは立法権と執行権の二権分立を唱えていた。また，アメリカの連邦政府・州政府間の関係や，日本の地方自治も一種の権力分立である。

フランスでは，モンテスキューの，裁判所は「人々の間でかくも恐るべきもの」との言葉に示されているように，裁判所は，市民革命が打倒しようとした**アンシャン・レジーム**の拠点とみなされ，伝統的に，裁判所や**裁判官**に対する不信が根づいていた。対照的に，法律こそが**主権者**の**一般意志**の表明であり，誤ることはないと理解され，立法権優位の思想が支配的であった。国民の権利・自由は，立法権（→第4章）の作る法律によって**行政権**（→第5章）を拘束することを通じて実現されるものと理解され，行政権が議会の法律に従っているかを判断する権限は，**通常裁判所**とは別に設けられた**行政裁判所**に付与された。つまり，裁判所が担う**司法**は，**民事事件**と**刑事事件の裁判**（民事裁判・刑事裁判）であるとされ，**行政事件の裁判**（行政裁判）は，「司法」の範囲には含まれなかった。

他方，アメリカでは，コモン・ローを発見する機関としての裁判所への厚い信頼と，全ての者が同じ法に服するべきというイギリスの伝統が継承され，司法権を担う通常裁判所が，行政事件を含む全ての事件を裁判することが「法の支配」であるとされた。このような考えは，**アメリカ合衆国憲法**制定の際に<u>ハミルトン</u>が『**ザ・フェデラリスト**』の中で，裁判所を「最も危険の少ない部門」と述べたことに典型的に表れている。さらに，通常裁判所が立法権や行政権を法に基づかせて国民の権利・自由を確保するという考え方を徹底した**違憲審査権**（→本章Ⅳ）が確立され，やがて各国の統治機構に影響を与えていった。

Ⅱ　司法権の意義

1　日本国憲法における「司法」概念

大日本帝国憲法は，<u>大陸法</u>系諸国の司法概念を採用した（→第1章Ⅱ*3*）。つまり，行政官庁の違法処分による権利侵害を争う事件は，法律により設置された**行政裁判所**が担当し（61条），民事事件と刑事事件の裁判のみが「司法」として通常裁判所の権限とされた。また，**裁判所に違憲審査権**は与えられなかった。

これに対し，**日本国憲法**は，76条1項で「すべて**司法権**は，**最高裁判所**及び法律の定めるところにより設置する**下級裁判所**に属する」と規定し，司法権が最高裁判所を頂点とする通常裁判所に属することを明言している。この規定は「司法」の具体的内容を明らかにはしていないが，通常，日本国憲法は，**英米法**系諸国，特にアメリカの伝統における「司法」概念を採用したと考えられている。それは，日本国憲法76条2項が**特別裁判所**の設置と行政機関による終審としての裁判を禁止し，行政事件の裁判を含めて全ての裁判を司法権として通常裁判所に帰属させたこと，81条が最高裁判所に法律や処分についての違憲審査権を与えたことなどから判断できる。したがって，**裁判所法**3条は「一切の**法律上の争訟**を裁判［強調筆者］」する権限を裁判所に付与しているが，この権限は裁判所法以前に，憲法が付与した権限であるということができる。

第7章　司　法　権

2　司法権の内在的制約——「法律上の争訟」

　憲法が裁判所に付与した司法権が「法律上の争訟」の裁定であるとすれば，司法権は「法律上の争訟」なしには行使できないことになる。一般に「法律上の争訟」とは，(1)当事者間の具体的な法律関係ないし権利義務の存否に関する，(2)法律の適用によって終局的に解決できる紛争と解されている。

　(1)の要件は，①当事者間の紛争が「権利義務」あるいは「法律関係」の存否に関わるものであり，かつ②その紛争が「具体的」でなければならないことを意味する。①は，原告が訴えを提起するに足る利益を有しているか（原告適格）の問題を含んでいる。最高裁判所は，個人に事実上の侵害が生じたとしても，それを保護する法的な規範がなければ，法律上の争訟とはならないとしている（例えば，最判昭34・8・18民集13巻10号1286頁）。また，②については，まだ紛争が十分具体化されていないのに，将来の紛争を予期して訴えを提起することは認められない（成熟性の問題）。逆に，時間の経過とともに具体性が失われる場合をムートネスの問題という。皇居外苑使用不許可処分を争ううち，使用予定日のメーデーが経過した場合（皇居外苑使用不許可取消事件＝最判昭28・12・23民集7巻13号1561頁）や，生活扶助額が低額であることを争う裁判の係属中に原告が死亡した場合（朝日訴訟＝最大判昭42・5・24民集21巻5号1043頁）などがこれにあたる。

　(2)の要件は，①法令を適用して解決できる紛争で，かつ②その解決が終局的なものでなければならないことを意味する。①については，例えば，個人の主観的意見の当否や学問的・技術的論争などは，法律上の争訟とはならない（国家試験の合否につき，最判昭41・2・8民集20巻2号196頁）。また，純然たる信仰対象の価値や宗教上の教義に関する判断が，裁判の結論を左右するものである場合は，実質的に法令の適用によって終局的な解決が不可能であるとされる（「板まんだら」事件＝最判昭56・4・7民集35巻3号443頁）。また②から，裁判所の最終的判断を立法権や行政権が覆せるような制度は認められない。

3　司法権の外在的制約

　法律上の争訟であっても，さまざまな理由から裁判所の審査に適しないとさ

107

れる一定の事項があると言われている。憲法が明文で例外を定めているものとして、**国会議員の資格争訟裁判**（55条）と**裁判官の弾劾裁判**（64条）がある。また、**国際法**（国際公法）上の例外として、外交使節に対する日本の裁判管轄の排除などの**国際慣習法**上の例外と、米軍に関する一定の事件に対する日本の裁判管轄の排除（日米地位協定17条3(a)）など、**条約**で認められたものがある。

　各国家機関の内部決定には、その自律的決定が最終的で、裁判所の審査は及ばないとされるものがある。各議院の議員の懲罰（憲法58条2項）、**内閣総理大臣**による**国務大臣**の罷免（同68条）や**閣議**における議事手続、最高裁判所の裁判官会議などがこれにあたる。また、立法権や行政権の裁量（**立法裁量・行政裁量**）に委ねられた行為は、裁量権を著しく逸脱もしくは濫用した例外的場合を除き、裁判所は合憲・違憲や合法・違法の判断をなしえないとされている。

　さらに、直接国家統治の基本に関係する高度な政治性をもつ立法権や行政権の行為を**統治行為**と呼び、これが法律上の争訟となる場合であっても裁判所の審査の対象外とする理論がある（統治行為論→12章Ⅱ **3**、Ⅲ **1**）。最高裁判所は、**日米安全保障条約**の違憲性が争われた**砂川事件**において、日米安保条約は「主権国としてのわが国の存立の基礎に極めて重大な関係をもつ高度の政治性を有する」ので、「一見極めて明白に違憲無効であると認められない限りは、裁判所の司法審査権の範囲外のものである」と判示している（最大判昭34・12・16刑集13巻13号3225頁）。この事件で最高裁判所は、「一見極めて明白に違憲無効」であれば審査を認める余地を残していたが、**衆議院の解散**の効力が争われた**苫米地事件**においては、衆議院の解散は「裁判所の審査権の外」にあるとして、正面から統治行為論を承認している（最大判昭35・6・8民集14巻7号1206頁）。

　自律的なルールをもつ団体内部の紛争については、裁判所は法的判断をすべきでないとする考えがある（**部分社会の法理**）。最高裁は、**地方議会**における議員の懲罰（最大判昭35・10・19民集14巻12号2633頁）、国立大学における単位認定（富山大学事件＝最判昭52・3・15民集31巻2号234頁）、**政党**における党員除名処分（共産党袴田事件＝最判昭63・12・20判時1307号113頁）などについて、「一般市民法秩序と直接の関係」がある場合を除き内部的問題には裁判所の統制が及ばない

108

第7章　司　法　権

としてきたが，岩沼市議会事件で出席停止処分の司法審査に踏み込み（最大判令2・11・25民集74巻8号2229頁），部分社会の法理を葬った。

　＃　多くの学説は，立法・行政裁量論，統治行為論を一般論としては承認するが，個別の事件ごとに権利・自由の性質と具体的事情を考慮して裁判所は判断すべきとする。

III　司法権の組織と運用

1　司法権の組織

　すでに見たように，日本国憲法76条1項は，**司法権**を全て，**最高裁判所**および**下級裁判所**に帰属させている。下級裁判所として，現在，**高等裁判所**，**地方裁判所**，**家庭裁判所**，**簡易裁判所**が設置されている（**裁判所法**2条）。裁判所間の上下関係は，行政機関のような指揮命令関係ではない。それぞれの裁判所は独立して司法権を行使する（**司法権の独立**）。下位の裁判所の判断に不服のある当事者の**上訴**に応じて，上位の裁判所が下位の裁判所の判断を取消・変更する権限をもつのみである。現在，裁判当事者の上訴の機会は原則として2回である（**三審制**（**審級制**））。一般的な事件では，地方裁判所から高等裁判所へ控訴が，高等裁判所から最高裁判所へ**上告**がなされる。高等裁判所は，**高等裁判所長官**および相応な員数の**判事**によって構成され，全国に8カ所設置されている（支部6。2005年4月，東京高裁の特別支部として，特許権や著作権をめぐる紛争を扱う**知的財産高等裁判所**が設置された）。地方裁判所は，判事と**判事補**から構成され，全国で50カ所設置されている（支部203）。家庭裁判所は，少年事件や家庭関係の事件について第1審となり，地裁と同等の地位に立つ。また，簡易裁判所は，軽微な犯罪や少額の民事紛争を**裁判**するための第1審裁判所である。

　＃　簡易裁判所を第1審とする民事事件の場合，簡裁の判断に不服のある当事者は地方裁判所へと控訴することができ，地裁の判断に不服がある当事者は高等裁判所に上告できる。さらに，高裁の判断についての憲法解釈の誤りや憲法違反を理由とする場合に限り，例外的に最高裁判所への**特別上告**が可能である（**民事訴訟法327条**）。

109

2 最高裁判所の構成と権限

最高裁判所は,「その長たる裁判官及び法律の定める員数のその他の裁判官」から構成される(憲法79条1項)。長たる**裁判官**(**最高裁判所長官**)以外の裁判官(最高裁判所判事)の員数は,裁判所法5条が14名と規定している。長官は,**内閣**の指名に基づいて**天皇**が任命し(同6条2項),その他の判事は,内閣が任命し天皇がこれを認証する(同79条1項,裁判所法39条3項)。最高裁判所の裁判官は,任命後最初の**衆議院議員総選挙**の際に**国民審査**に付され,その後も10年経過するごとに衆議院議員総選挙の際に再び審査に付される(同79条2項)。

最高裁判所には,上告および訴訟法で特に定められた**抗告**(**決定**または**命令**という裁判に対する上訴)についての裁判権のほか,違憲審査権や最高裁判所**規則**の制定権,下級裁判所の裁判官指名権などが認められている。

3 特別裁判所の禁止

憲法は,司法権を通常裁判所に独占させ,**特別裁判所**の設置を禁止し,行政機関が終審として裁判を行うことを禁止している(76条2項)。特別裁判所とは,中世イギリスの**星室庁裁判所**や,戦前の**軍法会議**など,特定の身分に属する者や特別の種類の事件等に関して,通常裁判所の系列から独立した権限をもつ裁判所のことをいう。なお,裁判官**弾劾裁判所**は憲法自身が認めた例外である(64条)。また,行政機関による終審裁判の禁止は,通常裁判所の裁判の前審としての行政機関による裁判(**行政審判**)を排除するものではないと解される。実際,各種法律により行政審判制度が設けられている(国家公務員法に基づく**人事院**の裁定,海難審判法に基づく**海難審判所**の裁決制度など)が,違憲論はない。

4 司法権の独立

近代立憲主義の大原則である個人の**権利・自由**の確保にとっては,裁判が外部からのいかなる圧力や干渉も受けずに公正・厳格に行われることが不可欠の前提となる。そこで,司法権の独立の原則は,近代立憲主義の系譜に属する諸外

第 7 章　司　法　権

国の憲法において広く認められてきており，日本国憲法もこれを採用している。

　司法権の独立は，司法権自体の**立法権**や**行政権**からの独立（司法府の独立）と，個々の裁判官の職権行使にあたっての独立（裁判官の独立）という２つの意味を総称して用いられることがある。このため，大日本帝国憲法下で司法権の独立を守ったとされる**大津事件**も，今からみれば後者の点で不十分である。

> ＃　ロシア皇太子を負傷させた巡査の事件に関し，現在の最高裁判所長官にあたる当時の**大審院**長児島惟謙は，被告人を**死刑**に処すべきとする政府の要求を拒否した点では司法府の独立を維持したが，事件担当判事を直接説得した点については，児島自身が裁判官の独立を侵していたとも考えられる。後者の裁判官の独立こそが司法権の独立の核心であり，日本国憲法は，76条３項で「すべて裁判官は，その良心に従ひ独立してその職権を行ひ，この憲法及び法律にのみ拘束される」として明文で裁判官の職権の独立を定め，さらに裁判官の身分保障を認めている。この裁判官の職権の独立については，日本国憲法の下でも，**長沼ナイキ基地訴訟**（→12章）第１審札幌地裁の担当裁判官に対して，同地裁の所長が自衛隊違憲の判断を回避すべき旨の書簡を私信として送ったことが明らかとなった事件（**平賀書簡事件**）などで，その侵害が問題とされた。

　裁判官は，①裁判（**分限裁判**）によって心身の故障のため職務執行が不可能であるとの決定，②公の弾劾（**弾劾裁判**）による決定がない限り，罷免されない（憲法78条）。①は高等裁判所における５人の裁判官の合議体または最高裁判所大法廷で行われる（裁判官分限法４条）。②は両議院の各７名の議員により行われる（裁判官弾劾法16条）。さらに憲法は，裁判官が定期に相当額の報酬を受け，在任中減額されないことを保障している（憲法79条６項，80条２項）。

　司法府の独立については，憲法は，行政機関による裁判官懲戒を禁止（78条）し，また最高裁判所に先述の諸権限を与えている。さらに，これら全体の趣旨から最高裁判所の司法権全体に対する行政権も一般に認められている。

5　裁判の手続と運用

　日本国憲法の下で裁判所が扱う事件は，民事事件，刑事事件，行政事件である。民事事件とは，私人間の法的な権利義務関係についての紛争がある場合に，私人が原告となって，別の私人を被告として訴えることで，裁判所に解決を求

める裁判である。刑事事件とは，**刑法**などの刑罰法令が定めている犯罪行為を行ったとの疑いがある者（**被疑者**）を，国家（**検察官**）が裁判所に公訴を提起して，被疑者（公訴提起後は**被告人**）が有罪か無罪かの判断を求める裁判である。そして行政事件とは，違法な行政行為によって権利を侵害された被害者が原告となって，国や地方公共団体を被告として裁判所に訴え，その救済を求める裁判である。訴訟手続については，それぞれ**民事訴訟法，刑事訴訟法，行政事件訴訟法**が定めている。憲法上，いずれの訴訟手続も，裁判過程の公正・厳格さを確保することが求められる。これらの手続は，憲法32条が保障する政治権力から独立した公平な裁判所に**訴訟を提起**すること（民事事件・行政事件），このような裁判所でなければ**刑罰を科せられない**こと（刑事事件）の保障の両方を意味する**裁判を受ける権利**を実効的に保障するものと一般に言われている。また，いずれの訴訟手続においても，**裁判の公開**（憲法82条1項）の保障が原則である。公開された法廷において対立する当事者が口頭で各々の主張を戦わせ，当事者の主張・立証に基づいて裁判が行われるという，<u>口頭弁論主義，当事者主義</u>（刑事事件では弾劾主義）も原則である。

　また，とりわけ刑事裁判に関して憲法は，不法な**逮捕・監禁・拷問**や，恣意的な刑罰権の行使によって国民の**身体の自由**（人身の自由）が侵害されないように，まず18条において，**奴隷的拘束及び苦役からの自由**を保障して，人間の尊厳に反するような非人道的な拘束を厳しく禁じている。

　さらに，憲法31条は，「何人も，法の定める手続によらなければ，その生命若しくは自由を奪はれ，又はその他の刑罰を科せられない」として，刑事手続の基本原則を定めている。本条は，手続を法律で定めるべきこと（**法定手続の保障**）のみならず，その手続が適正であるべきこと（**適正手続の保障**），さらにどのような行為が犯罪となり，どのような刑罰が科せられるのかという実体的内容についても法律で定め，かつ適正であるべきこと（**罪刑法定主義**）を要求しているとされる。

　また，憲法は，捜査過程における被疑者の権利として，正当な理由に基づく裁判官の発する**令状**がなければ，住居の侵入や**捜索・押収**，逮捕など身柄の拘

束を受けないことを保障する（33条，35条）。令状なしに車にGPS装置を付ける捜査は違法とされた（最大判平29・3・15刑集71巻3号13頁）。逮捕後の身柄の拘束に関し，検察官に身柄が送られるまでの最大72時間の抑留（刑事訴訟法上は留置と呼ばれる）や，検察官が被疑者を起訴するかしないかを決めるまでの最大20日間の拘禁（刑事訴訟法上は勾留）について，理由告知を要求する権利と弁護人依頼権，そして拘禁について公開法廷での理由開示要求権を保障する（34条）。

Keyword 9　代用監獄　勾留は法務省管轄の監獄（拘置所）においてなされるのが原則であるが，起訴前に限り，警察署内の留置場に勾留することも認められている（いわゆる代用監獄）。警察は24時間被疑者を管理下に置いて取り調べることが可能となり，被疑者の人権侵害の温床となっているとして問題とされている。

　身柄拘束中の取調べについては，憲法は，拷問を絶対的に禁止し（36条），さらに自己に不利益な供述を強要されない権利を保障している（38条1項）。刑事訴訟法はこれを受けて，完全に沈黙する権利（黙秘権）を保障している（刑事訴訟法198条，291条，311条）。この権利は，起訴後の被告人にも保障されている。

　他に，起訴後の被告人の権利については，憲法は，公平な裁判所による迅速な公開裁判を受ける権利を保障し（37条1項），また，全ての証人に審問する権利，公費で自分のために証人を喚問する権利，私選弁護人を依頼することのできない者に国選弁護人を依頼する権利を保障している（37条2項，3項）。

　＃　憲法は被疑者に国選弁護人依頼権を保障していないので，全国の弁護士会は，被疑者の申請により初回のみ無料で弁護士の助言が得られる当番弁護士制度を設けた。また，2004年の刑事訴訟法改正により，一定の重大事件に限り，勾留段階の被疑者の国選弁護人依頼制度が創設され，同年制定の総合法支援法による国の日本司法支援センター（法テラス）が，2006年より被疑者の国選弁護人依頼を受け付けている。

　裁判中の証拠調べに関しては，憲法は，強制・拷問・脅迫による自白や不当に長く身柄を拘束された後の自白を，任意性に疑いのあるものとして証拠とすることを禁止し（憲法38条2項），また，任意性のある自白でも，それが有罪の唯一の証拠である場合には有罪にできないとする（同38条3項）。これは，自白

の偏重が拷問や**冤罪**の原因となったことに鑑み，規定されたものである。

　証拠調べの結果，被告人が罪を犯したとするのに合理的な疑いが残るときには，裁判所は無罪の**判決**をしなければならない。これは，「**疑わしきは被告人の利益に**」という刑事裁判の鉄則である。また，憲法39条により，実行のときに適法であった行為については刑事責任を問われない（遡及処罰の禁止）。

　有罪判決を受けた被告人には，刑罰が科されることになるが，憲法36条は，**残虐刑の禁止**を定め，現代の文化的水準からみて反人道的な刑罰を禁止する。死刑が残虐刑に該当するか否かについては議論がある。最高裁判所は死刑を合憲としている（最大判昭23・3・12刑集2巻3号191頁）が，死刑制度が合憲であるとしてもこれを法政策的に維持すべきかはなお議論の余地があり，日本が**死刑廃止条約**を批准していないこともあって，国際的には批判が多い。

　当事者が法定の期限内に上訴をしなかった場合や，最高裁の判断がなされた場合は，判決が確定し，**既判力**が生ずる。憲法39条は，無罪判決の場合，同じ犯罪について再び起訴されることはないし，有罪判決の場合でも，有罪とされた同じ行為について重ねて有罪とされないと定めている（確定判決の**一事不再理**の効力）。ただし，確定した有罪判決について，無罪とすべき新たな証拠が発見されたような場合には**再審**が認められている（刑事訴訟法435条以下）。

　Column 15　**司法改革**　　1999年設置の司法制度改革審議会により，司法制度改革が進められた。第1に，「国民の期待に応える司法制度の構築」として，知的財産高等裁判所の設置や日本司法支援センター（法テラス）の設置，さらに「裁判外紛争解決手続きの利用の促進に関する法律」（2004年）によって，民事紛争について，第三者が仲介して当事者間の譲歩と合意を取り付ける調停や，当事者間の合意に基づいて選任された仲裁人の判断でなされる**仲裁**などの利用を促進するための基盤整備が進んだ。第2に，「司法制度を支える法曹のあり方の改革」として，司法修習生から判事補を選抜する職業裁判官制度を改め，日本弁護士連合会などが主張する，弁護士などから裁判官を任命する**法曹一元論**の制度化の可否が検討されたが，制度化には至らなかった。しかし，法曹養成制度そのものは見直され，合格率2％・合格者平均年齢27歳以上という旧司法試験制度の実態を改善し，法学教育・司法試験・司法修習を一連の過程とした法曹養成制度を整備するため，**法科大学院**が2004年から教育を開始し，**新司法試験**が2006年から実施された。第3に，「国民

的基盤の確立（国民の司法参加）」が拡充された。国民が裁判手続に参加する制度は，検察官の不起訴処分の当否を審査する**検察審査会**以外にはほとんど存在しなかったが，「裁判員の参加する刑事裁判に関する法律」（2004年）により，2009年から**裁判員制度**が実施され，一定の重大事件について，選挙人名簿から無作為に抽出された裁判員6名が，3名の裁判官とともに有罪・無罪と量刑の決定を行うこととなった。この制度は，裁判員が量刑の決定まで行う点で，**大日本帝国憲法**下で採用され，今もアメリカなどで採用されている**陪審制度**とは異なり，ドイツなどで採用されている**参審制度**の一類型である。

Ⅳ　違憲審査制と憲法訴訟

1　違憲審査制

　近代立憲主義憲法は国家権力を「法」に基づかせることを一つの目的としており，**違憲審査権**は，国家権力が憲法に反して行使されないことを確保するという意味で，**法の支配**を徹底するという意味をもつ。裁判所に対する信頼が低かったヨーロッパ大陸諸国では，裁判所による違憲審査は**民主主義**や**権力分立**に反するとして制度化されていなかった。しかし，**第二次世界大戦**中に経験した，**全体主義**国家での法律による人権侵害に対する反省から，戦後，各国の憲法において違憲審査制が導入され，**立法権**や**行政権**の侵害から基本的人権を守る**憲法の番人**としての機能を果たすことが期待されるようになった。

　裁判所による違憲審査制には，大きく分けて2つの制度がある。一方は，アメリカなどで採用されている**付随的違憲審査制**である。そこでは，通常裁判所に違憲審査権が与えられ，具体的な事件の解決に必要な限りで違憲審査を行うことが原則とされる。この制度においては個人の権利の救済が重視されている。他方，ドイツの連邦**憲法裁判所**のような違憲審査のために特別に設けられた裁判所が，具体的な事件と関係なく，抽象的に違憲審査を行う**抽象的違憲審査制**も存在する。この制度においては，個人の権利の救済よりも，憲法秩序そのものを客観的に保障することが重視されている。もっとも，近年では，抽象的違憲審査制のドイツにおいて，個人の権利保護を目的とする**憲法訴願**が憲法上の

制度となっており，逆に付随的違憲審査制のアメリカにおいて，具体的な事件となる要件の緩和がなされるなど，憲法秩序の保障と類似の機能を果たすことが可能となっており，両者の接近傾向が見られる。

　一般に，日本国憲法81条が規定する違憲審査権は，付随的違憲審査制であると考えられている。その理由は，日本の違憲審査制がアメリカの制度にならったものであることが憲法制定の経緯などから明らかであること，また抽象的違憲審査制を認めるのであれば，その手続等を積極的に明示する規定がなければならないが，そのような規定はないこと，といった点に求められている。**最高裁判所**も，**警察予備隊違憲訴訟**（最大判昭27・10・8民集6巻9号783頁）において，81条の違憲審査制が付随的違憲審査制であることを認めている。

　なお，81条は，違憲審査の対象を「一切の法律，命令，規則又は処分」と規定しているが，**条例**なども含めた一切の国内法規範と，**国際法**（国際公法）規範である**条約**の国内的効力についてもその対象となる。**砂川事件**最高裁判決（→本章Ⅱ **3**）も，条約が違憲審査の対象となることを論理的に承認したと解される。

　また，81条の**終審裁判所**とは，最高裁判所が違憲審査権を最終的に行使することを意味し，下級裁判所の違憲審査権行使を否定するものではない。

2　憲法判断適合性

　日本の違憲審査制が付随的違憲審査制であるとすると，違憲審査権が行使されうるのは，民事事件・刑事事件・行政事件において憲法が争点となった場合ということになる。したがって，**憲法訴訟**といっても，それは憲法上の争点を含む**訴訟**を総称したものであって，特別の訴訟形態ではなく，通常の訴訟と同じように，**司法権**の一般的制約に服する。すなわち，法律上の争訟の要件や，司法権の外在的制約についての議論（→本章Ⅱ **3**）は，憲法訴訟にもあてはまる。

　ところが，憲法訴訟の場合，司法権の枠内にあるとされる事件であっても，なお憲法判断を行うべきかどうかという論点が存在する。とりわけ問題となるのは，ある法律上の争訟における当事者が，憲法上の争点を提起する資格があるか否かという問題である。まず，訴訟外の第三者の憲法上の権利を主張する

ことは原則として認められない。もっとも，第三者の権利と当事者の行為との間に密接な関係があり，第三者が自ら権利主張することができない場合は例外的に認められる（**第三者所有物没収事件**＝最大判昭37・11・28刑集16巻11号1593頁）。

また，付随的違憲審査制の下で裁判所の憲法判断が行われるのは，具体的事件の解決に必要である場合に限られることから，裁判所は，憲法問題に触れずに事件を解決できるなら，憲法判断をする必要はなく，またすべきではないという**憲法判断回避の準則**が導かれる。これには主として２つの手法がある。第１に，ある法律を解釈する際，憲法問題を避けることのできる解釈が可能であれば，その解釈に従って憲法判断そのものを回避すべきであるという手法がある（狭義の憲法判断回避）。**自衛隊**の通信線を切断し，自衛隊法121条違反に問われた**被告人**の自衛隊法違憲の主張に対し，通信線切断行為がそもそも同条の**構成要件**に該当しないとして無罪とした**恵庭事件**がその例である（札幌地判昭42・3・29下刑集９巻３号359頁）。また第２に，憲法問題を含む論点につき判断する場合でも，その法律について合憲・違憲の複数の解釈が可能である場合には，合憲となる解釈を採用すべきであるという**合憲限定解釈**の手法がある。**東京都教組事件**最高裁判決は，一般職の地方公務員の争議行為のあおり行為を禁止する地方公務員法61条４号を，文字通り解釈して法令違憲とせず，単なる争議行為ではなく違法性の強い争議行為のあおり行為のみを違法とする趣旨と解釈すべきであるとした（最大判昭44・4・2刑集23巻5号305頁）。

Column 16　法解釈の方法　　**文理解釈**とは，法の文字や語句に従って解釈することである。また，すべての法律は全体として一つの論理的体系をなすように解釈しなければならない（**論理解釈**）。それでも妥当な解決が得られない場合は，当該法規範の目的に従った解釈を行う（**目的論的解釈**）。例えば，公園の「野球禁止」という注意書きは，利用者の危険回避が禁止の目的なら，危険を伴う他のスポーツも禁止されると解釈できる。関連して，立法時の資料などを参照しながら，制定時の意味を解明する**歴史的解釈**がなされることもある。また，個々の条文の文理を多少**拡張解釈**したり，逆に**縮小解釈**したりもされる。例えば，橋の「車馬通行止め」の注意書きは，重量制限という目的から，牛も通行不可と拡張し，逆に自転車は通

行可と縮小して解釈されうる。類似した2つの事実A・Bにつき，Aのみに規定がある場合，Bにも同じ法律効果を認めるのが類推解釈であり，逆にBにつきAと反対の事項を推理して解釈するのが反対解釈である。

3　憲法判断の方法

憲法判断を行うことになった場合，その手法として，まず，**法令審査**と**適用審査**の区別がある。法令審査とは，当該事件の具体的事実とは無関係に，その事件に適用されようとしている法令の文面の合憲性を審査する手法である。この方法による最高裁の違憲判断は，刑法旧200条を**憲法14条**違反とした**尊属殺人罪違憲判決**（最大判昭48・4・4刑集27巻3号265頁）をはじめとして，国籍法3条を憲法14条違反とした国籍確認請求事件判決（最大判平20・6・4判時2002号3頁）など10件ある。他方，適用審査とは，問題となっている法令の当該事件への具体的適用との関係で合憲性を審査する手法である。この手法による違憲判断の例として，国家公務員の政治的行為を処罰する国家公務員法110条1項19号について，当該被告人に適用される限度において憲法21条，31条違反とした**猿払事件**1審判決（旭川地判昭43・3・25下刑集10巻3号293頁）がある。

憲法判断の方法として，学説上さまざまな**違憲審査基準論**が展開されており，その典型が**二重の基準論**（→第8章Ⅱ**2**）である。二重の基準論とは，**精神的自由**規制立法の合憲性は，厳格な基準によって判断されなければならず，**経済的自由**規制立法の合憲性については，緩やかな基準によって判断してもよいという考え方である。その理由としては，精神的自由は民主政の過程にとって不可欠の権利であるので，その規制はできる限り排除すべきだという民主政の過程論や，経済的自由の規制は社会的・経済的政策の一環として行われるものであり，政策の専門的知識に欠ける裁判所はその当否について判断する能力がないといった裁判所の能力論が挙げられている。判例も経済的自由規制立法に関する事件でこれを一般論として承認している（**小売市場事件**＝最大判昭47・11・22刑集26巻9号586頁，**薬事法違憲判決**＝最大判昭50・4・30民集29巻4号572頁）が，精神的自由の規制についての適用は見られない（→第9章Ⅰ**2**，第10章Ⅲ**3**）。

第 7 章　司　法　権

4　憲法判断の効力

　まず，憲法判断の直接の効力については，適用審査の場合や法令審査でも合憲判断であれば，その効果は当該事件に限られる。もっぱら論点となるのは，最高裁判所の法令違憲判決の効力である。この点については，最高裁によって違憲と判断された法律は，当該事件のみならず，一般的に効力を失うとする考え方も存在するが，付随的審査制の下では，違憲と判断された法律も当該事件に限って適用が排除されるべきと考えるのが一般的である。

　最高裁判所の判決は，後の同種の事件について後の裁判所を法的に拘束するかという論点がある。この点については，昔のイギリスのような絶対的な**先例拘束性**は認められないとする点では，学説は一致している。もっとも，訴訟法上，最高裁判例違反が上告理由とされるなど（刑事訴訟法405条2号・3号，民事訴訟法312条1項），手続上の拘束力は認められている。

5　違憲審査制の課題

　違憲審査権の行使のあり方を論じる際に，**司法積極主義**，**司法消極主義**という言葉が用いられることが多い。これは，1960年代にアメリカ連邦最高裁が積極的に憲法判断，とりわけ違憲判断をさかんに行ったことに由来する言葉である。司法権が立法権などの政治部門の判断をときには覆しても独自の判断をするのが積極主義，逆に政治部門の判断を尊重してそれに従う判断を示すことが消極主義である。日本の最高裁は，合憲性が問われた法律などの違憲審査において，政治部門が提示する正当化理由を容認する傾向にあり，極端な消極主義であると言われてきた。最高裁判所による法令違憲判決は戦後50年間で4つと極めて少なく，合憲限定解釈の手法などを用いて違憲判断を避けることがあったことがその根拠であろう。とは言え，1997年の**愛媛玉串料訴訟**判決（最大判平9・4・2民集51巻4号1673頁）以降は10件以上の違憲判決を数え，それ以外でも法令違憲や**適用違憲**を主張する少数意見も多少目立ってきた。

　日本でも，アメリカやドイツと同様，**司法**には，法令や政府行為に対して，より積極主義的な違憲審査権の行使を期待する声が強い。確かに，多数決によ

119

る政治部門の判断から少数者の人権を保護することは近代立憲主義に適い，積極主義にも理由はある。しかし，他方，国民から直接選ばれていない**裁判官**が国民の多数の支持を得て形成された立法を覆すことの正当性は必ずしも自明ではなく，消極主義にも十分な理由がある。だとすれば，問題は二者択一ではなく，両者を使い分けるルールの構築が求められよう。

【設　問】

1　下線部ⓐ［刑事司法］に関して，日本の刑事司法制度に関する記述として最も適当なものを，次の①〜④のうちから一つ選べ。（2023年・大学入学共通テスト本試「現代社会」）

①　本訴処分にされた事件について，検察審査会の議決に基づいて強制的に起訴される場合，その起訴を担当するのは検察官である。

②　殺人などの重大事件の刑事裁判においては，第一審および控訴審に，裁判員が関与することになっている。

③　憲法によれば，被告人に不利益な唯一の証拠が本人の自白であるときであっても，有罪判決が下される可能性がある。

④　憲法によれば，抑留・拘禁された人が，その後に無罪の裁判を受けたときは，国に対して補償を求めることができる。

2　いわゆる「統治行為論」について，その意義や問題点などについて，最高裁判所の判例に言及しつつ説明しなさい。（2022年度通年・國學院大學法学部専門科目「憲法ⅠＡ」）

■ さらなる学習のために

樋口陽一『司法の積極性と消極性──日本国憲法と裁判』（勁草書房，1978）

戸松秀典『憲法訴訟〔第2版〕』（有斐閣，2008）

山田隆司『最高裁の違憲判決──「伝家の宝刀」をなぜ抜かないのか』（光文社，2012）

市川正人ほか『現代の裁判〔第8版〕』（有斐閣，2022）

君塚正臣『司法権・憲法訴訟論上・下・続』（法律文化社，2018・2018・2023）

【平地秀哉】

第8章 平 等

他者を尊重し自己を尊重する

【概 念 図】

　なぜ人権を保障しなければならないのだろうか。なぜさまざまな人たちを平等に扱わなければならないのだろうか。これらの疑問を考えていくと，個人主義という重要な思想にたどりつく。

■ 基本的人権の内容　→Ⅰ参照

　　　個人主義：人間の尊厳　⇒　個人の尊重（憲法13条）

　　　　　　　　　┌自由権：国家からの自由
　　　基本的人権──┼社会権：国家による自由
　　　　　　　　　└参政権：国家への自由

　　　　　　　　　　┌国　民
　　　人権享有主体──┼天皇・皇族
　　　　　　　　　　├外国人
　　　　　　　　　　└法　人

■ 基本的人権の制約　→Ⅱ参照

　　　公共の福祉による制約：憲法12条・13条・22条1項・29条2項
　　　　　└外在的制約説 vs. 二元的制約説
　　　　　　　　└内在的制約説─比較衡量論
　　　　　　　　　　⇒　二重の基準論──┬精神的自由：厳格審査
　　　　　　　　　　　　　　　　　　　└経済的自由：合理性審査

■ 法の下の平等　→Ⅲ参照

　　　　　　　　　┌形式的平等（機会の平等）
　　　平等の意味──┼相対的平等
　　　　　　　　　└法内容の平等（立法者拘束説）

　　　　　　　　┌列挙事由：厳格審査
　　　審査基準──┴それ以外──┬精神的自由：厳格審査
　　　　　　　　　　　　　　　└経済的自由──┬消極目的規制：中間審査
　　　　　　　　　　　　　　　　　　　　　　└積極目的規制：合理性審査

　　　歴史的な差別問題：人種・信条・性別・社会的身分・門地

I　基本的人権の内容

1　個人主義

　人権とは，**天賦人権思想**に基づき，人間が生まれながらにして有する権利を確認したものであり（**固有性**），人間であることに基づき当然に享有するものであり（**普遍性**），公権力による侵害が許されないものである（**不可侵性**）。

　　＃　人権を享有する人間とは，歴史的にみると白人男性であった。そこから排除された女性，**プランテーション**で働かされた**黒人奴隷**，先住民は，フェミニズム運動や**公民権運動**などを通じて人権を獲得していった。

　日本国憲法は，**基本的人権の尊重**を基本原則の一つとして，国民が「すべての**基本的人権**の享有を妨げられない」こと（11条前段），基本的人権が「侵すことのできない永久の権利」であり（同条後段），「現在及び将来の**国民**に対して」「**信託**されたもの」であることを宣言する（97条）。

　　＃　大日本帝国憲法（1889年）も権利を保障していた。しかし，それは天皇が**臣民**に恩恵として与えたものであった。また，その権利は法律の留保（**法律の範囲内**）の下で保障されたにすぎず，法律によれば制限可能なものであった。

　これらの性質から，人権とは「人間の固有の尊厳に由来する」ものといえる。この**人間の尊厳**の原理は，**個人主義**ともいわれる。個人主義とは，**夏目漱石**が『私の個人主義』で述べているように，利己主義ではなく，「自分の自由を愛するとともに他の自由を尊敬する」こと，「他の存在を尊敬すると同時に自分の存在を尊敬する」こと，つまり**近代的自我**を前提とするものなのである。日本国憲法では，この思想が**個人の尊重**（13条）として現れている。

　　＃　個人主義は，自発性が核となり，他者の立場に立って活動するボランティアにも通じる。国・**民族**・宗教を超えて「貧しい人々の中の最も貧しい人々に奉仕すること」を行ってきたマザー・テレサを例に挙げることができる。

> **Column 17**　**人権の国際的保障**　　人間の生存と人権の保障は，平和なくして

確保されない。第二次世界大戦後，平和に対する国際世論が高まり，人権を国内法だけでなく，国際法でも保障しようとした。例えば，世界人権宣言（1948年），国際人権規約（1966年），子どもの権利条約（1990年）などの条約が採択されている。

2　基本的人権の分類

人権は，国家との関係から，**自由権・社会権・参政権**に大きく分けられる。

> ＃　イエリネックによる国家における国民の地位（受動的地位（義務），消極的地位（自由権），積極的地位（請求権），能動的地位（参政権））に着目した分類は多くの学説に影響を与えてきた。しかし，これに基づき日本国憲法の保障する人権を完全に分類することはできない。人権の分類は，人権に対する理解を深めるための手段なのである。

　自由権は，個人の領域への国家の介入を排除し，個人の自由な意思決定と活動を保障する権利で，**国家からの自由**といわれる。これは，伝統的に人権体系の中心をなす重要な権利であり，**精神的自由，経済的自由，人身の自由**に分けられる。参政権は，**選挙権，被選挙権**など国民が政治など国家の活動に参加することを保障する権利であり，**国家への自由**といわれる。社会権は，失業，貧困などから社会的，経済的弱者を守り，「人間に値する生活」を営めるように，国家に対して給付を求める権利であり，**国家による自由**といわれる。これは，**生存権，教育を受ける権利，労働に関する権利**に分けられる。

　憲法の中には，人権を直接保障するのではなく，人権の保障を補強するために一定の制度を保障すると解されるものがある。こうした**制度的保障**の場合，法律で制度の核心を変更することはできない。

> ＃　しかし，制度の核心でなければ制度を変更できるので，制度の核心が不明確な場合，人権保障を弱める危険性がある（政教分離原則に関する**津地鎮祭訴訟**＝最大判昭52・7・13民集31巻4号533頁）。制度的保障は，制度の核心が明確で，制度と人権が密接に結びついているものに限定すべきである。日本国憲法では，**大学の自治**（23条），**私有財産制**（29条）などが挙げられる。

3 基本的人権の主体

（i）国　民　　日本国憲法は，第3章「国民の権利及び義務」と題し，国民を人権享有主体とする。国民たる要件は，国籍法が定めている。国籍法には，出生・準正・帰化による国籍取得や国籍喪失の方法などが規定されている。

> **Column 18** **未成年者の権利**　　未成年者も人間であり，国民である以上，当然に人権享有主体である。しかし，未成年者は，心身の未発達や未成熟を理由に保護され，権利が制約される。学校での生徒の髪型や服装など身じまいの自由の規制のように，どの人権をどの程度制約できるかが問題となる（丸刈り訴訟＝熊本地判昭60・11・13行集36巻11・12号1875頁）。

（ii）天皇・皇族　　**天皇**や**皇族**は，人権享有主体としての国民に含まれるか。皇室が特別の存在でないことを重視して天皇も皇族も国民に含まれるとする説，天皇は国民に含まれないが皇族は含まれるとする説，天皇制自体が人権保障の枠外の異質な空間であり，天皇も皇族も国民には含まれないとする説がある。天皇や皇族にどの人権が保障され，どの人権が世襲制と職務の特殊性から制約されるかについては，具体的な検討が必要である。

　＃　例えば，天皇には国政に関する権能がないので（憲法4条），参政権が認められない。表現の自由（同21条），居住・移転の自由，職業選択の自由（同22条），婚姻の自由（同24条），財産権（同29条）は天皇の地位の職務の特殊性から制約される（→第9～11章）。

（iii）外国人　　外国人には，人権の前国家的・前憲法的性格，**国際協調主義**（憲法98条2項）を根拠に，権利の性質に基づき，人権が保障される（性質説）。最高裁は，**マクリーン事件**判決（最大判昭53・10・4民集32巻7号1223頁）で「憲法第3章の諸規定による基本的人権の保障は，権利の性質上日本国民のみをその対象としていると解されるものを除き，わが国に在留する外国人に対しても等しく及ぶものと解すべきであ」るとする。

　＃　もっとも，外国人は「在留の権利ないしひき続き在留することを要求しうる権利を保障されているものでもない」ので，外国人の人権は在留資格制度の下で保護されているにすぎず，性質に応じて保障しても無意味ではないかとの批判もある。

第 8 章　平　　等

　日本には，旅行者などの一般外国人が滞在しているだけでなく，永住資格を有する**永住外国人**（**特別永住者**と（一般）永住者）も居住している。外国人を一律に考えるのではなく，**定住外国人**（日本に生活基盤があり，社会関係が日本人と実質的に差異のない外国人）・難民・一般外国人などに分けて，人権ごとに保障のあり方を具体的に検討すべきである。

　外国人には，**国際慣習法**上，入国の自由は保障されない。また「外国人は，憲法上，外国へ一時旅行する自由を保障されていない」ことから，**再入国の自由**も保障されていない（**森川キャサリーン事件**＝最判平 4・11・16集民166号575頁）。参政権は，各人の所属する国の政治に参加する権利であるから，国民に限定され，外国人には保障されない。

> ＃　最高裁は，外国人に**国会議員**の選挙権（最判平 5・2・26判時1452号37頁），被選挙権（最判平10・3・13裁時1215号 5 頁），地方議員の選挙権を賦与しなくても違憲ではないとした。ただ，**外国人の地方参政権**に関して，永住者など**地方公共団体**（**地方自治体**）と特段に密接な関係がある者への選挙権の賦与は，憲法上禁止されていないとする（最判平 7・2・28民集49巻 2 号639頁）。公務就任権については，特別永住者の地方**公務員**管理職選考の受験資格の否定を違憲ではないとした（東京都管理職試験訴訟＝最大判平17・1・26民集59巻 1 号128頁）。

　社会権も，各人の所属する国が保障すべきであるから，外国人には保障されない。しかし今日では，財政上の限界はあるが，外国人にも立法政策によって**社会保障**などを及ぼすことが望ましい。定住外国人は，国民に準じて取り扱うと解する説も有力である。

　他方で，平等権，自由権，**国務請求権**は，外国人にも保障される。しかし，その保障の程度は，国民と同じではない。問題となるのは政治活動の自由であるが，外国人には参政権が否定されているので，わが国の政治問題に対する不当な干渉となる場合には制約を受ける。経済的自由は社会的な相互関連性が大きいので，精神的自由に比べて規制の要請が強い。よって，職業選択の自由の制限や**外国人登録法**による居住・移転の自由の制約など，外国人には国民と異なる特別の制約が課されている。

経済活動が地球規模で行われることで，国境をまたいだ大規模な人の移動が活発になり，**外国人労働者**の人権保障の問題が拡大し，国際的な取組みが求められている。日本でも，自動車や電子産業などにおける労働力不足を背景に外国人集住都市（豊田市など）が形成されている。これらの地方公共団体では，外国人の増加と滞在の長期化に伴い生じる居住，養育，健康などの問題解決が課題となっている。

(iv) 法　人　　法人の人権享有主体性は，人権が人の権利であることやドイツ基本法19条3項のような明文規定がないことから否定することができる。しかし，経済発展に伴い，法人が社会的実体として重要な活動を行っていること，法人の活動は自然人を通じて行われ，その効果は究極的に自然人に帰属することから肯定される。**八幡製鉄政治献金事件**最高裁判決（最大判昭45・6・24民集24巻6号625頁）も「憲法第3章に定める国民の権利および義務の各条項は，性質上可能な限り，内国の法人にも適用される」とする。

法人に人権の享有主体性を認めるとしても，自然人にだけ結びつく人権（**選挙権，生存権，人身の自由**など）は，法人には保障されない。それ以外の人権は，法人の性格と矛盾しない範囲内で保障される。しかし，その保障の程度は自然人の場合とは異なる。法人の精神的自由，特に政治活動の自由は，自然人と異なる特別の制約に服すると解すべきであろう。

例えば，法人のもつ巨大な経済的・社会的実力によって国民の政治活動の自由を不当に制限することにつながる場合，法人内部の構成員の政治活動の自由と衝突する場合，結社が強制加入団体の場合（**南九州税理士会政治献金事件**＝最判平8・3・19民集50巻3号615頁）などに注意する必要がある。

Ⅱ　基本的人権の制約

日本国憲法は，基本的人権を**永久不可侵の権利**として保障する。しかし，それは，**基本的人権の保障**が絶対無制約であることを意味するものではない。個人は他者や社会との関係を無視して生存することができないように，人権も他者や社会との関係で制約される。

第8章　平　　等

1　基本的人権と公共の福祉

　日本国憲法は，公共の福祉による人権の制約を定めている。①国民は**基本的人権**を「公共の福祉のために」利用する責任を負い（12条），②国民の権利は「公共の福祉に反しない限り」，国政の上で最大の尊重を必要とする（13条）。特に**経済的自由**では，③「公共の福祉に反しない限り」で**居住・移転の自由**と**職業選択の自由**が保障され（22条1項），④**財産権**の内容が「公共の福祉に適合する」ことが求められている（29条2項）。

　公共の福祉の意味については，全ての人権が12条と13条の公共の福祉によって制約されるとする説（**外在的制約説**）と，**精神的自由は内在的制約だけを受け**，経済的自由は22条，29条の公共の福祉によって制約されるとする説（**二元的制約説**）が主張された。これら両者の対立を踏まえ，精神的自由は12条，13条の自由国家的公共の福祉により，経済的自由は22条の社会国家的公共の福祉によって制約されるとする説（**内在的制約説→**第9章Ⅴ **2**，第11章Ⅰ **6**）が登場した。しかし内在的制約説も抽象的で，いかなる場合にいかなる人権の制約が許されるのかが必ずしも明確になっていない，との批判がある。

2　二重の基準論

　他方で最高裁は，当初，抽象的・観念的に公共の福祉を示して**表現の自由**のような重要な権利の制約まで簡単に合憲としてきた（**チャタレー事件**＝最大判昭32・3・13刑集11巻3号997頁）。学説から批判された最高裁は，その後，個別事件の具体的状況を踏まえ，対立する利益を比較して結論を導き出す**比較衡量**によって判断するようになった（**猿払事件**＝最大判昭49・11・6刑集28巻9号393頁→第9章Ⅴ **2**）。全ての人権について，「それを制限することによってもたらされる利益とそれを制限しない場合に維持される利益とを比較して，前者の価値が高いと判断される場合には，それによって人権制限することができる」とする。ここには，その判断が恣意的になる可能性があり，概して国家権力の利益が優先される可能性が強い，という根本的な問題がある。

　そこで，比較衡量の問題点を踏まえ，内在的制約説を具体的な審査基準にし

127

ようとしたのが，**二重の基準論**（→第7章Ⅳ**3**）である。この理論は，権利の内容を踏まえ，立法目的と立法目的達成手段に着目して合憲性を判断する。精神的自由の制約は**厳格審査**（立法目的が必要不可欠なもので，立法目的達成手段が必要最小限度のものか），経済的自由の制約は**合理性審査**（立法目的が正当なもので，立法目的と立法目的達成手段の間に合理的関連性があるか）で判断するのである。

Ⅲ　法の下の平等

1　日本国憲法と平等

　人権の歴史において，**平等**（**法の下の平等**）は，**自由**とともに**個人主義**の思想に由来し，最高の目的とされてきた。

　日本国憲法は，「すべて国民は，法の下に平等であつて，**人種**，**信条**，**性別**，**社会的身分又は門地**により，政治的，経済的又は社会的関係において，差別されない」（14条）と基本原則を規定する。そして，貴族制度の廃止（14条2項），栄典に伴う特権の禁止（14条3項），**普通選挙**の一般原則（15条3項），夫婦の同等と**両性の本質的平等**（24条），教育の機会均等（26条），選挙人の資格の平等（44条）が具体的に定められている。天皇制は，平等の大きな例外である。

2　平等の意味

　憲法14条の平等とは，事実上の違いがあるにもかかわらず，法律上一律に同等に扱い，機会が均等になることを求める**形式的平等**（**機会の平等**）を意味する。したがって，事実上劣位にある者（社会的・経済的弱者）を優遇するなどして，結果が均等となることを求める**実質的平等**（**結果の平等**，**実質的機会の平等**）を確保しようとする積極的差別是正措置（アファーマティヴ・アクション，ポジティヴ・アクション）は，憲法14条から直接に導かれるものではない。

> **Column 19**　**積極的差別是正措置**　　長年にわたる差別は，形式的平等を保障
> しても解決されない。そこで実質的平等を達成するために，差別を受けてきた集団

第8章 平　等

に対し優遇措置がとられることがある。これには，その集団に属さない者への逆差別であるとの批判があり，民族，文化，言語による対立を固定化するなどの問題が指摘されている。日本には，**男女雇用機会均等法**（1997年）によるポジティヴ・アクション，**男女共同参画社会基本法**（1999年）による積極的改善措置，**アイヌ施策推進法**（2019年）によるアイヌ文化の振興等に関する施策などがある。

また，憲法14条の平等とは，例外なく均等に取り扱わなければならないとする<u>絶対的平等</u>ではなく，事実上の違いに応じて合理的な区別をすることを妨げないとする<u>相対的平等</u>であると解されている。

> ＃　最高裁も「事実関係上の差異から生ずる不均等が各人の間にあることは免れ難いところであり，その不均等が一般社会観念上合理的な根拠に基づき必要と認められるものである場合には，これをもって憲法14条の法の下の平等の原則に反するものとはいえない」とする（最大判昭39・11・18刑集18巻9号579頁）。

さらに，憲法14条の「法の下の」平等とは，法の適用者（**行政機関**や**裁判所**）だけでなく立法者（**国会**）をも拘束し，法内容の等しさを求めることを意味する（法内容の平等，<u>立法者拘束説</u>）。法適用だけが等しく，適用される法の内容は等しくなくてもよいとすると（法適用の平等，立法者非拘束説），不平等な内容の法が平等に適用されることになってしまうからである。

3　平等の審査基準

現実には，合理的な区別か，不合理な差別かの判断は難しい。憲法14条1項後段に規定された**列挙事由**は，歴史的に差別が行われてきた代表的なものである。したがって，列挙事由に基づく区別は不合理なものであるから，立法目的が必要不可欠なものであり，立法目的達成手段が必要最小限度のものであるかを判断する<u>厳格審査</u>によって合憲性を審査するという説が有力である。

それ以外の事由に基づく区別については，<u>二重の基準論</u>に即して，権利の内容を踏まえ，立法目的と立法目的達成手段に着目して合憲性を判断する。

> ＃　具体的には，**精神的自由**や**選挙権**に関する区別は，厳格審査で判断する。経済的自由

129

に関する区別のうち，消極目的規制は，立法目的が重要なものであり，目的と手段の間に実質的関連性があるかに着目する**中間審査**，積極目的規制は，立法目的が正当なものであり，目的と手段の間に合理的関連性があるかに着目する合理性審査で判断する。

Keyword 10 **間接差別**　　一見中立な基準を用いて平等に扱っているが，結果として間接的に差別が生じることをいう。例えば，身長による区別は差別ではないようにもみえるが，実際には性差別的効果を有する。間接差別も憲法の禁じる差別とするかについては議論がある。

---

4 歴史的な差別問題

（ⅰ）**人　　種**　　人種とは，皮膚・毛髪・目などの身体的特徴によって区別される人類学上の分類をいう。**人種差別撤廃条約**（1965年）の前文にあるように，人種を理由とする**偏見**や**差別**は深刻な争いを生んできた。

> \#　例えば，**黒人奴隷貿易**，**先住民強制移住法**（1830年）によるネイティブ・アメリカンのミシシッピ川以西への強制移住，**第二次世界大戦**でのユダヤ人差別に由来する**ホロコースト**，インドの**カースト制度**などが挙げられる。こうした**人種差別**をなくすための闘いとして，アメリカの**キング牧師**による公民権運動，**南アフリカ共和国のアパルトへイト政策**に対する**マンデラ**による抵抗運動などが行われてきた。

日本にも，**朝鮮人の強制連行**，**創氏改名**に由来する在日韓国・朝鮮人問題や，明治政府が琉球を日本に強制編入した**琉球処分**（1872-79年），**シャクシャインの戦い**（1669年）を引き起こした松前藩の**アイヌ民族**に対する不公平な交易など**先住民**への差別が歴史的にあり，今なお学校や職場などで続いている。

> \#　二風谷ダム事件判決は，アイヌ民族を先住民族と認め，ダム建設予定地がアイヌの聖地であることを重視し，土地収用委員会の収用採決の前提となる事業認定を違法とした（札幌地判平9・3・27判時1598号33頁）。その後，**アイヌ施策推進法**（2019年）がアイヌ民族を先住民族であると初めて規定した。

（ⅱ）**信　　条**　　信条とは，宗教上の信仰にとどまらず，広く思想，人生観，世界観など個人の内心における信念全般を含むと解されている。**労働基準法3条**は，信条による労働条件の差別的取扱いを禁止する。もっとも，私企業によ

る労働者の雇用については，特定の思想，信条を有することを理由に雇い入れることを拒んだとしても，それを当然に違法とすることはできないとされた（三菱樹脂事件＝最大判昭48・12・12民集27巻11号1536頁→第9章Ⅱ）。

(ⅲ) 性 別 かつての日本には，**大日本帝国憲法**が女性の参政権を認めず，民法が「**家**」制度の下で妻を法的に無能力とし，刑法が姦通罪を設けるなど**女性差別**的な規定があった。

> [Keyword 11] **従軍慰安婦問題** 第二次世界大戦中，アジア諸国の女性が日本軍の基地に送られ従軍慰安婦として売春を強要された。元従軍慰安婦が国家賠償を求めた訴訟で，第1審は従軍慰安婦制度を徹底した女性差別・民族差別思想の現れであり，女性の人格の尊厳を根底から侵すものとして請求を一部認容した（山口地下関支判平10・4・27判時1642号24頁）。しかし，控訴審では認容部分が取消された（広島高判平13・3・29判時1759号42頁）。

第二次世界大戦後，それまでの女性差別的な規定が改められた。例えば，**憲法24条に両性の本質的平等**，44条に選挙人の資格の平等が規定された。その後，**女性（女子）差別撤廃条約**の批准（1985年）に伴い，**国籍法**が改正され（1984年），男女雇用機会均等法が制定された（1985年）。さらに，男女雇用機会均等法には**セクシュアル・ハラスメント**に関する規定が加わり（1997年），男女が対等な構成員としてさまざまな活動に参画できる社会の実現のために**男女共同参画社会基本法**（1999年）が制定され，女性の職業生活における活躍を推進し，豊かで活力ある社会の実現のために**女性活躍推進法**（2015年）が制定された。また，被害者を女性に限定していた強姦罪（刑法177条）が男性も被害者として認められる強制性交等罪（2017年，2023年に不同意性交等罪）に改正され，女性の婚姻適齢が男性と同じ18歳に改正された（2018年，民法731条）。

男女平等に関する法制度の整備が進む中，最高裁は，就業規則に定められた男女別定年制度が「性別のみによる不合理な差別」にあたるとし（**日産自動車事件**＝最判昭56・3・24民集35巻2号300頁），女性の**再婚禁止期間**（民法733条）について，医療や科学技術の発達，再婚に関する制約縮小の要請から，父性推定の重複回避のための期間（100日：同772条2項）を超える日数が合理性を欠いた

過剰な制約であるとした（最大判平27・12・16民集69巻8号2427頁）。

　もっとも最高裁は，夫婦同氏制（民法750条）が家族の構成員を識別する機能を有すること，氏の通称使用によりアイデンティティの喪失感などの不利益が一定程度緩和されることから合理性を欠く制度ではないとしたが，**夫婦別姓**を可能とする選択的夫婦別氏制に「合理性がないと断ずるものではない」とも判示した（最大判平27・12・16民集69巻8号2586頁）。その後も，夫婦同氏制と婚姻届への夫婦の氏の記載（戸籍法74条1号）は，女性の有業率や女性管理職の割合の増加，選択的夫婦別氏制に賛成する者の割合の増加などを踏まえても，憲法24条に反しないとされた（最大判令3・6・23集民266号1頁）。

　また最高裁は，妻が一定の年齢に達していることを遺族補償年金等の受給要件としないこと（地方公務員災害補償法32条1項）が，賃金額の格差や雇用形態の違いなど妻の置かれている社会的状況に鑑み，合理的な理由を欠くものではないとした（最判平29・3・21集民255号55頁）。遺族の中で妻を優遇することが，逆にスティグマ（劣等者などの偏見）を生むことにも目を向けるべきである。

　　#　従来，男女には肉体的・生理的な性差（セックス）があり，それに基づく女性の保護は不合理ではないとされてきた。しかし，それは逆に女性を例外なく弱者とみなし不利益となる場合もある。男女の社会的・文化的な性差（ジェンダー）をも踏まえた性別役割分担の見直しが課題となっている。

　(iv)　**社会的身分・門地**　　**社会的身分**とは，列挙事由に基づく区別を合理性のない差別と推定する立場をとると，出生によって決定され，自己の意思では離れることのできない固定した地位（狭義説）や，人が社会において一時的ではなく占めている地位で，自分の力では脱却できず，一定の社会的評価を伴うもの（中間説）と解することになる。

　　#　最高裁は，親子関係が社会的身分にあたるか明言していない。**尊属**（尊属殺人罪違憲判決＝最大判昭48・4・4刑集27巻3号265頁→第7章Ⅳ **3**）や**卑属**，**非嫡出子**（非嫡出子相続分差別訴訟＝最大決平7・7・5民集49巻7号1789頁，国籍法違憲判決＝最大判平20・6・4民集62巻6号1367頁）といった親子関係は出生により固定されるので，社会的身分と考えることも可能である。

第 8 章 平　　等

> **Keyword 12**　**同和（部落）問題**　明治政府の解放令により身分制は廃止され，四民平等になったが，被差別部落出身者に対する差別は，今もなお解消されていない。1922年の全国水平社の創立以来，被差別部落の地位向上，部落差別の撤廃をめざして部落解放運動が行われている。差別の多くは結婚・就職差別など私人間で生じることから，その解消には，特に国民の人権感覚の向上が必要である。

　門地とは，家系・血統などの家柄を指す。その典型は，**大日本帝国憲法**の下に存在した**華族制度**である。天皇・**皇族**の地位は，形式的には門地による差別であるが，憲法が皇位の世襲を認めていることから許される例外である。

　(ⅴ) 列挙事由に該当しない事由　　列挙事由に該当しない事由に基づく区別が争われた例としては，投票価値の平等が争われる**議員定数の不均衡**問題，**所得税**をめぐり給与所得者と他の事業所得者の間に生じる所得捕捉率や控除のあり方の違いが争われた事件（サラリーマン税金訴訟＝最大判昭60・3・27民集39巻2号247頁），**地方公共団体**の制定する**条例**によって生じる地域的な差が争われた事件（東京都売春防止条例事件＝最大判昭33・10・15刑集12巻14号3305頁），20歳をすぎた学生の国民**年金**加入が任意とされていた時期に，未加入のまま障害を負い障害基礎年金が不支給とされた者とそうでない者との違いが争われた事件（学生無年金障害者訴訟＝最判平19・9・28民集61巻6号2345頁）などがある。

　列挙事由に該当しない事由の場合，精神的自由や選挙権の区別が問題とならない限り，緩やかな合理性の基準によって裁量権が広く認められる可能性が高い。もっとも，身体障害を理由とする県立高校普通科不合格処分を取り消した判決もある（神戸地判平4・3・13行集43巻3号309頁）。今では「当たり前の生活を，すべての人に」という**ノーマライゼーション**に基づき，障害者政策にも「保護から人権尊重へ」と変化がみられ，「全ての国民が，障害の有無によって分け隔てられることなく，相互に人格と個性を尊重し合いながら共生する社会」を実現するために**障害者差別解消法**（2013年）が制定された。

　# 　1990年代から障害者や高齢者が生活の支障となる物理的な障害や精神的な障壁を取り除くバリアフリーに関する政策が進められ，2006年には高齢者，障害者等の移動等の円滑化の促進に関する法律（バリアフリー新法）が制定された。さらに，バリアフリーの

133

考え方を推し進め，全ての人が使いやすく，快適に暮らせることを目指すユニバーサル・デザインの視点から，ものづくり，まちづくりが行われている。

> **Column 20** **日本国憲法とマイノリティ**　　差別の疑いが強い列挙事由の根拠に着目すると，列挙事由以外にも差別の疑いが強い事由として扱われるべきものがある。障害者，同性愛者などは，社会の中で偏見に基づき「切り離され孤立した少数者」（マイノリティ）と考えられるので，これにあたるともいえよう。同性愛であることを理由とする公立の宿泊施設の利用拒否を違法とした東京都青年の家事件判決（東京高判平9・9・16判タ986号206頁）もある。

【設　問】

1　下線部⊝［立法］に関して，日本における差別の解消に関連する法律についての記述として誤っているものを，次の①〜④のうちから一つ選べ。（2024年・大学入学共通テスト追・再試「政治・経済」・改）

①　部落差別が一連の対策によってもなお完全に解消されない中，部落差別解消推進法（部落差別解消法）が制定された。

②　特定の民族や国籍の人々への差別的言動に対する対策が求められる中，ヘイトスピーチ対策法（ヘイトスピーチ規制法）が制定された。

③　アイヌ文化振興法に代わり制定された，アイヌ民族支援法（アイヌ施策推進法）は，法律として初めてアイヌを先住民族と明記したものである。

④　障害者雇用促進法は，職場での障害者の雇用割合を一定以上にすることを企業には義務づけていないが，国・地方公共団体には義務づけている。

2　日本国憲法が，一方で信条に基づく差別を禁止し（第14条1項），他方で思想良心の自由を保障する（第19条）ことについて，両者の異同を踏まえて比較しなさい。（2022年度春学期・愛知大学法科大学院「憲法Ⅰ」）

■ さらなる学習のために

松井茂記『二重の基準論』（有斐閣，1994）

君塚正臣『性差別司法審査基準論』（信山社，1996）

辻村みよ子『ジェンダーと人権──歴史と理論から学ぶ』（日本評論社，2008）

木村草太『差別のしくみ』（朝日新聞出版，2023）

【松井直之】

第9章　精 神 生 活
国民主権に不可欠な自由

【 概 念 図 】

　精神的自由は，多くの人たちが自分の価値観に基づいて物事を理解し，意見を述べ，さらに創意工夫する根源となる権利である。これはまた，人々が政治的意見を表明するのを認める自由でもある。人々が自らの意見を政治に反映できる社会，そして政治も人々の意向に基づいて行われる社会こそが国民主権を具現化した社会である。それゆえ，国民の政治参加には精神的自由の保障が不可欠なのである。

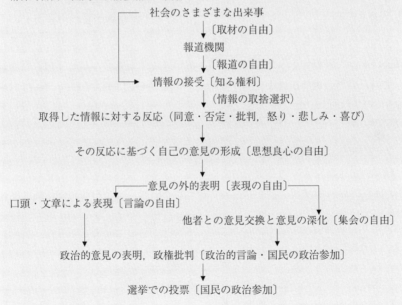

I　精神的自由

1　精神的自由の歴史

　自由とは，国家の介入や干渉を受けることなく個人が自分の問題を決定し活動することをいう。国家の干渉を排除することから，**国家からの自由**ともいう。**憲法**が基本的人権を保障するのは，国民の自由を守るためである。

　人々が自由を意識し始めたのは，中世末期ヨーロッパでの**宗教改革**からだといわれる。これを契機に**キリスト教**は大きく分裂し互いに激しく戦ったが，宗教的内乱は国力の疲弊や社会の荒廃，他国の侵略を招く危険があるため，国王は敵対する宗教の存在を容認し，やがて個人の信仰の自由を認めていった。

　こうした自由への意識は，同時代の商工業の進展と**資本主義経済**の出現からなる**個人主義**（→第8章I *1*）の思想と結びつき，**財産権**や**契約の自由**といった<u>近代市民社会</u>の基礎となる自由も生み出した。市民は，蓄えた財産が過重な課税によって奪われるのを防ぐために，次第に国王や**政府**に対して発言の機会を求めた。このような**自由主義**的な動きが<u>政治的自由</u>（表現の自由，集会結社の自由）へと発展していった。

2　精神的自由保障の意義

　精神的自由は，人々の多様な考えの根源となるので特に重要だとされる。自由に考え，それを他人に伝えるのが可能な社会では，人は自分の**価値観**に基づいて物事を理解し，意見を述べ，さらには創意工夫する。考えや意見が違う人とも，話し合いで互いに納得のいく合意を形成することもできる。自由な発想が許された社会だからこそ，さまざまな問題を克服し，未来に向けて発展できる。憲法は，このような社会の土台を守るために精神的自由を保障する。

　民主的な社会ではまた，新聞やテレビ，ネットの報道から自分の政治的意見をつくり出し，時の政権を肯定的・否定的に評価することが許されなければならない。人々が自らの意見を政治に反映し，政治も人々の意向に基づいて行わ

れてこそ，**国民主権**（→第3章）は実現できる。精神的自由は国民主権の具体化にも不可欠なのである。

このように精神的自由は手厚く保護されるべきであるので，これを制約する法律や政府行為の合憲性は厳しく問われなければならない。それゆえ，法律などの合憲性を判断する権限（**違憲審査権**）をもつ**裁判所**は，精神的自由を規制する法律を厳格に審査する（他方，**経済的自由**に対する規制は，貧富の格差是正といった**福祉国家**主義の観点から緩やかに審査する）。この考えを**二重の基準論**（→第7章Ⅳ **3**）という。この理論の下，精神的自由を制限する法律などが合憲となるには，犯罪防止などの<u>やむにやまれぬ政府利益</u>を実現する目的をもち，<u>必要最小限度の手段</u>による制約でなければならない（<u>厳格審査基準</u>）。

Ⅱ　思想良心の自由

思想良心の自由は，心の中で何かを思い描く自由（内心の自由）をいう。人は心の中で何を考えてもよく，それは誰にも妨げられない。いかに反社会的なことであっても，心の中にとどまる限りは他人の権利を侵害せず，ほぼ絶対的な保障を受ける。しかし，それは**第二次世界大戦**前の日本では保障されず，**天皇主権**を否定する思想を抱くことが**治安維持法**などにより禁止され，**教育勅語**を通して国家主義への教化がなされた。こうした歴史から，**日本国憲法19条**は，世界的にも珍しい思想良心の自由の保障を明記したのである。

> ＃　戦前，特に沖縄や北海道，朝鮮半島，台湾などではいわゆる**皇民化政策**が進められた。これには国歌斉唱，国旗への敬礼，日本語標準語の公用語化も含まれる。

憲法19条は，個人に対して特定の思想を抱くよう強要あるいは禁止してはならず，特定の思想を抱くことを理由とする差別的な取扱いを禁止し，自分の思想や信念の内容について語らずにいること（**沈黙の自由**）を保障する。内心の自由は絶対的に保障されるといっても，内面の全ての想いが憲法の保護を受けるわけではない。通説は，人間の**人格**形成に役立つ信条，主義，世界観などの

精神作用だけが憲法上保障される（**信条説**）として，単なる事実の認識や謝罪の表明などは保護されないとする。また，内面の想いが心の外に表れた場合，その表現活動（発言，記述，行動など）には一定の制限（他人の権利を侵害したり公共の秩序に反したりしてはならない）が及ぶ（内心・行為の二分論）。

　最高裁は，個人の「ものの見方」や世界観を否定することや，その否定と不可分に結びつくような行為を強要することは，内心の自由に対する直接的制約であって許されないとするが，就職試験の際の学生運動歴の調査（**三菱樹脂事件**＝最大判昭48・12・12民集27巻11号1536頁）や，内申書への政治活動歴の記載（**麹町内申書事件**＝最判昭63・7・15判時1287号65頁）は，外的な行為を対象としたものであり思想信条そのものについての制約ではないとして合憲とした。

　最高裁はまた，直接的制約とは別に，思想強制には該当しない慣例上の儀礼的な所作であっても，本人の思想とは反対の行為を実行するよう要請することは（内心の自由に対する）間接的制約にあたり憲法上の問題が生じるが，間接的制約が社会一般の規範に基づくものであって必要かつ合理的な制約ならば許容されるとして，公立学校の卒業式などで国旗国歌への起立斉唱といった慣例的儀礼を行うよう教員に要求することは許されるとし（**国旗国歌起立斉唱拒否事件**＝最判平23・5・30民集65巻4号1780頁），さらに公立学校の入学式で君が代を伴奏しなかった教員を処分したことは思想良心の自由に違反しないと判決した（君が代伴奏職務命令拒否事件＝最判平19・2・27民集61巻1号291頁）。

　沈黙の自由に関しては，謝罪強制や証言強要など当事者の沈黙を否定する規定がある。**謝罪広告事件**（最大判昭31・7・4民集10巻7号785頁）で最高裁は，**名誉毀損**の加害者は自分の意に反しても謝罪広告を出さなければならないとした裁判所の判決は沈黙の自由に違反しないと判断した。

Ⅲ　信教の自由

　欧米では中世の教会による異端審問や**魔女裁判**，近代初期の**イギリス国教会**によるピューリタン排斥といった宗教弾圧の例は非常に多い。他方日本は，古

くから草木や石などに神が宿るという八百万神信仰があり，キリスト教やイスラームのような一神教が生まれにくい風土である。神道と仏教が結びついた神仏習合のように，渡来の宗教が土着の信仰と融合することもあり，ヨーロッパのような宗教対立はあまりみられない。しかし，織田信長の比叡山や一向一揆への弾圧，徳川幕府や明治政府のキリスト教禁止令，五榜の掲示のような，権力者による宗教弾圧の事例をみることはできる。

　明治政府は，当初復古神道の立場から神仏分離，古代政治体制の復活と神道の国教化を打ち出したが，不平等条約の改正という目的から西欧型の政治体制の採用が必須であったため，すぐにこれらを放棄した。大日本帝国憲法（明治憲法）は信教の自由を保障したが，政府は神道を国家の祭祀として他宗教と区別し，公務員に参拝義務を課すなど「事実上の国教」とした（国家神道）。

　第二次世界大戦後，連合国軍最高司令官総司令部（GHQ）は日本社会の自由化の一環として神道指令を発し，神道を事実上の国教として扱う政府の方針を否定した。

1　信教の自由

　何を信じて人生を過ごすかは，その人のアイデンティティに深く関わる問題であり，だからこそ何を信じるかは本人が決めることであって，誰にも妨げられてはならない。その信仰する宗教が社会一般に対して違和感・嫌悪感を与えるものでも，排斥されてはならない。憲法は，個人が信仰に対してもつ敬虔な気持ちを尊重するために，信教の自由を保障したのである。

　信教の自由は，信仰の自由，宗教活動の自由，宗教結社の自由に分けて理解できる。信仰の自由とは，信仰をもつ自由，もたない自由を意味する。信仰を告白する自由，告白しない自由，それを強制されない自由もここに含まれる。これらは内心の問題であり，絶対的に保障される。信仰の有無を理由とする差別禁止，子どもへの宗教教育を選択する親の権利も，これにより保障される。

　　#　親の宗教的養育権は，宗教 2 世の問題や医療ネグレクトを引き起こすこともあり，子
　　の利益保護から部分的に制約されるようになった。

宗教的活動の自由は，信仰や教義に基づいたお祈りや読経，礼拝などの自由，宗教的行事を行う自由，布教の自由，宗教教育の自由を意味する。宗教的活動には，個人的なものと集団的なものがあるが，いずれも保障される。

　宗教結社の自由とは，同じ信仰を共有する人々を組織し，宗教団体を結成・維持する自由である。信仰を共有し宗教活動をともに行う仲間の存在は，その信仰を深化させるのに役立つため，宗教活動は集団的に行われることが多い。

　信教の自由は手厚く保護されるべきだが，宗教的活動の自由や宗教結社の自由は外部への表現活動等を伴うため，他人の権利を侵害するような宗教活動の制限はやむをえない（**加持祈禱事件**＝最大判昭38・5・15刑集17巻4号302頁）。宗教献金の勧誘も不当な方法で行われるときは，違法と評価されることもある（旧統一教会念書事件＝最判令6・7・11裁判所ウェブサイト）。

　一般的な法規制が信仰活動の妨げになる場合，規制を免除し信仰活動を例外的に認めることは許されるかが問題となる。他人の権利を侵害せず，社会の安全を脅かさないときには信仰活動を認めるべきだとする考えを**宗教への配慮（便宜供与）**という。裁判所は，公立高専での剣道の履修を信仰上の理由から拒否することを認め（**神戸市高専事件**＝最判平8・3・8民集50巻3号469頁），自首の説得をするつもりで犯人を匿った牧師を無罪にして（牧会活動事件＝神戸簡判昭50・2・20判時768号3頁），配慮を認める姿勢を示した。

> ＃　他方，法の要求が信仰に軽微な負担しか与えない場合に宗教への配慮を認めなかった判決（日曜日授業参観事件＝東京地判昭61・3・20行集37巻3号347頁）もある。配慮によって得られる信教の自由の価値と，負担を課す法律が具体化する社会的義務との**比較衡量**から結論を導く必要がある。

2　政教分離

日本国憲法は，宗教団体への特権付与・財政支援，その政治上の権力行使，政府の宗教教育・宗教的活動を禁止しており，**政教分離**制を採用している。

> ＃　「政治上の権力」とは政府の統治権をいい，宗教団体の政治活動は含まない。宗教団体系政党が政権をとることの合憲性については，意見が分かれている。

第9章　精神生活

　政教分離は信教の自由を実質的に保障する制度とされており，政府がそれに違反しても，国民の権利・自由が直接侵害されるわけではない。

Column 21　靖国神社公式参拝　　靖国神社は，明治政府側で戦死した者らを祭る施設として建立された。かつては天皇や首相が参拝しても政治問題にならなかったが，日本の軍国主義を象徴し戦争を肯定する場所との認識が広まると，1985年8月15日の中曽根康弘首相公式参拝以後は首相の公式参拝に国内外から批判が集まるようになった（最近では安倍首相が参拝した）。首相が公的に参拝し公金から玉串料を出すことが政教分離に反すると考えられ裁判となったが，全て原告敗訴で終わっている（例えば小泉首相靖国参拝訴訟＝最判平18・6・23判時1940号122頁）。

　政教分離とは，政府の宗教的事柄への不関与や政治領域から宗教的要素の一切排除といった政府の非宗教性を意味するのか，それとも政府の諸宗教間の中立，さらには宗教・世俗間の中立という宗教的中立性を意味するのかで意見が分かれる。最高裁は，国家が宗教的に中立であることを要求する原則が政教分離であるとした（空知太神社訴訟＝最大判平22・1・20民集64巻1号1頁）。宗教団体の自主的な決定に国が介入しないことも，宗教的中立性の一環と捉えられよう。最高裁は「板まんだら」事件（最判昭56・4・7民集35巻3号443頁），蓮華寺事件（最判平元・9・8民集43巻8号889頁），日蓮正宗管長事件（最判平5・9・7民集47巻7号4667頁）において，信仰や宗教上の教義の内容に関わる問題や宗教上の地位に関する問題，さらに裁判所が判決を下す際に信仰内容に立ち入る必要がある問題については，裁判しないと判決した。

　政府が行う宗教的な行為の全てが禁止されるわけではなく，宗教的文化財の維持・保存のための公金支出や日曜を休日にする暦など宗教的起源をもつが習俗化した制度を採用すること，鎌倉仏教やキリスト教伝来を公立学校で教えることなどは許されよう。何が許されるかを判断する基準として，最高裁は目的効果基準を用いていた。それは，政府行為の目的が宗教的意義をもつか，その効果が宗教を助長あるいは禁圧するか，を審査するものである。この基準の下，最高裁は，市の地鎮祭挙行（津地鎮祭訴訟＝最大判昭52・7・13民集31巻4号533頁）や殉職自衛官の神社宗祀（自衛官合祀訴訟＝最大判昭63・6・1民集42巻5

141

号277頁）を合憲としたが，県の靖国神社への公金支出は憲法違反と判決した
（**愛媛玉串料訴訟**＝最大判平 9・4・2 民集51巻 4 号1673頁）。市有地を神社用地として氏子団体に無償貸与していたことが問題となった**空知太神社訴訟**で，最高裁は，援助対象である宗教的施設の性格，問題の土地が無償で貸与されるに至った経緯，無償貸与の態様，これらに対する一般人の評価などの要素を考慮して，社会通念に照らして総合的に判断する基準（**総合的判断基準**）を採用した。市の公園の一部に孔子を祀る施設を建立させその使用料を免除したことも，総合判断基準の下で違憲と判断されている（**那覇市孔子廟事件**＝最大判令 3・2・24民集75巻 2 号29頁）。

Ⅳ　学問の自由

　学問とは，真理を探求し，その成果を発表する活動を指す。**学問の自由**が保障されるのは，学問の発展が国の文化と国民の福祉の向上に不可欠だからだ。しかし学問は時の権力の意に添わないことがある。中世ヨーロッパでは**地動説**を支持した**ガリレオ**が**宗教裁判**にかけられ，1920年代のアメリカでは**進化論教育**が公立学校で禁止された。日本でも戦前，**天皇制の否定**につながる学説が抑圧された。こうした経験から，**憲法**は政府の学問弾圧を禁止したのである。

> ＃　1920年東京大学助教授森戸辰男は，無政府主義を標榜する論文の公表により，**治安立法**の 1 つである新聞紙法違反に問われ有罪となった。1933年文部省は**自由主義**的な刑法学説を提唱したことを理由に，京都大学教授滝川幸辰を休職処分にした。1935年の**天皇機関説事件**では，天皇制と**立憲君主制**との調和を図った東京大学教授美濃部達吉の学説が天皇の至高性を否定するものとして批判され，政府はその著作を発禁にするとともに，天皇機関説の教授を禁止した。

　学問の自由には，研究の自由，研究成果発表の自由，教授の自由がある。研究の自由は，内心における学問的思索（内心の自由の面からも保障される）と資料・データ収集の自由（他人に危害を加えないといった内在的制約が伴う）を含む。研究成果発表の自由は，いかなる研究成果でも発表できる自由を指す（表現の

第 9 章　精 神 生 活

自由としても保障される）。以上の権利は，研究者に限定されず，全ての国民が享受する。教授の自由は，研究成果を教授・教育する自由を意味する。最高裁は，教授の自由については大学教員に向けられたものとしつつ，小中高校の教員も「教授の具体的内容及び方法につきある程度自由な裁量が認められなければならないという意味においては，一定の範囲における教授の自由が保障される」とした（旭川学力テスト事件＝最大判昭51・5・21刑集30巻5号615頁）。

> ＃　近年の遺伝子技術や生命医療技術が**遺伝子組換え**食品を生み出し，動物の臓器を人体に移植することなどを可能にした。このような**バイオテクノロジー**の進展が人間生命に危害を与え，さらに倫理感情を踏み越える場合，学問の自由の下でその発展を許すべきかが問題となる。特に生命体の複製をつくる**クローン研究**については，「神の領域に足を踏み入れた」との非難もあり，日本は2000年にクローン技術規制法を制定して，人間のクローン胚の人または動物の胎内へ移植を禁止した。しかし，この技術は医療分野への応用により人命を救う可能性があり，また**特許権**などの**知的財産権**を重視する政策とも相まって，政府は規制を緩和する傾向にある。

憲法は，大学における学問の自由を保障するために，**大学の自治**を認める。学問の自由を担うのは主に大学レベルの高等教育機関であることから，大学の自治は特に重要である。自治の内容としては，大学の研究者の研究上の独立性（他の者の指揮・監督を受けない）や人事の自主性を挙げることができる。研究や教育の活動に関して，施設や学生の管理に大学の自律性が認められ，予算管理における自治性が認められる。大学の自治は，学問研究の範囲で認められるが，それ以外では大学も一般社会と同じ規制を受ける（東大ポポロ劇団事件＝最大判昭38・5・22刑集17巻4号370頁）。

Ⅴ　表現の自由

表現の自由とは，自分の意見や考えを発表する自由をいい，言論の自由，出版の自由，報道の自由などが含まれる。本来は話し書くという積極的行為の自由（**情報提供権**）を意味したが，他人の意見を自由に聞き読むという消極的行為の自由（**情報受領権**），積極的に情報を収集する活動の自由（**情報収集権**）を含

む。パフォーマンスや**象徴的表現**も保障の対象となる。収集した情報の検索結果を一定の方針の下で表示することは，表現行為とみなされている（**グーグル検索結果削除事件**＝最決平29・1・31民集71巻1号63頁）。

1 表現の自由の意義

　表現の自由は重要な価値をもつと考えられている。第1に，表現の自由には表現行為を通して自己の人格を発展させる価値（**自己実現の価値**）がある。自分の内面の想いや感情，思想，意見などを，さまざまな手段でもって表現することは，自我の覚醒，他者との関係構築，客観的な表現力の養成など，個人の成長や社会とのつながりの確立には不可欠である。第2に，表現の自由には言論活動を通して国民が民主政治の中で政治的意思決定に参加するという社会的価値（**自己統治**の価値）もある。政治に対する自由な意見表明なくして，主権者としての意思決定は不可能である。国民の意思決定と正当な選挙が行われるためには，政治についての自由な意見交換（**政治的言論**の自由），特に**政府**に対する批判的な表現の保障が不可欠である。こうした重要な価値をもつ表現の自由は，他の権利に優越する地位にあるといえよう（**表現の自由の優越的地位**）。また，表現の自由を保障することはさまざまな真理の発見にも寄与しよう。

　このように，表現の自由は個人の尊厳と**民主主義**に資する自由であるが，それゆえ権力者から厳しい制約を受けた。日本では，明治以降，**新聞紙条例や讒謗律**，出版法，**国家総動員法**を通じて**言論統制**が行われ，天皇批判や共産主義の喧伝が禁止された。また占領下でも**連合国軍最高司令官総司令部**（GHQ）批判やその憲法制定への関与などについての言論は否定された。こうした歴史的経緯を踏まえ，憲法21条は，表現の自由を保障するだけでなく，政府の言論統制を絶対的に否定する規定を設けた（**検閲の禁止**）。さらに，言論統制が自由な表現を阻害する効果（**萎縮的効果**）をもたらすことから，**裁判所**には，表現活動を制約する法律を**文面審査**した上で，**過度に広汎ゆえ無効**の法理や**曖昧・漠然ゆえ無効**の法理を採用することが求められる（**徳島市公安条例事件**＝最大判昭50・9・10刑集29巻8号489頁）。

第9章　精神生活

2　表現の自由の制約

　表現は行為であり，その内容や方法が他人に危害を加える場合がある。例えば，保育園周辺での大音量の演説は許されまい。表現の自由も他人の自由や権利を侵害してはならない（内在的制約→第8章Ⅱ**1**，第11章Ⅰ**6**）ので，表現に対する一定の制約は許される。このうち，表現の内容に対する規制を表現内容規制，表現の方法に対する制約を表現内容中立的規制という。

　（ⅰ）表現内容規制　　刑法230条，民法710条，723条は，他人の名誉や信用を傷つけるような表現（名誉毀損表現）を規制する。名誉や社会的信用は人格的価値をもち，むやみに貶められてはならない。しかし，政治家などの公人への批判や論評も名誉毀損表現として規制するならば，政治的言論の自由を過度に制限することになる。そこで，両者の調整が必要となる。刑法230条の2は(a)公共の利害に関する事実について，(b)表現目的がもっぱら公益を図ることであり，(c)内容が真実である場合には，その表現を罰しないと定め，表現の自由とのバランスを図った。この規定から，犯罪捜査，公務員や選挙立候補者の事実を伝える表現は許される。私人の私生活上の事実は「公共の利害に関する事実」に該当しないが，その私人が社会的影響力を有する場合には該当しうると判断された（月刊ペン事件＝最判昭56・4・16刑集35巻3号84頁）。また真実だと信じていた事がウソであった場合も，その真実性の誤信に十分な理由があるなら，名誉毀損表現には該当しないという判決もある（夕刊和歌山時事事件＝最大判昭44・6・25刑集23巻7号975頁）。意見や批判が名誉を傷つけても，表現行為として適切な論評ならば名誉毀損責任が及ばないとする公平な論評の法理がある（『脱ゴーマニズム宣言』事件＝最判平16・7・15民集58巻5号1615頁）。名誉毀損に関しては，思想の自由市場論を前提に，自らを中傷する表現に対して効果的な反論が可能ならば名誉回復を図ることができる（自力救済）ので，その表現を制限する必要はないとする考え（対抗言論の法理）もある。この考えは特にネット上では成り立つと主張されることも多いが，損なわれた名誉の回復は困難であるため，最高裁はこの法理を否定している（ラーメンフランチャイズ事件＝最決平22・3・15民集64巻2号1頁）。

> **Keyword 13** 思想の自由市場論　真理は思想の自由な競争を通して発見・認識されるとする考えをいう。思想を述べる表現の妥当性について自然な調整が作用すると考えるので，その表現に対する政府の規制は必要ないとする。

　他人のプライバシーを暴く表現は，プライバシー権の侵害として制限される。名誉毀損の場合とは異なりプライバシー侵害表現を禁止する刑罰規定はないが，出版の**差止め**や**損害賠償**による制約を受ける。過去の記事が特定のプラットフォーム内の検索で表示される場合，プライバシーを「公表されない利益」が表現に優越することがある（**ツイッター投稿削除事件**＝最判令4・6・24民集76巻5号1170頁）。

　広告やCMのような**営利的表現**も，誇大広告・不当表示の禁止，迷惑メール規制などの規制を受ける。こうした表現は，個人の主義・主張を含まない生活情報であり，利用者・消費者の利益を保護する観点から規制は正当化される。

　性的な文章，写真，動画など（**わいせつ表現**）を分け与えて販売し一般に陳列する者や販売目的で所持する者は処罰される（刑法175条）。性表現規制は，性的羞恥心の保護，わいせつ物をみたくない人の保護，女性差別の助長防止などを根拠とする。しかし，文学性・芸術性の高い表現が性的な描写を伴い，社会風刺や政治批判が性的になされる例もあるため，表現として保障すべきだといわれる。その場合，どのような表現が規制対象なのかが問題となる。最高裁は「徒(いたず)らに性欲を興奮又は刺戟(しげき)せしめ，且つ普通人の正常な性的羞恥心を害し，善良な性的道義観念に反するもの」をわいせつ表現と定義した（**チャタレー事件**＝最大判昭32・3・23刑集11巻3号997頁）上で，性表現の露骨さ，全体に占める性表現の割合，性表現と作者の表現意図との関係，その芸術性・思想性がわいせつ性を緩和する程度などを社会通念から総合的に判定するとしている（『四畳半襖の下張』事件＝最判昭55・11・28刑集34巻6号433頁）。

　大半の都道府県には，青少年の健全な育成と犯罪の誘発防止という青少年保護の観点から，性表現を多く含む図書を「有害図書」と指定し，未成年者への貸与・販売などを禁止する条例がある。このような規制は子どもがさまざまな表現に接する機会を阻むとの批判があるが，最高裁は合憲とした（**岐阜県青少**

第9章　精神生活

<u>年保護育成条例事件</u>＝最判平元・9・19刑集第43巻8号785頁）。

#　他方，18歳未満の者が被写体となる全裸写真などは<u>児童ポルノ</u>とみなされ，その配布・販売・所持が厳しく規制される（児童ポルノ処罰法）。(a)モデル本人が明確な意思でヌードになっているわけではない，(b)ヌード写真の撮影が将来自分にどのような影響をもたらすか，本人が自覚できておらず，またその責任を負うには成熟していない，(c)幼少期のヌードが世間に出回ることは，その後本人に思わぬ不利益をもたらす可能性が高いことなどから，世界的にこれを取り締まる傾向がある。最高裁も，児童ポルノ作成の規制は表現の自由に対する過度に広汎な規制ではないとしている（最決令元・11・12刑集73巻5号125頁）。

禁止行為や犯罪を行うよう文書・図画や言動などで促す表現を<u>煽動</u>的表現という。これらの表現は，それ自体が犯罪行為でなくとも，犯罪を招く可能性があるため，規制対象となる（破防法38条1項，国家公務員法98条2項など）。最高裁は，<u>食糧緊急措置令違反事件</u>（最大判昭24・5・18刑集3巻6号839頁）以来，煽動的表現は社会的に危険で**公共の福祉**に反するから表現の自由の保護を受けるに値せず，制限を受けるのはやむなしとする（渋谷暴動事件＝最判平2・9・28刑集44巻6号463頁）。社会秩序を重視する最高裁に対して，学説の多くは煽動的表現の処罰性の判断基準として**明白かつ現在の危険**基準の採用を求める。

> **〔Keyword 14〕　明白かつ現在の危険**　　アメリカの判例において形成された基準であり，(1)ある表現が近い将来に実質的害悪を引き起こす蓋然性が明白である，(2)その実質的害悪がきわめて重大であり，その害悪の発生が時間的に切迫している，(3)当該規制手段がその害悪の発生を避けるのに必要不可欠である，という要件を満たす場合にのみ，問題の表現を規制することができるとする。

自己統治の価値をもつ政治的言論は表現の自由の中でも手厚く保護されるべきだが，国家公務員法102条などは公務員の政治活動を（投票を除き）全面的に禁止する。公務員も国民なので政治活動をほぼ全面的に禁止するのは不当との意見も多いが，最高裁は，憲法15条が<u>全体の奉仕者</u>と定めたことから，公務員には政治的に不偏不党が求められるため，その政治的中立性を損なうおそれのある政治活動は勤務時間外に行ったものであっても禁止されるとした（<u>猿払事件</u>＝最大判昭49・11・6刑集28巻9号393頁）。近年最高裁は，公務員の政治的中立

147

性を損なうおそれが実質的に認められるのかを公務員の職位や行為内容から判断し，認められない場合には公務員の行為を規制対象としないと判決した（**堀越事件**＝最判平24・12・7刑集66巻12号1337頁）。

特定の人種や民族集団に対する憎悪や偏見の表現を**ヘイト・スピーチ**という。ヘイト・スピーチは，被害者に劣等感を植えつけ，反論の機会を奪うだけでなく，人種差別を助長し社会に差別を定着させる効果を生む。その規制は，政府が特定の表現を「悪い表現」と認定するので，**表現内容規制**の典型例といえる。ヘイト・スピーチ対策法は国民に差別的言動なき社会の実現への努力を求め，国や地方公共団体に差別解消に取組むことを要請した。川崎市や大阪市では，憎悪表現抑制を目的とする条例が制定されている。ヘイト・スピーチには政治的表現とみなせるものもありその抑制に困難が伴うが，最高裁は，過激で悪質性の高い言動に限定して抑制するならば合憲と判断した（**大阪市ヘイト・スピーチ条例事件**＝最判令4・2・15民集76巻2号190頁）。

表現内容規制には，一定の主題（具体的内容）やテーマについての表現を規制する**主題規制**と，その主題やテーマの中の特定の見解を規制する**見解規制**がある。消費税に関する表現全体を規制するのは主題規制，その中で増税反対の立場からの表現を規制するのが見解規制である。主題規制は，その場所にふさわしい表現の主題なのかという点から認められる場合もあるが，見解規制は，特定の立場に接する機会を聴衆から奪うので特に許されない。

(ii)　**表現内容中立的規制**　表現の**時・場所・態様（表現内容中立的）規制**とは，表現の内容を問わず，表現行為が行われた場所（繁華街か，住宅地か）や時間（早朝や深夜か，学校の授業中か）・表現方法（肉声か，看板か，パフォーマンスか）の妥当性を検討し，他人の権利を侵害し，周辺の迷惑になる場合，その表現を制約する規制を指す。表現内容規制に比べ立法による制約が広く認められ，必要かつ合理的な規制であれば合憲とされる。それは政治的表現でも同様であり，例えば，特定の政治的主張のビラや**政党**のビラを無許可でマンション各戸の郵便受けに配布する行為は，刑法130条の住居侵入罪に当たると判断された（**立川反戦ビラ事件**＝最大判平20・4・11刑集62巻5号1217頁）。

第9章　精神生活

3　事前抑制と検閲

　表現を事前に制限・禁止することを**事前抑制**，表現行為の後に規制すること
を**事後規制**という。事前抑制は規制の範囲が広くなって表現者を萎縮させる傾
向があり，また規制判断が抽象的で判定者の主観・恣意が入りやすいため，原
則として禁止される。**検閲**はその一形態とされる。判例によれば，検閲とは，
行政機関が思想内容などの表現物について，発表前に一般的網羅的に審査し，
不適当と判断した場合にその発表を禁止することをいい，それは絶対的に禁止
される（**税関検査事件**＝最大判昭59・12・12民集38巻12号1308頁）。

　行政機関以外の政府機関（裁判所）が行う事前抑制や，表現の時・場所・態
様についての事前抑制は，検閲ではなく「その他の事前抑制」とみなされ，例
外的に許される場合がある。最高裁は**北方ジャーナル事件**で，名誉毀損の雑誌
記事が公表されると自分の名誉が壊滅的打撃を受ける場合に，本人の申請に基
づき裁判所が記事の刊行停止の差止め命令を下すことは例外的に許されると判
決した（最大判昭61・6・11民集40巻4号872頁）。教科書検定については「一般図
書としての発行を何ら妨げるものではなく，発表禁止目的や発表前の審査など
の特質がないから，検閲に当たら」ないとしている（第一次**家永教科書訴訟**＝最
判平5・3・16民集47巻5号3483頁）。

4　知る権利

　人が自分の思想や見解を形成するためには，考える材料となる情報を入手で
きなければならない。こんにちのネット社会では，いつでもどこでも情報を取
得できるのが望ましい（**ユビキタス社会**）。また民主主義社会においては，国民
が政治についての正しい情報を得られなければ主権者として適切な判断ができ
ない。そこで，社会に流通している情報を受け取る権利，さらに情報を集中管
理する政府に対して情報の提供・開示を求める権利が主張されるようになった。
これを**知る権利**という。知る権利は，自己の意見形成に資する側面と，主権者
としての正しい政治的判断に資する側面をあわせもつ。

　政府に情報提供・開示を求める権利は，政府に作為を求める**給付請求権**の性

149

質をもつが，それは**抽象的権利**と考えられるので，その具体化には**情報公開法**および**情報公開条例**が必要となる。情報公開法は，所定の手続を経ることにより誰にも行政情報の公開請求を認めているが，個人情報，企業秘密などの法人情報，行政の運営や意思形成に関わる情報，防衛・外交に関する情報，犯罪捜査に関する情報は原則として非公開としている。

> ＃　さらに，政府は国民に対して必要な情報を発信し，国民間の政治的議論を活発にするよう努めなければならない。こうした政府の**説明責任**（**アカウンタビリティー→**第5章Ⅲ**2**）を果たす姿勢が，行政の肥大化を是正し，**国民主権**原理を具体化すると考えられる。

　情報の受け手である国民が，その送り手である**マス・メディア**（→第3章Ⅱ**3**）に対して自己の意見を発表する場の提供を要求する**アクセス権**（マス・メディアによって批判された者の**反論権**を含む）の主張もある。だが反論権はマス・メディア側の表現の自由を制約するため，これを認める法律なしには法的権利としては認められない（**サンケイ新聞事件**＝最判昭62・4・24民集41巻3号490頁）。

5　報道機関の自由

　知る権利を確実にするためには，国民は常に社会で発生するさまざまな出来事について知りうる状況になければならない。こんにち国民に情報を伝える役割はマス・メディア，特に報道機関が果たしているため，その活動の自由（報道の自由，取材の自由）を保障しなければ知る権利は確保できない。

　報道の自由とは，事件・事故などの事実を正確に国民に伝える自由をいい，他の表現と同様に手厚い保護を受ける。最高裁も**博多駅事件**で「報道機関の報道は，民主主義社会において，国民が国政に関与するにつき，重要な判断の資料を提供し，国民の『知る権利』に奉仕するものである。したがって，思想の表明の自由とならんで，事実の報道の自由は，表現の自由を規定した憲法21条の保障のもとにあることはいうまでもない」と明言した（最大決昭44・11・26刑集23巻11号1490頁）。現在，包括的な報道規制は存在せず，新聞や雑誌，ネットなどの活字報道には名誉やプライバシーの保護のための制限が加わる程度であ

る。ラジオ・テレビなどの放送メディアの報道の自由を**放送の自由**といい，知る権利を充足し，民主主義の発達に寄与すると理解されている（NHK受信契約事件＝最大判平29・12・6民集71巻10号1817頁）ものの，電波法・**放送法**による大幅な制約がある。放送用電波が有限であるため放送事業に携わる事業者を限定しなければならず，また他のメディアより強い影響力を及ぼす可能性があることを理由に，①公安および善良な風俗を害しないこと，②政治的に公平であること，③事実を曲げずに報道すること，④見解が分かれている問題は多くの角度から論点を示すこと，といった内容規制が及ぶ。

　報道の準備作業である取材についても憲法上の保障が及ぶが，最高裁は，**取材の自由**は報道の自由と同程度の保障を受けるわけではないとする（博多駅事件）。法廷内での取材活動は制約されるが，公平円滑な裁判運営の妨げにならない限り個人が法廷内でのメモを取ることを容認した判決もある（**レペタ事件**＝最大判平元・3・8民集43巻2号89頁）。記者が裁判で証言すべき場合に取材源を秘密にできるかが問題となるが，記者にとってこれは取材相手の立場を尊重する上で必要な職業倫理とされる。最高裁は証言拒否を民事裁判では肯定し（NHK記者事件＝最決平18・10・3民集60巻8号2647頁），刑事裁判では否定した（石井記者事件＝最大判昭27・8・6刑集6巻8号974頁）。刑事裁判での真実の究明は正義に適うとの理解が背景にあると思われる。犯罪捜査で報道機関がビデオテープなどの取材資料の提出を捜査機関から命令された事件で，最高裁はこれを容認した（**TBSビデオテープ押収事件**＝最決平2・7・9刑集44巻5号421頁）。

　公務員は職務上知った秘密の漏洩が禁止されている。**特定秘密保護法**により，防衛，外交，スパイ行為の防止，テロ犯罪防止に関する情報（特定秘密）は漏らしてはならないこととなった（民間業者も含む）。この**公務員の守秘義務**を維持するため，国家公務員に秘密を漏らすよう**そそのかす**行為は罰せられる（国家公務員法111条）。記者の公務員への取材活動がこれに該当するのかが問題となるが，最高裁は沖縄返還密約をめぐる**外務省公電漏洩事件**で，適正な手法による取材活動は刑法上の**正当業務行為**に当たり，**違法性**が阻却されるとした（最決昭53・5・31刑集32巻3号457頁）。特定秘密保護法も同じ立場をとる。

6 通信の秘密

憲法21条2項は通信の秘密を定め，プライバシー保護の一環として手紙，電話，電子メールなどによる特定の人とのコミュニケーションを保護する。政府が通信の内容やその存在自体を探ろうとすることは禁止される。官民を問わず通信業務従事者は，職務上知りえた他人の秘密を漏らしてはならない。

しかし刑事訴訟法，刑事収容施設法，破産法は通信内容の知得を政府に認めており，また令状があれば，犯罪組織の郵便物の押収，通信業者に対する照会・報告要求が許される。さらに通信傍受法（→第11章II 2）は，麻薬捜査，暴力団対策などの犯罪捜査において，傍受令状の下，電話・FAX・電子メールなどの通信の傍受を認める。

VI 集会結社の自由

集会結社の自由は，自分と同意見の人と集い，行動をともにし，さらに団体を結成する自由であり，政治的言論の自由と関係が深い。同じ政治的主張を共有する人たちと集会を開いてその主張を広く社会一般に伝えることや，自らの政策方針を政治に反映させるために政治団体を結成することは，国民の政治参加に必要不可欠である。また，それにより自らの存在を確認する意義もある。

集会結社の自由がこのような性質を内包するため，権力者はこれを制約してきた。日本でも江戸期から集会は禁止されており，明治以降も自由民権運動を抑えるために集会条例や保安条例を発して政治集会を弾圧した。

集会とは多数の人が共通の目的で，ある場所に集合することである。デモ行進のように場所を移動する集まりも，集会とみなされる。集会の自由には，集会を開催する自由，集会に参加する自由，集会において意見を形成し表明する自由，集会を開くために公共施設を利用する権利などが含まれる。

集会には物理的占拠や集団的行動（叫ぶ，移動するなど）が伴うため，他者の権利・利益との調整が必要となる。また道路や公園といった場所を日中使用することが多いため，時・場所・態様（内容中立的）規制も受ける。集会を開催する者は，施設の管理者に利用を申請し許可を受けなければならない。その施

設が集会用でない場合，管理者の裁量は広く認められている（**金沢市役所前広場事件**＝最判令5・2・21民集77巻2号273頁）。ただし**地方自治法224条2項**は「普通**地方公共団体**は，正当な理由がない限り，住民が公の施設を利用することを拒んではならない」と定め，国民が集会を開きやすい状況を整えるよう**地方自治体**に要請している。特定団体の集会開催が公共の安全を乱すおそれがある場合，秩序維持を理由に公共施設の利用を拒否できるかが問題となる。最高裁は，ある団体の集会開催により引き起こされる混乱が逼迫（ひっぱく）した危険をもたらす場合には，集会を許可しなくてもよいが（泉佐野市民会館事件＝最判平7・3・7民集49巻3号687頁），敵対する団体の危険な活動による混乱を防止するために警察の警備などを手配できる場合には，集会を許可しなければならないと判決した（上尾市福祉会館事件＝最判平8・3・15民集50巻3号549頁）。

屋外集会には**公安条例**が適用され，事前に申請を受けた公安委員会がコースや方法に条件をつけるなど，集団行動には厳しい規制が及ぶ。過度な制限との批判もあるが，最高裁は，**東京都公安条例事件**で「法と秩序を維持するに必要かつ最小限度の措置を事前に講ずることは，けだし止むを得ない」と述べるなど（最大判昭35・7・20刑集14巻9号1243頁），合憲判決を重ねた。路上での集会は道路交通法の規制も受け，警察署長の許可を必要とするが，こうした二重規制も規制目的が異なるので合憲とされている（**徳島市公安条例事件**）。

結社とは，団体を結成すること，もしくは結成された団体のことである。結社の自由は，団体を結成し存続させ，参加する自由のほか，団体を結成せず加入しない自由，脱退する自由などを含む。結社を組織する個人に対して刑罰を加え，団体の活動を不当に制約することは許されない。団体結成の要件として政府の許可・認可は必要なく，**許可制・届出制**の採用は禁止される。結成された団体は，性質上認められる人権を享受する（→第8章I **3**）。団体がその活動のために下した内部的な決定は尊重されなければならず，裁判所を含め政府が介入することは原則として許されない。

結社の自由そのものは制約されないが，その団体の活動が他人の権利を侵害し，または社会秩序を乱す場合は，団体の存立が制限される。**血のメーデー事**

件をきっかけに制定された**破壊活動防止法**は，暴力主義的破壊活動を行った団体に対してその活動を禁止し，さらに行政による解散命令を認める。無差別大量殺人を行った団体を規制する法律は，当該団体に対する警察の臨検や土地建物の取得・使用の禁止などを定めている。他にも，暴力団対策法や宗教法人法など，団体の活動を規制する法律がある。

【設　問】

1　宗教団体に関心をもった生徒Ｙは，日本国憲法における宗教に関する規定について調べた。信教の自由や政教分離の原則に関する次の記述ア〜ウのうち，正しいものはどれか。（2024年・大学入学共通テスト本試「政治・経済」・改）

　　ア　宗教団体などを結成する宗教的結社の自由は，憲法が保障する信教の自由に含まれる。

　　イ　一定の要件を満たした宗教団体には，国から特権を受けたり政治上の権力を行使したりすることが憲法上認められている。

　　ウ　国および地方公共団体は，宗教教育をはじめとして，いかなる宗教的活動も行ってはならない。

2　検閲と事前抑制の違いについて，最高裁判例に言及して説明しなさい。

（2022年度後期・日本大学法学部専門科目「憲法Ⅰ」）

■ さらなる学習のために

渡辺康行『「内心の自由」の法理』（岩波書店，2019）

奈須祐治『ヘイト・スピーチ法の比較研究』（信山社，2019）

高橋和之『人権研究１　表現の自由』（有斐閣，2022）

【高畑英一郎】

第10章　経 済 生 活
自由国家から社会国家へ

【 概 念 図 】

　財産は全くいらないという奇特な人はいないだろう。経済的自由，それに「困ったとき」の社会権は重要な人権だ。だが，人々が財産をもつ，所有権を有するということは当然のことではなかった。また，社会権は生まれて1世紀というところだ。そこには2度の国家モデルの選択があったのである。

■ 近代市民革命→消極国家（自由国家，最小国家，立法国家）
　　→Ⅰ参照　先駆者：名誉革命後のイギリス，当初のアメリカ合衆国憲法
　　　　　　経済理論：アダム・スミス（自由放任）
　＊財産権の絶対，封建的土地所有の否定（農奴制，関税への批判）

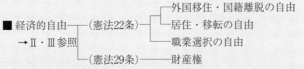

　産業革命⇒貧富の差の拡大
　　　　　→ソ連型社会主義　×　　マルクス（計画経済）
　　　　　→ファシズム・ナチズム　×
　　　　　→積極国家（社会国家，福祉国家，行政国家）＝日本国憲法
　　　先駆者：ヴァイマル（ワイマール）憲法，ニュー・ディール政策
　　　経済理論：ケインズ（混合経済）←「大きな政府」批判
　＊財産権・経済的自由の広汎な制約，社会権の導入
　　内在的制約：通説は中間審査（厳格な合理性の基準）
　　政策的制約：通説は緩やかな合理性の基準
■ 社会権──┬─（憲法25条）──生存権……生活保護法など
　→Ⅳ参照　├─（憲法26条）──教育を受ける権利……教育基本法など
　　　　　├─（憲法27条）──勤労の権利……労働基準法など
　　　　　└─（憲法28条）──労働基本権……労働組合法など
　具体的権利説／抽象的権利説／プログラム規定説

Ⅰ 社会・経済的人権の展開

1 近代市民革命と自由国家

ヨーロッパ中世の**封建社会**は，国王を頂点とする**絶対王政**に至っていたが，成長した**市民階級**（ブルジョアジー）は，17世紀イギリスや18世紀アメリカやフランスでこれを倒した（**市民革命→**第２章Ⅰ **2**，Ⅱ **2**，Ⅲ）。荘園に縛りつけられていた**農奴**や**小作農**などに**職業選択の自由**と**移動の自由**を与え，**封建制度を解体**するとともに，彼らを**労働力**とした。市民階級を中心に形成された政府は，一般に，税率も比較的低い代わりに最小限度の警察・消防・国防などのみを役割とする**消極国家**（小さな政府，<u>自由国家</u>，最小国家）であった。1789年のフランス人権宣言17条が「所有は，神聖かつ不可侵」と定めたように，そこでは**財産権の不可侵**を定められ，**経済的自由**は最大限保障され，アダム・スミス流の見えざる手に導かれた**自由放任**（レッセ・フェール）の経済政策がよしとされていた。**自由競争**により経済発展は促進され，人々は皆豊かになるはずであった。

> ＃ フランス革命の指導者シェイエスは，市民階級を指して「第三身分とは何か。全てである。それは今日まで何であったのか。無である」と述べた。19世紀イギリスのローマ法学者メインは，近代社会の成立を<u>身分から契約へ</u>と表現した。また，同世紀ドイツの社会主義者ラッサールは，消極国家を**夜警国家**と皮肉った。

18世紀後半にイギリスで始まる**産業革命**により発展した**資本主義経済**は，次第に市場の**独占**や**寡占**が生じ（**市場の失敗**），加えて大量生産により，チャップリンの映画『**モダン・タイムス**』によく表れるように，貧富の差の拡大を招いた。経済格差は相続され，社会的不公正も生じ，治安悪化の原因でもあった。

> ＃ 18世紀から19世紀初めまでイギリスで続いた**囲い込み**（エンクロージャー）により，農民は土地を失い，**労働者**になっていった。19世紀後半に始まる，重化学工業を中心とする**第二次産業革命**はドイツとアメリカが中心となった。ドイツでは19世紀末，ビスマルクの「**あめとむちの政策**」の下，疾病保険法，労災保険法などが制定された。日本の産業革命は，明治政府の殖産興業に始まり，20世紀に入ると重工業に進んだ。その中で**財閥**が成長し，**寄生地主制**が展開されていった。

156

第10章　経済生活

2　貧富の差の解消と福祉国家

トマス・モアの『ユートピア』やサン・シモンでは空想的社会主義にとどまっていた社会主義は，貧富の差を解消すべく，マルクスらによって科学的社会主義に理論化された（マルクス主義）。そして，1917年のロシア革命によってソヴィエト社会主義共和国連邦（ソ連）として現実化した。そこでは権力集中制の下，第1（・2）次5カ年計画などの計画経済が実施された。1929年の世界恐慌の影響を受けなかったことで，社会主義への関心は一気に高まった。

これに対して，1918年のドイツのヴァイマル憲法は，社会権規定（151条など）を有し，政府に福祉国家（積極国家，大きな政府，社会国家，行政国家）ビジョンによる貧富の差の救済を求めたのである。

> \#　第一次世界大戦後のドイツは，多額の賠償を負わされ，福祉国家を実現しようにも財政が破綻していた。そこで，社会権規定についてプログラム規定説が生まれた。しかし，世界恐慌の後，記録的なインフレーションが襲い，そこにヒトラーが現れて，人々はナチスによる独裁政治を選んだ。それはまた，極端な形での貧富の差解消策だったともいえる。こうして，1933年にヴァイマル憲法体制は終わった。

また，累進課税制度や社会保障制度によって所得再分配を行い，政府が公共事業などを通じて市場に介入して完全雇用を実現し，有効需要を創出するなどして，資本主義経済を修正する（混合経済）ことで諸問題を解決できることが，ケインズによって唱えられた（1936年）。財政が自動的に景気を調整する自動安定化装置（ビルト・イン・スタビライザー）となるともいわれた。

> Keyword 15　**ニュー・ディール政策**　世界恐慌の後，アメリカでは政府による雇用の創出，経済活性化などを目的に，フランクリン・ローズベルト大統領がTVA（テネシー川流域開発公社）などのニュー・ディール政策を実施した（1933年）。当初，最高裁判所は，それを支える多くの立法を次々と憲法違反にしたが，ほどなく合憲へと態度を改めた。憲法改正なしに福祉国家的政策が可能となり，アメリカ合衆国憲法には社会権規定などはない。

1943年に，イギリスではベバリッジ報告が出され，「ゆりかごから墓場まで」をスローガンとする社会保障制度が確立した。第二次世界大戦後，このような

157

福祉国家ビジョンは，先進資本主義国で広く支持され，憲法で宣言されることも多かった。主だった**ファシズム**体制も1945年までには崩壊し，1989年以降には社会主義体制も崩壊するか，相当の修正を要するようになっていることから，現在，福祉国家ビジョンは貧富の差を解消する最も有効な策であるといえる。1948年の**世界人権宣言**22条も「社会保障を受ける権利」を謳っている。他方，行政の肥大化などのひずみもあり，イギリスの**サッチャー**に代表され，**電電・専売・国鉄民営化**に象徴される，小さな政府回帰の主張も登場している。

Column 22 **ソ連型社会主義の終焉**　　ソ連への反発は，ポーランドのワレサらによる自主管理労組・連帯などから始まっていた。計画経済の破綻や独裁そのものへの不満はソ連でも生じており，1985年にソ連共産党書記長となった**ゴルバチョフ**はペレストロイカを始めたがときすでに遅く，1989年に東欧の社会主義体制は次々と崩壊した。ソ連自体も，保守派クーデタの失敗を契機に1991年末に崩壊した。これに対して，中華人民共和国では，毛沢東主導で人民公社の設立やプロレタリア文化大革命がなされたが，その後，鄧小平による改革・開放政策により，社会主義市場経済に移行し，一部には経済特別区（経済特区）もつくられた（ベトナムではドイ・モイ政策が導入された）。しかし，中国の民主化の動きは1989年の天安門事件で潰され，事実上の共産党独裁体制が継続した。

II　居住移転の自由・国籍離脱の自由

1　居住移転の自由

　居住・移転の自由は，人身の自由や精神的自由の側面もなくはないが，**日本国憲法**はこれを**経済的自由**の条文中に置いている。これは，封建時代に生産者として人々が土地に固定され，これに伴って職業も身分制的に固定されていたため，近代**市民革命**がこれを打破する必要を感じたことに由来する。通説は，22条は一時的な移動である旅行の自由も保障していると解している。

　#　身体的拘束や差別や心理的圧迫を伴う移動の禁止は，**奴隷的拘束及び苦役からの自由**を保障した18条違反の問題を提起しよう。**ハンセン病熊本訴訟**判決（熊本地判平13・5・11判時1748号30頁）は，らい予防法（1994年廃止）によるハンセン病患者隔離政策

158

第10章 経済生活

「の実態は」「憲法13条に根拠を有する人格権そのもの」の侵害であると判示した。なお，集会参加のためなどの移動の自由は21条の問題となろう。

本人・社会の安全のため，「感染症の予防及び感染症の患者に対する医療に関する法律」19条，20条が患者の入院措置，破産法37条が破産者の居住制限，刑事訴訟法95条が被告人の居住制限などを定める。違憲論はまずない。

2 外国移住・国籍離脱の自由

憲法22条3項は外国移住の自由を定める。移動が国境を越えるため，別条項を立てたのであろう。このため，通説・判例とも，一時的な国外への移動である外国旅行の自由はここで保障されると解している（帆足計事件＝最大判昭33・9・10民集12巻13号1969頁）。憲法22条2項，13条を根拠とする説もあるが，論争の実益はない。むしろ，旅券法13条1項7号の「著しくかつ直接に日本国の利益又は公安を害する」との法文が概括的であり，精神活動を主とする外国旅行でも法務大臣が恣意的に禁じられる点が問題とされる（帆足計事件でも，前参議院議員のモスクワでの国際経済会議出席が不可能となった）。同号の法令違憲論もあるが，多くはこれを合憲限定解釈すべきだとしている。

憲法22条3項は国籍離脱の自由も定める。それは日本国への帰属やその人権保障からの離脱であり，精神的自由の色彩が濃厚である（世界人権宣言15条2項も国籍を変更する権利を謳う）。無国籍の解消が優先課題であり，憲法22条3項も無国籍となる自由は保障していないと解されている。国籍法は出生，準正，帰化による国籍取得と，外国籍の選択等による国籍の喪失を定めている。

III 経済的自由

日本国憲法の経済的自由保障は，ロックの『統治論二篇（市民政府二論）』が生命，自由と並んで財産を守る自然権を有するとしたことにつながる。ただ，ロックも消費できる限りの所有を認めたとされるように，他者の人権との調整にも含みを残していた。福祉国家ビジョンに立つ日本国憲法も，その22条（居

159

住・移転の自由，職業選択の自由）や29条（財産権）が，**公共の福祉**による制約を明文でわざわざ念押ししているように，経済的自由を絶対的保障はしてない。貧富の差を解消し，中間階層を大きくすることは社会の安定にもつながろう。

1 職業選択の自由

職業の選択は，単なる経済的手段にとどまらず，**生きがい**ともいわれるような精神的側面も有している。このため，現在では職業選択の自由は**精神的自由**の側面も有するというのが一般的見解である。**自由権**であるので，就きたい職業を政府が斡旋することは含まれず，国が，封建時代のような職業選択妨害をしないことが保障の要点である。また，選択をしても継続的に従事できなければ無意味であるので，憲法29条は<u>営業の自由</u>も保障していると考えられる。

> ＃　職業の中でも小説家，宗教家，学者・研究者などになる自由は精神的自由の各条項で保障されている。また，**国会議員**や**公務員**となること（<u>公務就任権</u>）も特定の条文が存在する。雇われる権利は憲法27条の問題のようにもみえる。22条の核心は，**企業**，**会社**，商店，農家などを自立的に経営する自由にあろう。経済史学から，「営業の自由」は人権ではなく，営業の**ギルド**的独占を排除する公序として追及されたものだとの主張もあったが，憲法論としては対国家的な自由権として考えるべきである。

経済活動としての職業選択の自由には，他者に害悪が及ぶことを予防する<u>自由国家</u>的規制（**内在的規制**，警察的規制）のほか，社会・経済政策実行のための**社会国家**的規制（<u>政策的規制</u>，外在的規制）も及ぶと考えられる。売春業などは反社会性ゆえ禁じられ（最大判昭36・7・14刑集15巻7号1097頁），競馬などは公営に限られ，国家独占事業への参入も禁止できるとされてきた（以前の郵政事業，たばこの専売など）。それ以外にもさまざまな理由から，届出制（理容業など），登録制（建築業など），許可制（飲食業，貸金業など），特許制（電気，ガス，鉄道など），免許制，資格制などが採られている。犯罪予防のための古物商の許可制（最大判昭28・3・18刑集7巻3号577頁），国民の健康のため，資格をもたぬ者の医業類似行為を禁じていること（最大判昭35・1・27刑集14巻1号33頁），タクシー営業が免許制であったこと（白タク営業事件＝最大判昭38・12・4刑集17巻

第10章　経済生活

12号2434頁）などにつき，最高裁は合憲判断を繰り返している。

　司法書士，土地家屋調査士，税理士，弁理士，**弁護士**などについては，非行のあった者の処分を自律に委ねることなどのため，弁護士会などの**強制加入団体**が置かれている。最高裁はこれらを認めつつ，**南九州税理士会政治献金事件**（最判平 8 ・ 3 ・19民集50巻 3 号615頁）では，政治献金は同会の「目的の範囲内」とはいえず，そのための特別会費の徴収はできないと判示した。

2　財 産 権

　憲法29条は財産権を保障する。「財産権」とは所有権を含む**物権**，**債権**，無体財産権など，財産的価値を有する全ての権利を指す。財産権とはモノそのものというより**権利の束**であり，**自然権**そのものともいえず，**法律**でいかようにでも決められるとの印象もないではない。また，福祉国家においては，経済的自由の中でも「公共の福祉」による制約を受けやすい。しかし，これでは憲法29条の存在価値が消滅してしまう。そこで多くの学説は，同条 1 項は**私有財産制**を**制度的保障**とした（**資本主義**を前提とし，**社会主義**や共産主義を否定する）とか，財産権の核心部分の公権力による侵害を禁じた意味があると述べる。

> 　#　総有を解体し，**共有**を分割し，全てのモノを個人財産化する先進国社会は，南海の首長ツイアビの演説集『パパラギ』の世界からみると奇怪だろうが，家父長や国家が対人・対物的な包括的支配を行う方が幸福かは疑問である。ただ，**中華人民共和国**で社会主義市場経済が実施される一方，資本主義の下でも，基幹産業の国家独占がなされることもあり，今や資本主義と社会主義の区別は明快でもない。

　財産権にも内在的規制とは政策的制約が及ぶ。前者には，**民法**や建築基準法の相隣関係的規制がある。後者には，バイパス建設に伴う土地の買上げなどが考えられる。**成田新法事件**（最大判平 4 ・ 7 ・ 1 民集46巻 5 号437頁）で最高裁は，成田国際空港の安全確保に関する緊急措置法 3 条 1 項による土地工作物の 3 態様の使用禁止を合憲とした。また，地方議会の民主的立法である**条例**による制約も可能とされ，**奈良県ため池条例事件**（最大判昭38・ 6 ・26刑集17巻 5 号521頁）でも，私有のため池提とうでの耕作禁止を条例が命じることができるとされた。

161

憲法29条3項は，私有財産を「公共のために用いる」際には**正当な補償**が必要であると定めている。通説は，**収用**に限定せず，一部の者の財産に例外的に，一時的ではない多大な損失を与えるような**特別の犠牲**を払うときには，損失補償が必要であると解している（奈良県ため池条例事件では損失補償も認められなかった）。文化財保護法43条は現状変更制限を加えられた文化財の持ち主などに，補償を施している（消防法29条3項も参照）。河川附近地制限令事件（最大判昭43・11・27刑集22巻12号1402頁）では，川砂利採取業者に憲法29条3項を直接の根拠として，その禁止に伴う補償請求の余地があるとされた。

また，補償額については，被制約財産の客観的貨幣価値を要するとする**完全補償説**と，社会・経済状況を考慮して合理的に算定すればよいとする**相当補償説**がある。主に，戦後すぐの**農地改革**をどのように説明するかの差であろうが，最高裁は農地改革事件（最大判昭28・12・23民集7巻13号1523頁）では相当補償説に，土地収用法事件（最大判昭48・10・18民集27巻9号1210頁）では完全補償説に立ったと言われている。これを超えて，ダム建設に伴う移住などの際に生活権保障を行う例も多いが，憲法の要請ではないと解されよう。

3　内在的規制と政策的制約

ところで，経済的自由の制約には内在的規制と政策的規制があるとされているが，通説は，前者には**中間審査**（厳格な合理性の基準）が及び，後者には**合理性の基準**（明白性の基準）が及ぶと考えていた（→第7章Ⅳ **3**）。

最高裁判所も，いくつかの距離制限判決で，対応を異にした。1955年の**公衆浴場事件**（最大判昭30・1・26刑集9巻1号89頁）では，「国民保健及び環境衛生」を理由に，公衆浴場に関する距離制限を内在的規制として捉え，中間審査的に，目的・手段間の実質的関連性を認めて合憲と判断した。しかし，**薬事法違憲判決**（最大判昭50・4・30民集29巻4号572頁）では，これを内在的規制として同様の審査をしながらも，「国民の生命及び健康に対する危険の防止」という目的と，距離制限による新規参入規制という手段との間には関連性が乏しいとして，規制は違憲とされた。また，**小売市場事件**（最大判昭47・11・22刑集26巻9号586

頁）においては，小売市場の距離制限は「経済的劣位に立つ者に対する適切な保護政策」であるとされ，乱立防止のための一種の政策的規制と捉えられた。その上で，合理性の基準の下，その手段「が著しく不合理であることが明白であるとは認められない」として，合憲判断が下された。

しかし，同じ経済的自由の規制につき，内在的規制か政策的規制かを判断して異なる**司法審査基準**を適用することや（→第７章Ⅳ），同じ基準を用いた類似の判例が結論を異にしたこと，合理性の基準が無審査に等しいことなどには批判があった。**共有林分割制限違憲判決**（最大判昭62・4・22民集41巻3号408頁）では，2分の1ずつの持ち分の共有林の分割をおよそ不可能とする森林法186条が違憲と判断されたが，最高裁は，共有林の分割制限がいずれのタイプの規制であるかを明言せず，手段が「必要な限度を超えた不必要な規制である」と判示した。実際に，森林法の目的は土砂崩れの防止のような内在的規制と，零細な林業家の保護や観光資源の保護のような政策的規制の両面を含んでいよう。「きれいな水や空気の保全」のように，単独でその両面性を持つ規制目的も考えられる。また，1989年には，公衆浴場の距離制限につき，その規制が政策的規制の面もあるとしつつ合憲とした（最判平元・3・7判時1308号111頁）。これは，建築が困難で利用者が地域限定的であることなどを考慮し，時代の変化により零細公衆浴場業者の保護も規制目的として加えることにより，先例とは異なる判断を下したものにみえる。さらに，酒類販売業免許事件（最判平4・12・15民集46巻9号2829頁）でも，この両規制の区別を明示せずに合憲の判断が下された。憲法30条は**納税の義務**を定めるが，特に**一般会計**に組み入れられる税の場合，その目的は内在的なのか政策的なのかはそもそも不分明である。証券取引法164条1項に関する事例（最大判平14・2・13民集56巻2号331頁）などから考えても，通説の目的二分論には無理があるとの批判が強まっている。

> ＃　これに対して，**圧力団体**などが政治過程で規制立法を獲得し，その利益は一般国民が得られないため，経済規制立法の適切・公正・透明性の確保のため目的・手段関係の念入りな審査が必要であるとか，民法典への信頼から，これを基準に規制の分類は可能であり，基準の細分化は望ましいなど，目的二分論からの反論もある。

IV 社 会 権——生存権など

　日本国憲法が福祉国家型憲法であることは，社会経済的弱者保護のため，国
の積極的行為を要求する本質を有する，25条以下の**社会権**規定によっても確認
される。しかし，憲法は**資本主義経済**を前提とし，あくまでもこれを修正しよ
うとするものにすぎない。このため，人々はまず，自由な経済活動（**財産権**と
職業選択の自由の行使＝29条など）により生活の糧を得るのが本筋である。

　しかし，高度産業社会においては，**雇用**され，その有する**労働力**を提供する
ことで**賃金**を得る大量の**労働者**が生まれた。**資本家**や**取締役**などの経営者に比
べて弱い立場にある労働者の権利の保護は必須である（28，27条）。また，労働
力を得るには教育が必要であり，特に家庭が貧しくても**教育を受ける権利**が保
障される必要がある（26条）。そして，これによっても人間に値する生活がで
きない人に対しては政府が**生存権**（25条）を保障することとなる。25条は，（家
族の相互扶助や社会やさまざまな集団による自立支援が想定されるにせよ）生存保障
の最後の砦であり，福祉国家理念の凝縮であるといえる。

　＃　その文言ゆえ，25条から**環境権**（→第11章Ⅳ）を引き出す見解もあった。

1 労働基本権・勤労権

　他によって代替可能な労働者が，単独で賃金や労働時間などの**労働条件**を企
業と交渉しても，**解雇**をちらつかされて過酷な条件を飲まされることは必至で
あろう。そこで，労働者は，**労働運動**弾圧の歴史を経て，団結して**労働組合**を
結成し（**団結権**），団体として経営者らと労働条件の交渉を行い（**団体交渉権**），
最終手段としての**ストライキ**（同盟罷業）を含む**争議行為**を行う権利（**争議権**）
を勝ち取ってきた。日本国憲法28条は雇用されている者にこれら**労働基本権**
（**労働三権**）を保障した。より具体的には**労働組合法**が制定されている。正当な
争議行為であれば，刑事処罰や民事賠償，行政処分の対象とならない。その意

164

第10章　経済生活

味では**自由権**的性格を有する権利といえよう。**不当労働行為**があったときは**労働委員会**に提訴できる。また，「労働関係の公正な調整をはかり，労働争議を予防」することなどを目的とする**労働関係調整法**も制定されている。

　日本国憲法28条の団体行動をする権利とは争議権の意味であり，デモ行進の自由は21
　　条（表現の自由または集会結社の自由→第9章Ｖ，Ⅵ）で保障されよう。また，経済活
　　動とは無縁のビラ貼りや政治ストも21条の問題であると思われる。

　労働基本権にも限界はあろう。まず争議行為の中で暴力を伴うものや，労働組合の決定に従わない山猫スト，生産管理（山田鋼業事件＝最大判昭25・11・15刑集4巻11号2257頁）などは許されないと考えられる。また，労働組合への加入強制は企業側との対抗上認められようが，特定労働組合への非加入の自由を完全に否定するものは疑問とされる。ここには**強制加入団体**類似の問題がある。労働組合法7条1号但書の認める**ユニオン・ショップ協定**に基づき，過半数組合を脱退して新組合に加入した労働者を解雇したことを，無効とする判断もある（三井倉庫港運事件＝最判平元・12・14民集43巻12号2051頁）。このほか，労働組合の議決に反して市議選に立候補した組合員に組合役員が圧力をかけたのは，労働組合の統制権の限界を超えるものとした判決（三井美唄炭鉱労組事件＝最大判昭43・12・4刑集22巻13号1425頁）や，選挙で特定候補者を支援するための「政治意識昂揚資金」などの徴収の強制は許されないとする判決（国労広島地本事件＝最判昭50・11・28民集29巻10号1698頁）もある。

　憲法問題となっているものに，**公務員の労働基本権制限**がある。国家公務員法98条2項は公務員の争議行為を禁止し，108条の2第5項は警察官，海上保安庁職員，刑務官などに団結権すら与えていない（公権解釈上，消防官も）。最高裁は，**全逓東京中郵事件**（最大判昭41・10・26刑集20巻8号901頁）では，「国民生活に重大な障害をもたらす」ときなど以外，争議行為に対する刑事処罰はできないなどとし，**東京都教組事件**（最大判昭44・4・2刑集23巻5号305頁）でも，争議行為やその煽りが「違法性の比較的弱い場合」も処罰するとすれば，地方公務員法は違憲であり，そうでないように**合憲限定解釈**しなければならないと

165

して，無罪判決を言い渡した。しかし，**全農林警職法事件**（最大判昭48・4・25刑集27巻4号547頁）において，「公務員の地位の特殊性と職務の公共性」などを理由に，一律的な争議権剥奪を合憲と判断し，判例を変更した（その後，岩手県教組学力テスト事件＝最大判昭51・5・21刑集30巻5号1178頁，全逓名古屋中郵事件＝最大判昭52・5・4刑集31巻3号182頁がこれを踏襲した）。

> **Column 23**　**特別権力関係論**　公務員，公的施設利用者，国公立の学生・生徒，在監者は，契約もしくは強制により国と，**特別権力関係**に入るとして，行政権による広汎な人権制限が許され，その制限に**法律は不要**で（**立法権の排除**），**司法審査も及ばない**（**司法権の排除**）とする理論があった。これは，**ドイツ帝国憲法**の影響を受けた**大日本帝国憲法**下の理論であり，日本国憲法には適わない。学説は，現場の裁量を考えてこれを大幅に緩和する（**特別な公法関係の理論**）か，この種の議論を完全に廃棄するかで争いがある。ただし，公務員の行為が国や地方公共団体の行為となるような場合，一般国民との関係で別の憲法問題を引き起こるときは，調整が必要であることにも注意したい。

　労働者の保護のため，個別の労働者の最低限の労働条件を政府が保障することも必要である。憲法27条は勤労の権利を保障しているが，具体的には**労働基準法**を中心とする法体系が保障するところである。このほか，**最低賃金法，男女雇用機会均等法**なども制定されている。なお，憲法27条は**勤労の義務**も定めるが，資本主義社会である以上，訓示的規定にすぎない。

> **Column 24**　**憲法の私人間効力論**　日本国憲法27・28条は私企業に対する直接効力を有するという説が有力だった。憲法の**私人間効力論**をめぐる議論では，私人間（国民同士）の人権侵害について，憲法の問題としないとする**無効力説**，巨大企業などの社会的権力の行為は国の行為と同様に憲法問題とする**直接効力説**，民法90条など私法の一般条項を媒介に憲法が介入するとする**間接効力説**などが唱えられた。通説は間接効力説をベースに，条文の性質により無効力や直接効力ともなると考えてきた。近年の論争の結果，新無効力説，国家保護義務論，憲法の最高法規重視説など多様な学説が登場した。その結果，27・28条も含めて，特定条文にのみの直接効力を認めるような説は，現在では少なくなっている。

第10章　経済生活

2　教育を受ける権利

　日本では1879年の**教育令**，1886年の**学校令**で義務教育が始まったが，1890年に**教育勅語**が発布されると，**儒教**的道徳を基礎に（軍人勅諭と併せて）**天皇**の神格化を軸として展開されていった。このような**第二次世界大戦**前の教育と一線を画する形で，日本国憲法下での教育は始まった。憲法26条は教育を受ける権利を保障する。貧富の差なくあまねく教育を及ぼすため，同条２項は義務教育の無償を保障し，保護者には子どもに**義務教育を受けさせる義務**があるとし，また，27条３項は児童労働を厳しく制限した。**学校教育法**６条は，無償の範囲を授業料と解しているが，憲法の保障する範囲として判例（最大判昭39・２・26民集18巻２号343頁）・学説にほぼ異論はなく，実際には1963年以来，教科書も無償である。教育における救貧は強く求められよう。また，障害者が希望する普通学級への入学の場面などにおいては，学校などによる拒否が**障害者差別**とならないよう十分な注意を要しよう（神戸地判平４・３・13行集43巻３号309頁）。

　　#　そこで，26条の「能力に応じて，ひとしく」は「ひとしく」（生活機会の平等）を強調
　　する解釈が強かった。ただ，各自の能力・人格発展（メリット）や，家族の自律性とい
　　う価値も無視できず，この３者は苅谷剛彦の指摘するトリレンマの関係にある。なお，
　　近年，各地で，政策として，高校・大学の授業料の無償化の議論が進む傾向にある。

　学説は，26条を生存権的にのみ捉える（経済的権利説）ことなく，主権者としての能力の獲得に限定する（公民権説）こともなく，子どもの人間的成長・発達の権利と捉えるべきとする説（学習権説）が有力である。確かに，**教育基本法**は，「人格の完成を目指し，平和で民主的な国家及び社会の形成者」たる国民の育成を目的としており（１条），事実，教育の大半は精神活動である。

　このためか，教育の問題は，経済的問題というより精神的問題として争われてきた感が強い。本条をめぐり，教育は親などの私的な営みであって，国は教育内容を決められないとする「<u>国民の教育権</u>」説と，教育は次世代の国民を育む公的なものであって，民主的過程を経て国はその内容を決めうるとする<u>国家教育権説</u>が対峙してきた（実際，教育基本法は2006年末の第１次**安倍晋三**内閣による復古調の改正で，後者の色を強く帯びた）。**家永教科書訴訟**の第二次第１審（杉本判

167

決＝東京地判昭45・7・17行集21巻7号別冊1頁）は前者，第一次第1審（高津判決＝東京地判昭49・7・16判時751号47頁）は後者に立ったといわれている。しかし，最高裁は**旭川学力テスト事件**（最大判昭51・5・21刑集30巻5号615頁）において，両極端の立場を退け，各当事者の「憲法の次元における」教育権限の範囲は，「関係者らのそれぞれの主張によって立つ憲法上の根拠に照らして各主張の妥当すべき範囲を画するのが，最も合理的な解釈」であると述べた。教育問題の登場人物・場面の多様さを考えると，両極端の立場は採れまい。

> ＃ 地方教育行政法は，各都道府県・市町村および特別区に，教員の採用や学校の管理運営への指導助言などを行う（独立）**行政委員会**（→第5章Ⅱ**1**）の1つである**教育委員会**の設置を義務づけている。委員は戦後すぐには公選だったが，任命制となった。

また，高校以下の教員に教授の自由はあるか，という問題もある。**伝習館高校事件**（最判平2・1・18民集44巻1号1頁）では，公立高校の教員が教科書を使わない授業を行ったなどの理由で下された県教育委員会の懲戒免職処分は，「裁量権の範囲を逸脱したものと判断することはできない」としている。

> ＃ この背景には，憲法23条の「学問」と26条の「教育」の区別が可能か，という命題が控えている。全て学習は自由主義を基盤とする真理の発見であるとすれば，全ての教員には大学の教員並みの教授の自由が保障されよう。しかし，教育とは未成年者に常識的知識を付与し，人格形成を行うものと解すれば，高校以下の教員には広範な教授の自由はない。他方，今日では，**生涯学習**（成人の大学教育外での学習）の重要性が叫ばれており，このことは「学問」と「教育」の区別に一石を投じよう。ただ，ほとんどの教育権事件は，**麹町内申書事件**（最判昭63・7・15判時1287号65頁），君が代伴奏職務命令拒否事件（最判平19・2・27民集61巻1号291頁）同様に端的に精神的自由の事案であり，**厳格審査**（→第7章Ⅳ**3**，第9章Ⅱ）の下で考察する事案ではないだろうか。

3 生 存 権

憲法25条1項は，「健康で文化的な最低限度の生活を営む権利」（生存権）を保障する。2項は，「国は，すべての生活部面について，**社会福祉**，**社会保障**及び**公衆衛生**の向上及び増進に努めなければならない」と定めている。

第10章　経済生活

　講学上は，生活困窮者に最低限の生活を国が保障する**公的扶助**（**生活保護**），疾病・老齢・失業などに対して一定の給付を行うため強制加入方式の公的保険制度である**国民年金**などの**社会保険**，児童・高齢者・障害者・母子家庭などの社会的弱者の自立のため援助・育成を行う社会福祉，疫病の予防などを目的とする公衆衛生を含む上位概念が社会保障である。公的扶助は１項の問題であろうから，２項の「社会保障」に残されるのは，ほぼ社会保険であろう。なお，1997年には**介護保険法**が制定された。

　憲法25条２項があくまでも国の努力目標であることは明らかだが，同条１項の「権利」が，**表現の自由**や**参政権**が権利であるように権利なのかという点では争いがある。条文が抽象的にすぎること，専門技術的判断を要すること，財源にも限度があることなどから，同項も権利性を有しないとする説がある（**プログラム規定説**）。これに対して，「権利」と解するのが文言に忠実であり，社会保障を確保するよう**予算**を議決する義務が国にはあるなどとして，給付が一定水準以下の者は，憲法25条を根拠に直接，**裁判所**に，**立法の不作為**の違憲確認判決や給付判決を求めうるとする説もある（**具体的権利説**）。多数説は，このいずれの説にも難があるとして，憲法25条を具体化する立法があり，その給付が一定水準以下のときは憲法違反となるとしている（**抽象的権利説**）。そして，**司法審査基準**としては，25条１項の問題が特に生存に関わることを理由に，**中間審査**（厳格な合理性の基準）が妥当するという見解が多い。

　抽象的権利説も，法律がなければプログラム規定説と同じ結果になるという難点がある。また，司法審査基準としては**合理性の基準**が妥当するとする説もある。

　以上は，**朝日訴訟**（最大判昭42・５・24民集21巻５号1043頁）で，生活保護法の基準（生活扶助月600円など）が低すぎるなどとして争われた。しかし，最高裁は原告死亡に伴い裁判を打ち切り，「なお，念のため」以下の括弧書きの傍論として，憲法25条が「具体的権利を賦与したものではない」と判示し，「厚生大臣の合目的的な裁量」も広く認めた。また，視力障害者で障害福祉年金の受給者で母子家庭の母である原告が，児童扶養手当の支給を争った**堀木訴訟**（最大判昭57・７・７民集36巻７号1235頁）で最高裁は，「併給調整を行うかどうかは」「立法府の裁量の範囲に属する」ものであるなどとして，訴えを退けた。

169

＃　堀木訴訟控訴審（大阪高判昭50・11・10行集26巻10＝11号1268頁）は，25条１項は救貧政策，２項は防貧政策と解したが，両者の区分は困難であり，疑問がある。また１審（神戸地判昭47・9・20行集23巻8＝9号711頁）は，憲法14条１項（**平等権**→第８章）違反とした。仮に給付水準が十分でも，受給者選定基準が不合理であれば14条の問題となりうると思われるが，最高裁は立法裁量の問題であるとしている（学生無年金障害者訴訟＝最判平19・9・28民集61巻6号2345頁など）。

【設　問】

1　下線部⑧［労働］について，民間の労働者に関する日本の法制度の説明として誤っているものを，次の①〜④のうちから一つ選べ。（2020年・センター試験本試「政治・経済」）

①　労働組合への加入を理由とする解雇は，不当労働行為として禁止される。

②　裁量労働制では，実際に働いた時間にかかわらず，あらかじめ定められた時間だけ働いたとみなされる。

③　事業主は，職場におけるセクシュアル・ハラスメントを防止するために，必要な措置を講じることが義務づけられている。

④　法律に基づく最低賃金は，地域や産業を問わず同じ額とされている。

2　2020年春，新型コロナ感染症の蔓延を受け，Ｘは，県の要請に従い，自らの経営するバーを１年休業した。Ｘは，その損失につき憲法29条３項に基づく「補償」を求められるか。判例を踏まえて論じなさい。（2020年度春学期・横浜国立大学法科大学院科目「公法演習Ｉ」中間考査問題・改）

■ さらなる学習のために

中村孝一郎『アメリカにおける公用収用と財産権』（大阪大学出版会，2009）

内野正幸『社会権の歴史的展開』（信山社出版，1992）

米沢広一『憲法と教育15講〔第４版〕』（北樹出版，2016）

君塚正臣『憲法の私人間効力論』（悠々社，2008）

【君塚正臣】

第11章　新しい人権

憲法に書かれていない人権

【概念図】

　日本国憲法が制定されてからすでに半世紀以上が経過している。その結果，制定当時には想定されていなかったような人権が登場することとなった。しかし，それら「新しい人権」は憲法に書かれていないから保障されていないのだと考えるのは早計である。日本国憲法にはそのような新しい人権をもカバーする規定が置かれている。それが憲法13条なのであり，日本国憲法が保障する人権の思想の根本を定めている規定でもあるのである。

　　　　憲法が保障する基本的人権→人間が人間であることにより生まれながらにして
　　　　　　　　　　　　　　　　有する，侵すことのできない権利
　　　　　　　　　　　　　　　←人間の尊厳・個人の尊重を根拠に
■ 個別規定に書かれていない新しい人権→憲法13条で保障　→Ⅰ参照
　　　憲法13条前段→個人の尊重←公法・私法の基本原理
　　　　　　　　後段→生命・自由・幸福追求の権利←新しい人権の根拠規定
　　　新しい人権
■ 名誉・プライバシー権　→Ⅱ参照
　　　　名誉権→北方ジャーナル事件
　　　　プライバシー権→「一人でほうっておいてもらう権利」から「自己情報コン
　　　　　　　　　　　　トロール権」へ
■ 自己決定権→自分自身の人生を自分で自己実現していく　→Ⅲ参照
　　　　　　　　　　①自己の生命・身体の処遇に関する事柄，②世代の再生産
　　　　　　　　　　（リプロダクション）に関する事柄，③家族の形成・維持に関
　　　　　　　　　　する事柄，④ライフスタイルに関する事柄
■ 環境権　→Ⅳ参照
　　　　公害の悪化→環境権の提唱へ　憲法13条・憲法25条
　　　　環境権の内容の不明確性

I 基本的人権の性質と憲法13条

1 憲法が保障する基本的人権の考え方

　基本的人権は，全ての人間が人間であることにより生まれながらにして有する，侵すことのできない権利として理解されている。したがって，憲法が保障する基本的人権の各条項は，人が生まれながらにして当然に有する権利を確認し宣言したものであり，憲法が明示的に定めていないものであっても，それが人権と呼ぶに値するものであれば，それは基本的人権として保障されると考えられる。日本国憲法には第3章に詳細な人権規定を定めているが，これは決してそれ以外のものを排除する意味であると捉えてはならない。

　人権というものは，人であることにより当然に保障される権利であるとされるが，ではなぜ人に対しては人権が保障されるといいうるのか。この人権の根拠について，かつては神によって与えられたことを理由とする天賦人権思想であるとか，自然法思想によって説明されていたが，今日では個人の尊重や人間の尊厳に基礎を置く考え方が有力となっている。

　人間の尊厳と関連する問題としてバイオテクノロジー（生命工学）の驚異的な発展による生命倫理の問題がある。科学技術の発達はヒトゲノムの解読を完了させ，また遺伝子操作による作物を食卓に並ばせ，そしてまったく同じDNAを有するクローンをも生み出すことを可能にさせた。これらの技術は私たちの生活を豊かにさせることが可能である反面，人間への応用の是非も問題となってくる。わが国でも「ヒトに関するクローン技術等の規制に関する法律」により，人間の尊厳を保持するためクローン技術の人間への応用を禁止している。一方，憲法23条は学問の自由を保障しているため，生命倫理を理由として学問の発展を阻害することは許されない，とする主張もありうる。しかし，人権の根本思想たる人間の尊厳に反すると考えれば，クローン技術に対する規制は正当化されるとする見方も可能である。

第11章　新しい人権

＃　生命倫理の問題はその他にも**代理出産**や非配偶者間の**人工授精**でも問題となりうるが，これらは同時に後述の**自己決定権**の問題などとも関連してくる。とりわけ，生まれてきた子自身による「出自を知る権利」は今後**憲法13条**の問題としてクローズアップされる可能性がある。

2　新しい人権

日本国憲法が制定された当初においては認識されてはいなかったものの，社会や価値観の変化に伴い，今日においては，人権と呼ぶに値するものとの認識に至った法的利益がないわけではない。これには多様なものが主張されるが，これらを通常，**新しい人権**と呼んでいる。その際，憲法上のどこに位置づけるかが問題となる。すでに個別規定において定められている各種人権規定から派生するものであれば，該当する規定を根拠とすればよいが，個別規定に定められている内容とは異なる場合，その根拠を憲法13条に求めるのが通説である。

3　個人の尊重

憲法13条は，前段において「すべて国民は，個人として尊重される」と定めている。これは**個人の尊重**，すなわち個人一人一人を，**個性**をもった一個の独立した個人としてその人格を尊重すべきこと，すなわち**個人主義**を国に課したものであり，国政の運営にあたっての重要な基本原理として憲法は定めている。これは利己主義や**全体主義**を排除することを意味し，人々が自由に考え，自由に行動する社会を目指す**リベラリズム**の目的ともなっている。私たちは，「自分はどのような存在なのか」という**自我**の目覚めを経て，「自分は自分である」という**アイデンティティ**（**自我同一性**）を確立していく。その存在はかけがえのないものであり，決して同じものは2つとして存在しないと同時に，他者と比べて優劣の存在するものでもない。そのような自分らしさの追求にとってなくてはならないものこそが人権と呼ばれるものなのである。

また，この基本原理は**公法**のみならず，私法上においても妥当する基本原理として，**民法2条**において「この法律は，**個人の尊厳**と両性の**本質的平等**を旨として，解釈しなければならない」と定められている。

173

> **Column 25** **憲法が定める個人主義**　　個人主義という言葉は，自分勝手と同
> 義だと想像されがちであるが，それはいわゆる利己主義や自己中心主義と呼ばれる
> 類のものであり，これを憲法の個人主義として理解してしまうことは，人権や憲法
> そのものに対する理解を誤ってしまうおそれがある。憲法の定める個人主義とは，
> 自立した個人が，自らの意思により行動することを国家は妨げてはならない，とい
> う意味である。この個人主義の思想は日本国憲法によって初めてわが国にもたらさ
> れたかのように思われるが，実はそうではない。夏目漱石は「私の個人主義」と題
> する1914年の講演で同様のことを述べており，日本国憲法以前にすでに紹介されて
> いるのである。

4　生命・自由・幸福追求の権利

　前段と密接な関係をもって定められているのが後段である。後段では「生命，
自由，及び幸福追求に対する国民の権利については，公共の福祉に反しない限
り，立法その他の国政の上で，**最大の尊重を必要とする**」と定めている。この
規定は1776年の**アメリカ独立宣言**に由来し，さらには**ジョン・ロック**の思想に
まで遡るものであることがよく知られている。

　人が個人として尊重されるためには，公権力による生命や身体に対する不可
侵は当然のこととされる。生命・身体に関しては，国によって進められた**予防**
接種の副作用による死亡事故や後遺障害といった事例がある。**予防接種禍訴訟**
では，原告被害者らは国を相手取り，**国家賠償法**と憲法29条3項に基づき損失
補償を請求した。第1審の東京地裁は，憲法29条3項を**類推適用**し，損失補償
を認めたが（東京地判昭59・5・18判時1118号28頁），**控訴**審の東京高裁では，損
失補償ではなく，国の**過失**を認めて国家賠償責任を認める判決を下している
（東京高判平4・12・18判時1445号3頁）。

　身体の自由に関して最高裁は，**性同一性障害特例法違憲決定**において，性別
の取り扱い変更にあたっては実質的に生殖腺除去手術を受けなければならない
とする規定について「自己の意思に反して身体への侵襲を受けない自由に対す
る重大な制約」であるとして憲法13条に反すると判示しており（最大決令5・
10・25民集77巻7号1792頁），また**旧優生保護法国賠訴訟**でも旧優生保護法の下

第11章　新しい人権

で行われた強制不妊手術は「個人に対して生殖能力の喪失という重大な犠牲を求める点において，個人の尊厳と人格の尊重の精神に著しく反する」として，こちらも憲法13条に違反すると判示している（最大決令6・7・3裁判所時報1843号1頁）。

5　憲法13条の法的性格

かつては，憲法には詳細な人権規定が定められていることから，憲法13条は**具体的権利**性を有せず，裁判規範性も有しないとする見解もあった。しかし，日本国憲法が全ての人権を網羅的に掲げているわけではなく，今日では「新しい人権」の根拠規定として，具体的権利性を認める立場が通説となっている（**幸福追求権**）。**最高裁判所も京都府学連事件**（最大判昭44・12・24刑集23巻12号1625頁）において，「個人の私生活上の自由の一つとして，何人も，その承諾なしに，みだりにその容ぼう・姿態（以下「容ぼう等」という。）を撮影されない自由を有するものというべきである。これを肖像権と称するかどうかは別として，少なくとも，警察官が，正当な理由もないのに，個人の容ぼう等を撮影することは，憲法13条の趣旨に反し，許されないものといわなければならない」と判示し，憲法13条の具体的権利性を肯定している。

6　公共の福祉

日本国憲法は，基本的人権の保障をその基本原理に掲げ，**国家による不当な侵害を厳しく禁じている**一方で，憲法12条において「国民は，これを濫用してはならないのであつて，常に**公共の福祉**のためにこれを利用する責任を負ふ」と定め，憲法13条でも「公共の福祉に反しない限り，立法その他の国政の上で，最大の尊重を必要とする」と定めている。

したがって，国家は公共の福祉のため人権を制約する場合がありうるが，公共の福祉はその言葉自体きわめて抽象的であり，容易にその規制が正当化される危険がある。初期の最高裁判例にみられる公共の福祉論では，その意味を問うことなく，人権制約の原理であることを強調する判例がみられた。これに対

しては，国会が公益追求のために制定した法律であれば，およそ全てが公共の福祉のための規制であると判断されかねず，**大日本帝国憲法**（明治憲法）の権利保障にみられる**法律の留保**（法律の範囲内）と何ら変わらず，人権の不可侵性が意味をなさなくなるなどとして強く批判されている。

　現在では，「公共の福祉」を，人権相互の矛盾・衝突を調整するための実質的公平の原理と理解する考えが有力である。「公共の福祉」を人権自体に内在する限界と捉えるのである（**内在的制約**→第8章Ⅱ **1**，第9章Ⅴ **2**）。人権は，他者の権利利益を害することまで許容されないことが論理必然的に内在すると考えられる。そこで，人権は一部を除き絶対無制限に保障されるものではなく，これを各人に公平に保障するために必要最小限度の規制が認められることになる（<u>自由国家的公共の福祉</u>）。また，憲法22条や29条にみられるように，**社会権**を実質的に保障するために必要な経済的自由権への規制が認められるとされる（<u>社会国家的公共の福祉</u>）。

7 新しい人権の射程範囲

　何が新しい人権として認められるのか，という点については大きく2つの見解に分類することができる。1つは人のあらゆる生活活動全てに関する「一般的行為の自由」が保障されているとする考え方であり（**一般的自由権説**），もう1つは個人の人格的生存に必要不可欠な権利・自由を保障しているとする説（<u>人格的利益説</u>）である。人格的利益説が有力であるが，これは，一般的自由とすると，人権のインフレ化を引き起こす危険性があることなどの指摘があることによる。一方，一般的自由説の立場からは，人格的利益説では新しい人権としての保障範囲が狭きに失するなどの反論がなされている。

　具体的にどのような権利が主張されるかは論者によってさまざまであり，**プライバシー権**，**環境権**，**嫌煙権**，**静穏権**，平和のうちに**生存する権利**（**平和的生存権**）など多種多様であるが，最高裁判所はその多くに否定的である。

第11章 新しい人権

Ⅱ 名誉・プライバシーの権利

1 名誉権

　名誉権は，他の人々により与えられる社会的評価である名誉という人格価値
そのものに関わるものとして**憲法13条**で保障されるものとして理解されている。
私法上，名誉は民法710条や民法723条でも保護の対象とされてきており，公法
上でも刑法230条で名誉毀損罪が規定されている。最高裁は**北方ジャーナル事
件**（最大判昭61・6・11民集40巻4号872頁）において，名誉を「人の品性，徳行，
名声，信用等の人格的価値について社会から受ける客観的評価」と位置づけて
おり，憲法13条で保護されることを示している。

　もっとも，名誉権の侵害はもっぱら**マス・メディア**の表現活動によるところ
が大きく，その際は憲法21条の**表現の自由**との調整が求められることとなる。
この点，刑法230条の2では，真実の証明があったときはこれを罰しないと定
める規定を置くことで名誉権と表現の自由との調整を図っている。さらに**夕刊
和歌山時事事件**（最大判昭44・6・25刑集23巻7号975頁）において**最高裁判所**は，
真実性の証明を緩やかに解する判断を下している。

　通信衛星（**CS**）をも介した**インターネット**という**仮想現実**社会の普及は，
名誉毀損の場面をコンピュータ上にまで広げている。インターネットは情報発
信が容易であるがゆえに，中には名誉毀損表現も含まれるという問題を生じさ
せた。この点については「言論に対しては言論で対抗する」というのが原則で
あるとされている。一方，プロバイダーに対しては2001年に「プロバイダー責
任制限法」（特定電気通信役務提供者の損害賠償責任の制限及び発信者情報の開示に関
する法律）が制定され，プロバイダーの免責要件と同時に，発信者情報の開示
請求についての要件が定められた。

2 プライバシー権の展開

　もともと**プライバシー権**は，「一人でほうっておいてもらう権利（the right

177

to be let alone)」としてアメリカの判例を通じて形成されてきたものである。わが国においては，「宴のあと」事件（東京地判昭39・9・28下民集15巻9号2317頁）において，「私生活をみだりに公開されないという法的保障ないし権利」と定義づけられ，法律上保護を受けるべきことが示された。最高裁は前科照会事件（最判昭56・4・14民集35巻3号620頁）においても，「前科等のある者もこれをみだりに公開されないという法律上の保護に値する利益を有する」として，公権力との関係においても認める判断を下している。

　もっとも，今日では「一人でほうっておいてもらう権利」あるいは「私生活をみだりに公開されないという法的保障ないし権利」という構成では不十分であるという認識が高まっている。現代社会は情報があふれており，新聞・テレビ・雑誌のほかパソコンや携帯電話・スマートフォンを用いて多くの情報が生産・消費される高度情報社会となっている。IT（情報通信技術）の発達には，情報の流通をさらに活発化させ，法的に保護されるべき個人の「他人に知られたくない情報」が，本人の気づかないところや手が届かない場面で収集・管理・分析されるという事態を生じさせている。この状況こそがプライバシーにとっての脅威であり，プライバシー権もこの状況に応じてその認識を変化させる必要がある。現在ではプライバシー権は「自己に関する情報をコントロールする権利」（自己情報コントロール権）として理解されるようになっている。この見解によれば，自己に関する情報を自らがコントロールし，意に反する自己情報の収集・利用を拒み，自己の情報に対する閲読・訂正・抹消等を要求しうる権利として認識されることになる。これは従来のプライバシー権が自由権として構成されてきたのに対し，請求権としての内容をもつものとして構成されるところに特色がある。もっとも，請求権としての側面については具体的立法の成立があって初めて具体的権利といいうる（抽象的権利）。

　　#　インターネットなどの情報の流通は国境をも越えるボーダーレスなものではあるものの，他方，IT（情報通信技術）を使いこなせる者と使いこなせない者との格差が生じるようになってきた。このような情報に対する格差をデジタルデバイド（情報格差）と呼ぶが，これは若者と高齢者，高所得者と低所得者あるいは国家や地域により，格差が生

じ，それが社会的に固定化する点で問題とされる。2000年の沖縄サミットでも取り上げられ，地球規模での問題としての認識が高まりつつある。

　個人情報の保護に関しては，当初は各自治体における個人情報保護条例から始まり，1988年には「行政機関の保有する電子計算機処理に係る個人情報の保護に関する法律」が制定され，1999年には住民基本台帳法の改正により**住民基本台帳ネットワーク（住基ネット）**が形成されるに至り，これをカバーするものとして2003年に**行政機関の保有する個人情報の保護に関する法律**が制定された。同時に民間業者による個人情報の取扱いについては「個人情報の保護に関する法律」（個人情報保護法）が成立し，2021年に個人情報保護法に一本化されている。住基ネットや2016年より利用が開始されたマイナンバー制度については，情報の漏えいや悪用の危険性が指摘されており，運用の在り方が懸念されている。

　憲法21条2項で保障されている**通信の秘密**もプライバシーに資するものと考えられているが，電気通信の傍受を一定の条件で認める**通信傍受法**（犯罪捜査のための通信傍受に関する法律）が1999年に制定されている。通信傍受法は，組織的犯罪に限定して**裁判官**が発する傍受**令状**に基づく通信の傍受を認めている。同法に対しては，厳格な要件の下での通信傍受であれば合憲であるとする見解もあるが，一方で無関係な通信も傍受してしまうことや，救済手続が不十分であるとして違憲だとする主張も有力である。

3　プライバシーをめぐる裁判

　最高裁が「自己情報コントロール権」としてのプライバシー権を前面から認めたものは見当たらないが，公権力との関係においては前科紹介事件において，前科・犯罪歴という他人に知られたくない個人情報を法律上保護に値する利益として認定している。私人によるプライバシー侵害の場合，プライバシー権と表現の自由とが衝突することとなり，両者の**利益衡量**が必要となる。「宴のあと」事件においては，プライバシーの侵害に対し，法的な救済が与えられるためには，公開された内容が「私生活上の利益または私生活上の事実らしく受け

取られるおそれのあること」,「一般人の感受性を基準にして当該私人の立場に立った場合公開を欲しないであろうと認められることがらであること」,「一般の人々に未だ知られていないことがらであること」を必要とするとしている。

また,本人の犯罪歴を実名で公表した「逆転」事件（最判平6・2・8民集48巻2号149頁）や,作品の登場人物のモデルを特定できる記述がなされた「石に泳ぐ魚」事件（最判平14・9・24判時1802号60頁）など,プライバシー権侵害の救済方法として**損害賠償**や出版の差止めが認められた例がある。

＃　プライバシー権などいわゆる**人格権**の救済方法として謝罪広告や損害賠償,あるいは出版の**事前抑制**が考えられる。このうち,出版の事前差止めは憲法21条2項の「検閲の禁止」との関係で問題となる。最高裁は**北方ジャーナル事件**において,「表現内容が真実でなく,又はそれが専ら公益を図る目的のものでないことが明白であって,かつ,被害者が重大にして著しく回復困難な損害を被る虞があるとき」は,有効適切な救済方法として例外的に事前差止めが許されると判示している。

<u>江沢民講演会名簿提出事件</u>（最判平15・9・12民集57巻8号973頁）では,大学の主催する講演会に参加を申し込んだ学生の氏名,住所等の情報を警察に開示した行為について,最高裁は「このような個人情報についても,本人が,自己が欲しない他者にはみだりにこれを開示されたくないと考えることは自然なことであり」,そのような個人情報は「上告人らのプライバシーに係る情報として法的保護の対象となるというべき」として**不法行為**にあたると判示した。

住基ネット関連では,情報の漏洩や不正利用,国家による管理強化などの不安から利用差止めの訴訟が各地で提起された。下級審ではプライバシー権侵害とする判断が下された例もあるが（金沢地判平17・5・30判時1934号3頁）,最高裁は,システム上個人情報に対する危険も存在していないことから憲法13条で保障された自由を侵害するものではないとの判断を下している（最判平20・3・6民集62巻3号665頁）。またマイナンバー制度についても「個人に関する情報をみだりに第三者に開示又は公表されない自由を侵害するものではない」として憲法違反ではないと判示している（最判令5・3・9民集77巻3号627頁）。

外国人登録の際の**指紋押捺問題**では,指紋は個人を特定しうる情報としての

意味合いが非常に強いため，プライバシー権の侵害であるとの主張があったが，**外国人登録法**における指紋押捺義務の違憲性が問われた事例では「個人の私生活上の自由の一つとして，何人もみだりに指紋の押なつを強制されない自由を有するもの」としつつも，立法目的には合理性があり，許容限度を超えない相当なものであるとの判断が下されている（最判平7・12・15刑集49巻10号842頁）。従来の指紋押捺制度は2000年にいったん廃止されたが，2007年にはテロ対策を目的として一部の外国人を除き再び指紋押捺が義務づけられるようになっている。

Ⅲ　自己決定権

1　自己決定権の内容

　個人の私的事柄について，公権力の干渉を受けずに自ら決定できる権利を**自己決定権**と呼ぶ。フランスの哲学者**サルトル**らにより広められた**実存主義**は，人間を予め規定される存在ではなく，社会への責任をもつ存在であると捉える。個性を失い平均化していく現代人に対し，各人の内面的な主体性を回復していこうとする現代哲学の立場からは，自分自身の人生を自分で**自己実現**していくことが重要視される。すなわち，「今，ここにある自分」というものがどのように生きていくのか，何を選択するのかの自己決定が重要なのである。

　自己決定権は，アメリカの判例では**プライバシー**権の一つに位置づけられ，その意味では広義のプライバシー権を構成するものとなる。

2　自己決定権の範囲

　元来**自由権**自体は個人の自律的意思に基づいて決定された内容を保障するものである以上，**自己決定権**としてここで論じられなければならないのは個別的人権規定において保障されていない領域となる。では，何がその対象になるかに関し，その範囲について見解は多様である。通説である**人格的利益説**では，個人の人格的生存に不可欠な権利のみが自己決定権として保障されることにな

る。これに対し一般的自由権説の立場に立てば，全ての自由が（冬山登山など
の危険行為のほか，過度な飲酒，賭博，麻薬使用などの自堕落な行為，自殺などの自己
危害，殺人や強盗などの他者危害なども）自己決定権の対象といったんなりうる。
もっとも，一般的自由権説に立つ多くの学説でも，これらは憲法13条の公共の
福祉により制約されると考えることになり，司法審査基準において人格的生存
の核心部分と周辺部分とに区分して捉えることになる。人格的利益説に立った
場合，自己決定権の範囲は大きく①自己の生命・身体の処遇に関する事柄，②
世代の再生産（リプロダクション）に関する事柄，③家族の形成・維持に関する
事柄，④服装や髪形などのライフスタイルに関する事柄に分類される。

　①に関しては治療拒否，安楽死，尊厳死などの問題が関係する。安楽死に関
連しては，横浜地裁が医師による安楽死の要件として，(i)耐え難い肉体的苦痛
があること，(ii)死が避けられずその死期が迫っていること，(iii)患者の肉体的苦
痛を除去・緩和するための方法を尽くし，他に代替手段がないこと，(iv)生命の
短縮を承諾する明示の意思表示があること，の4要件を示している（横浜地判
平7・3・28判時1530号28頁）。

　尊厳死との関係では臓器移植の問題がある。1997年に成立した「臓器の移植
に関する法律」（臓器移植法）では，脳死を人の死として認めた上で，本人が臓
器を「提供する意思を書面により表示している場合であって，その旨の告知を
受けた遺族が当該臓器の摘出を拒まないとき又は遺族がないとき」もしくは本
人の意思が不明な場合には家族の同意により，医師は臓器摘出が認められる
（臓器移植法6条）。自分の死の時点を選ぶ権利が自己決定権として認められる
のか，そうだとすれば，遺族の意思が提供者の自己決定に優先することをどう
考えるべきか，などが問題となろう。

　Column 26　**医療現場と自己決定権の問題**　　医療現場と自己決定権の問題は，
医療技術・延命技術の発展によって生じてきた面が大きい。自分の生死に関わる
ターミナル・ケアを，医者の視点ではなく，患者自らどう受け止めていくのかとい
う問題として主張されるようになっていったからである。そこで，インフォーム
ド・コンセントのような患者や家族に対する治療の説明や，リビング・ウィルのよ

うに，事前に患者自らの意思表明が尊重されるようになったのである。

②に関しては，子どもを生む・生まない自由や避妊・堕胎の自由が関係する。人工妊娠中絶については，アメリカの連邦最高裁判所では，子どもを生むか生まないかは妊娠した女性の権利であるとした著名な判決がある（Roe v. Wade, 410 U. S. 113（1973））が，2022年にこれを覆す判決が下されている（Dobbs v. Jackson Women's Health Organization, 597 U. S. 215（2022））。

③には婚姻・離婚の自由が関連する。この点については憲法24条が婚姻の自由を保障しており，「両性の合意」によって婚姻が成立する旨を定めている。これを超えて，同性愛者同士の「結婚」が認められるかが議論されている。

④についてはさまざまなものが挙げられる。具体的には髪型の自由（熊本地判昭60・11・13行集36巻11・12号1875頁）や服装の自由，バイク免許取得の自由（最判平3・9・3判時1401号56頁）などが挙げられるが，これらの権利性については，人格的利益説の立場でも見解が分かれている。

自己決定権は，その行使の内容によっては自己に回復困難な被害を引き起こすケースもあるため，パターナリズムに基づく制限が正当化される。車のシートベルト着用義務がその例だが，これらの規制は必要最小限度にとどめられるべきだとされている。

Ⅳ　環境をめぐる権利

1　公害の歴史と環境権の提唱

明治維新以降，富国強兵政策の下で経済成長を優先させた日本は，明治の後半になると早くも産業公害を引き起こすこととなった。田中正造による帝国議会内での追及や明治天皇への直訴によって世論を湧かせた足尾銅山鉱毒事件は，わが国の公害の原点とされている。

戦後，特に1960年以降の高度経済成長期の環境破壊・環境汚染は，良好な環境において生活することを権利として要求すべきであるとの認識を人々がもつ

に至らせるのに十分であった。とりわけ，水銀やカドミウムによる水質汚濁や，大気汚染によって引き起こされたイタイイタイ病，水俣病，四日市ぜんそく，新潟水俣病の四大公害訴訟は，いずれも原告である被害者住民の主張が認められ，その後の公害対策に大きな影響を与えた。

　外部不経済の典型たる公害に対し，政府は1967年に公害対策基本法を制定し，1971年には環境庁を設置して公害対策に取り組むことになる。その後，公害対策基本法は1993年に環境基本法へと受け継がれ，環境庁も2001年の省庁再編の折に環境省へと格上げされている。

> **Keyword 16**　**環境基本法**　　環境基本法は，環境保全のための基本理念を定め，国・地方公共団体（地方自治体）・事業者・国民の責務を明確にし，「国民の健康で文化的な生活の確保に寄与する」のみならず「人類の福祉に貢献することを目的」として定めている。これは環境の問題が地球環境問題にまでなっているとの認識に立つものである。同法は公害を大気汚染，水質汚濁，土壌汚染，騒音，振動，地盤沈下，悪臭とに分け，37条ではPPP（汚染者負担の原則）を踏まえた，国や地方公共団体による原状回復措置を定めている。

　1970年の日本弁護士連合会の大会で，憲法は環境を権利（環境権）として保障しているとの考え方が提唱された。このときの環境権は，憲法25条を根拠に，「良き環境を享受し，かつこれを支配しうる権利」として主張された。

> **Column 27**　**新しい公害と環境アセスメント**　　1980年代以降，新しいタイプの公害が注目されている。大気汚染や騒音，産業廃棄物などに代表される都市公害（都市生活型公害）や，生態系（エコシステム）にも悪影響を与えるといわれるダイオキシンや環境ホルモンの問題である。
> 　これら都市公害や地球環境問題に対応すべく，環境に著しい影響を及ぼす事業に対して，事前に調査・評価する環境アセスメントが重視されるようになってきている。わが国では1972年に公共事業に環境アセスメントが導入された後，さまざまな分野での導入が進められてきた。これらの制度の統一を図ったのが1997年に成立し1999年に施行された環境影響評価法である。

　#　環境への負担を減らすために，資源循環型社会への取組みが行われつつある。里山の

第11章　新しい人権

保全や，アルミニウムなどのリサイクルや自然エネルギーの積極活用などが進められており，2000年には循環型社会形成推進基本法も制定されている。また，都市部や観光地などではパークアンドライド方式も徐々に取り入れられており，渋滞緩和や二酸化炭素の排出量削減に期待が寄せられている。

2 環境権の法的性格

今日，環境権を憲法上の権利として認めるものとした場合の根拠規定としては，憲法13条に求める見解と憲法25条に求める見解，両規定をあわせて根拠とする見解がある。自然環境の破壊に対する防御権として環境権を捉えるのであれば自由権ということになり，憲法13条の幸福追求権の１つとして理解されよう。これに対し，人間の健康的な生存にふさわしい環境の確保を国に要求するものとして捉えるのであれば，憲法25条（社会権）に含めるとも解しうる。ただし，自由権的側面については具体的権利として解することもできるが，請求権的側面については具体的立法の成立を要すると考えられる。

環境権として保障される環境が何を指すかについて，学説の一致はない。自然環境に限定する説のほか，広く文化的社会的環境をも含むとする説もある。

3 環境をめぐる裁判

飛行場近辺の騒音が争点とされた大阪空港公害訴訟において，控訴審判決（大阪高判昭50・11・27判時797号36頁）は環境の利益を人格権に含め夜間飛行の差止請求を認めたが，最高裁判所は環境権に対して配慮することなく，過去の損害賠償のみを認めている（最大判昭56・12・16民集35巻10号1369頁）。

原子力発電（原発）については1986年のチェルノブイリ原発事故の影響もあり，その安全性に疑問の声が投げかけられていたが，2011年の東日本大震災（東北地方太平洋沖地震）の津波による福島第一原発事故の後，わが国では原発はしばらく稼働ゼロの状態が続いた。これに対しいくつかの原発の再稼働に対する差止めの仮処分申請が提起されたが，裁判所の結論は分かれている。また，安全性が特に不安視された高速増殖炉もんじゅも2016年に廃炉が決定された。

185

\#　近隣の高層ビル建設による日当たりが悪くなるなどとして争われる**日照権**や**景観権**も環境権の一部として理解することができる。国立市の高層マンション建設をめぐる裁判では，最高裁は，景観利益は法律上保護に値するとしつつも住民の訴えを退ける判断を下している（最判平18・3・30民集60巻3号948頁）。

【設　問】

1　下線部［情報］に関して，情報についての日本の法制度に関する記述として最も適当なものを，次の①～④のうちから一つ選べ。（2024年・大学入学共通テスト本試「現代社会」・改）

①　情報公開制度により，行政機関は開示請求を受けたとき，いかなる場合も情報を開示しなければならない。

②　特定秘密保護法により，防衛・外交などの安全保障に関わる秘匿性の高い情報を漏えいする行為が禁止されているが，罰則は設けられていない。

③　個人情報保護法により，自己の個人情報の開示や訂正などを一定の民間事業者に対して求めることが認められている。

④　通信傍受法により，アクセス制限がされているコンピュータに対し，私人が他人のパスワードを無断使用してアクセスすることが禁止されている。

2　夏目漱石『私の個人主義』の中で，夏目漱石は個人主義とはどのようなものであると指摘していますか，簡潔に説明しなさい。（2024年度春学期・関西大学政策創造学部科目「法律学入門1（2組）」追試験小問）

■ さらなる学習のために

宮下紘『プライバシー権の復権――自由と尊厳の衝突』（中央大学出版部，2015）

佐藤幸治『現代立憲主義と人権の意義』（有斐閣，2023）

右崎正博『情報法制の論点――公文書管理・情報公開・個人情報保護』（日本評論社，2024）

【大久保卓治】

第12章　平和主義

戦争の放棄

【概念図】

　平和なくして人権保障が成り立ちえないことは，戦争の悲惨な歴史を振り返れば，自ずと明らかであろう。日本国憲法は，日本政府の過去の過ちを深く反省し，前文と9条で徹底した平和主義を採用した。その一方で，9条は戦後最大の憲法問題といわれ，現在も改憲論の荒波にさらされている。

■日本国憲法の平和主義への道のり　→Ⅰ参照
　戦争の違法化：国際連盟規約・不戦条約→国際連合憲章→憲法9条
　大日本帝国憲法：文民統制の欠如→軍国主義→太平洋戦争
　憲法9条：ポツダム宣言→マッカーサー三原則・マッカーサー草案
　　　　　→日本政府案（憲法改正草案）→芦田修正
■憲法前文・9条の解釈　→Ⅱ参照
　憲法前文：平和主義の理念→平和的生存権・国際協調主義
　↓具体化
　憲法9条1項：戦争の放棄：「国際紛争を解決する手段としては」
　　　　　　　→すべての戦争を放棄？
　　　　　2項：戦力の不保持：「前項の目的を達するため」
　　　　　　　　・自衛隊の合憲性（恵庭事件・長沼ナイキ基地訴訟・百里基地訴訟）
　　　　　　　　・在日米軍の合憲性（砂川事件）
　　　　　　　交戦権の否認
■日本の安全保障と国際貢献　→Ⅲ参照
　日米安保体制：冷戦→日米安保条約（1952・1960）「極東の平和と安全」→冷戦終結→周辺事態安全確保法（1999）→重要影響事態安全確保法（2015）
　有事法制：武力攻撃事態法（2003），国民保護法（2004）等
　国際貢献：PKO協力法（1992），テロ対策特別措置法（2001），イラク復興支援特別措置法（2003），海賊対処法（2009），国際平和支援法（2015）

I 日本国憲法の平和主義への道のり

1 平和主義と憲法・国際法

憲法9条は，戦争の放棄・戦力（軍事力）の不保持・交戦権の否認を定めている。憲法で戦争放棄を謳った例としては，古くは征服戦争の放棄を定めたフランス**1791年憲法**が挙げられる。また，**国際法**の領域でも，総力戦となった**第一次世界大戦**を契機として，戦争の違法化が進められ，1920年には**国際連盟規約**，1928年には**不戦条約**が締結された。しかし，これらも侵略戦争の制限・放棄にとどまり，結局，**第二次世界大戦**の勃発を防ぐことはできなかった。そこで，1945年6月に採択された**国際連合憲章**は，武力の行使と武力による威嚇を原則的に禁止した（2条）。ただし，国際連合憲章も，**安全保障理事会**が「必要な措置」をとるまでの間に限られるが，**個別的自衛権**と**集団的自衛権**の行使を認め（51条），また，違反国に対する**国連軍**による**軍事的措置**（42条）を認めている。この点で，戦力の不保持にまで踏み込み，自衛戦争をも放棄したと一般に解されている（後述）**日本国憲法**とは無視できない違いがある。それは「原子爆弾投下の前と後の差」であるともいわれる。

> ＃　第二次世界大戦後に制定された憲法は，戦争放棄を謳うものが増えたが（1946年のフランス**第四共和制憲法**，1948年のイタリア共和国憲法，1949年のドイツ連邦共和国基本法など），いずれも侵略戦争の放棄にとどまり，軍備の保持を前提とするものであった。

2 大日本帝国憲法と軍国主義

1930年代以降，日本が**軍国主義**の道を邁進し，**太平洋戦争**（アジア・太平洋戦争）に突入していった背景には，**大日本帝国憲法**（明治憲法）下において，軍事力に対する**議会**や**政府**による民主的統制＝**文民統制**（シビリアン・コントロール）が欠如していたという**立憲主義**に関わる重大な問題があった。

大日本帝国憲法は，軍事に関して，**統帥権**（11条），陸海軍の編成・常備兵額の決定（12条），宣戦・講和（13条），戒厳の宣告（14条）を**帝国議会**の参与な

しに天皇が行使することのできる大権事項としていたが，これらのうち，軍隊の作戦・用兵の権限である統帥権については，機密性・迅速性・専門性の確保の観点から，慣例的に国務大臣の輔弼さえも排除され，参謀本部（のちに海軍軍令部も）が直接天皇を補佐する仕組みとなっていた。この統帥権の独立が，「統帥」の範囲の拡大解釈と相まって，関東軍による満州事変（1931年）以降の軍部の暴走を支えることになる。さらに，1932年の五・一五事件（海軍急進派による犬養毅首相暗殺）によって政党内閣が崩壊すると，1936年には二・二六事件（陸軍皇道派による政府要人暗殺）が発生し，これを契機に政治的発言力を強めた軍部は，陸軍大臣および海軍大臣は現役の陸海軍大将・中将でなければならないとする軍部大臣現役武官制を復活させた。これによって，軍部は，軍部大臣の人事に強い影響力を行使して，内閣をコントロールできるようになったのである。そして，1937年に日中戦争が勃発すると，近衛文麿内閣は，1938年に国家総動員法を成立させ，1940年には大政翼賛会を発足させて，議会機能を停止させた。このようにして，軍部独裁の体制が築き上げられ，1941年12月8日，日本はアメリカ・イギリスに宣戦布告し，太平洋戦争（アジア・太平洋戦争）を開始した。日本の宣戦に伴い，ドイツ・イタリアも日独伊三国同盟によってアメリカに宣戦し，戦争は全世界に拡大したのである。

満州国とモンゴル人民共和国の国境をめぐって1939年に起きたノモンハン事件で，日本軍はモンゴル軍とソ連軍により死傷者約2万人の壊滅的な打撃を受けた。これが，その後の対米開戦に至る日本の南進政策の一因になったといわれている。

3 憲法9条制定の経緯

1945年8月14日，日本政府はポツダム宣言を受諾し，第二次世界大戦は終結した。この宣言中にも，軍国主義勢力の除去，戦争遂行能力の破砕，軍隊の武装解除などが明記されていたが，憲法9条の直接の由来は，国家の紛争解決のための戦争と自衛戦争を放棄すること，軍隊をもつ権能と交戦権は認められないことを内容とする，1946年2月のマッカーサー三原則の第二原則である。

\# この第二原則は，1946年1月24日にマッカーサーと会談した，当時の**幣原喜重郎**首相
が，戦争放棄という考えを述べたことに由来するといわれている。

これをもとに**マッカーサー草案（GHQ 草案）の8条**が起草され，若干の修正
の後，**日本政府案（憲法改正草案）の9条**となった。**第90帝国議会の衆議院**で
の審議において，9条1項冒頭に「日本国民は，正義と秩序を基調とする国際
平和を誠実に希求し」が，2項冒頭に「前項の目的を達するため」がそれぞれ
同院の憲法改正特別委員会委員長であった**芦田均**の提案を受けて追加され（<u>芦
田修正</u>），現在の憲法9条となった。また，**貴族院**での審議において，66条2
項に**文民条項**が追加された。これは，芦田修正が自衛戦力の保持を可能とする
解釈を導きうること（後述）を懸念した**極東委員会**の要請によるものであった。

\# 大日本帝国憲法時代の「文民統制の欠如」を踏まえ，現在は，この文民条項の下，文
民の**内閣総理大臣**が自衛隊の最高指揮監督権を有し，文民の**防衛大臣**が自衛隊を統括す
る。また，国会が自衛隊の定員・組織，防衛費などを議決し，防衛出動を承認するほか，
内閣に**国家安全保障会議**が置かれ，国防に関する重要事項を審議する。

II　憲法前文・9条の解釈

1　前文——平和主義の理念

日本国憲法は，**国民主権**，**基本的人権の尊重**と並んで，**平和主義**を基本原理
とするが，その理念は，前文で明確に宣言されている。すなわち，前文1項は，
「政府の行為」による「戦争の惨禍」を再び起こさないという「決意」の下に
日本国憲法が制定されたことを明らかにし，これを受けて2項は，日本国民の
「恒久の平和」への念願と，「平和を愛する諸国民の公正と信義」への「信頼」
に基づく安全と生存の保持，そして「全世界の国民」の「**平和のうちに生存す
る権利**」（平和的生存権）を謳っている。

Keyword 17　平和的生存権　平和の享受を国家の政策の反射的利益としてで
はなく，人権として捉えている点に画期的意義がある。もっとも，単なる理念的権
利ではなく，**裁判所による救済が可能な裁判規範性を有する権利**といえるかには争

いがある。憲法9条や憲法13条と関連づけて，これを肯定する学説・判例もある一方，権利内容の抽象性などを理由に，これを否定する学説・判例も少なくない。

　日本国憲法の平和主義は，単に自国の安全を他国に守ってもらうという消極的な平和主義だと批判されることがある。だが，平和を求める国際社会において「名誉ある地位を占めたい」と願い（前文2項），国際協調主義（同3項）を掲げ，「全力をあげてこの崇高な理想と目的を達成すること誓う」（同4項）日本国憲法は，日本が平和を愛する世界中の人々と連帯し，恒久的な世界平和の実現に向けて積極的・指導的な役割を果たすことを求めていると理解できる。

　憲法9条は，前文で述べられた，以上のような平和主義の理念を具体化するものとして位置づけられる。

2　戦争の放棄

　憲法9条1項は，戦争放棄の一般的動機（正義と秩序を基調とする国際平和の希求）を表明した上で，①「国権の発動たる戦争」，②「武力による威嚇」，③「武力の行使」を永久に放棄する。①は宣戦布告・最後通牒などによって国家の正式な意思が表示され，戦時国際法の適用を受ける正規の戦争，②は武力を背景とした自国の主張の強要，③は①のような意思表示なしに行われる事実上の戦争（満州事変・日中戦争等）を指す。ただ，1項の戦争放棄には「国際紛争を解決する手段としては」との留保が付されている。学説の多くは，不戦条約などの国際法上の用例に従い，ここで放棄されたのは「国家の政策の手段としての戦争」＝侵略戦争であり，1項では自衛戦争は放棄されていないと解する（A説）。他方で，戦争は全て国際紛争を解決するために行われることや自衛戦争と侵略戦争の区別が困難なことなどを指摘して，1項で自衛戦争を含む全ての戦争が放棄されていると解する説（B説）も有力である。しかし，A説に立っても，9条2項の「前項の目的」を戦争放棄の一般的動機と捉えた場合，戦力の保持が無条件で禁止されるため，自衛戦争も実際には行えず，結局9条全体ですべての戦争が放棄されていることになる。学説ではこの見解が広く支

持されている。これに対して，A説に立ち，さらに「前項の目的」を侵略戦争放棄という目的と捉えた場合には，2項は自衛のための戦力の保持を禁止せず，9条は自衛戦争を放棄していないとも解しうる。しかし，この見解は，憲法に（**文民条項**を除いて）戦争・軍隊を前提とする規定がないことや自衛戦力と侵略戦力の区別が困難であることなどを理由に，あまり支持されていない。

3 戦力の不保持

（i）「戦力」概念　　憲法9条2項が保持を禁じた「戦力」とは何か。戦争に利用可能な一切の潜在的能力を指すと広く解する説もあるが，この説では，航空機や港湾施設，先端科学技術なども「戦力」に該当し不合理であるため，学説の多くは，軍隊あるいは軍隊になる可能性のある実力部隊と解している。一般に国家がもつ実力には軍事力（軍隊）と警察力（警察）があるが，この2つは，設置目的と実力内容によって区別可能である。すなわち，軍事力は，外国の侵略に対する国土の防衛を目的とし，その実力内容もそれに見合ったもの（例えば，戦車，戦闘機，軍艦，ミサイルなどの装備）が必要となるが，警察力は国内の治安の維持・確保を目的とし，軍事力のような実力内容も必要ではない。学説の多くは，このような理解の下，**戦力（軍事力）**＝「警察力を超える実力」の保持は，憲法上禁止されると解している。また，この解釈は，憲法制定当初の**政府**の見解でもあった。

（ii）自衛隊の設置と自衛権　　1950年，**朝鮮戦争**が勃発すると，占領政策を転換した**連合国軍最高司令官総司令部（GHQ）**の指令によって，**警察予備隊**が設置された。このとき，政府は，先の政府見解に基づき，警察力を補うものとしてこれを正当化した。**冷戦**の進行に伴い，警察予備隊は1952年に**保安隊**に改組され，1954年，**日米相互防衛援助協定**（MSA協定）の締結によって日本が防衛力を増強する法的義務を負うことになると，保安隊は**自衛隊**に改組・増強された（これ以降，自衛隊は組織・装備の増強を重ね，現在では世界有数の実力部隊となっている）。政府は，自衛隊は「自衛のための必要最小限度の実力」であり，憲法が禁ずる「戦力」にはあたらないと説明した。この新たな政府解釈の基礎

第12章　平和主義

となったのが**自衛権**概念である。自衛権とは，一般に，外国からの急迫・不正な侵害に対して，これを排除するのに他に適当な手段がない場合，その国家が必要最小限度の実力を行使する権利とされる。政府は，この自衛権は**主権国家**に「固有の権利」であって，憲法9条によっても否定されないとし，そこから必要最小限度の自衛力（防衛力）の保持を根拠づけたのである。

> ＃　このような政府見解に対し，学説の多くは，9条の下でも自衛権は否定されていないが，それは武力なき自衛権（外交交渉，警察力，群民蜂起等）であり，自衛権を根拠として自衛力という名の武力を容認することはできないとする。一方，自衛権放棄説や政府見解と同様の自衛権・自衛力肯定説なども存在する。

> **Keyword 18**　**集団的自衛権**　　自国と密接な関係にある外国に対する武力攻撃を，自国が直接攻撃されていないにもかかわらず，実力をもって阻止する権利。国際連合憲章51条によって新たに創設された。自国に対する攻撃に対して防衛する権利である個別的自衛権（上述の自衛権）とは区別される。政府もこれまで一貫して集団的自衛権の行使は憲法上認められないとしてきたが，日本を取り巻く安全保障環境の変化を理由に2014年の閣議決定により，「我が国と密接な関係にある他国に対する武力攻撃が発生し，これにより我が国の存立が脅かされ，国民の生命，自由および幸福追求の権利が根底から覆される明白な危険がある場合」（存立危機事態）での行使を認める解釈変更を行い，これに基づく法整備が2015年に行われた。これに対しては，憲法9条に違反する，憲法改正によるべきなどの批判が強い。

(iii)　**自衛力・自衛権の限界**　　政府は，憲法上保持しうる自衛力は自衛のための必要最小限度でなければならないとする一方，その具体的な限度はそのときどきの国際情勢，軍事技術の水準その他の諸条件により変わりうる相対的な面を有するとする。もっとも，性能上もっぱら相手国国土の壊滅的な破壊のためにのみ用いられる攻撃的兵器（大陸間弾道ミサイル，長距離戦略爆撃機，攻撃型空母等）の保有は認められないとする。**核兵器**については，自衛のための必要最小限度内にとどまるものであれば，憲法上保持しうるが，政策としての**非核三原則**（核兵器を持たず，作らず，持ち込ませず）により保持しないとしている。

> ＃　1954年3月，アメリカのビキニ水爆実験により，日本の漁船の乗組員23名全員が被曝し，1名が死亡する**第五福竜丸事件**が起き，原水爆禁止運動の契機となった。

193

政府は，この非核三原則に加え，**専守防衛**，軍事大国とならないこと，**文民統制**の確保を防衛の基本政策として現在も掲げている。一方，事実上全ての国への武器輸出を禁じてきた**武器輸出三原則**については，2014年に武器の国際共同開発・生産の推進などを目的に，防衛装備移転三原則に緩和され，2022年には従来認めてこなかった反撃能力（敵基地攻撃能力）の保有を認めた。

自衛権を行使できる地理的範囲に関して，政府は，必ずしも日本の**領土，領海，領空**に限られないとしつつ，武力行使の目的をもって武装した部隊を他国の領土，領海，領空に派遣する「**海外派兵**」は憲法上許されないとする。

(iv) 自衛隊裁判　　学説では，自衛隊はその目的・実力内容からみて明らかに警察力を超えており，憲法が禁ずる「戦力」にあたるとする説が多い。では，**裁判所**の考えはどうか。酪農家が演習騒音に抗議して自衛隊の通信線を切断し，防衛用器物損壊罪（自衛隊法121条）で起訴された**恵庭事件**では，札幌地裁は，通信線は同罪の対象物件ではないとして**被告人**を無罪とした上で，無罪の結論が出た以上，自衛隊の合憲性については判断すべきではないとした（札幌地判昭42・3・29下刑集9巻3号359頁＝**憲法判断回避の準則**）。自衛隊のミサイル基地建設に伴う保安林指定解除処分の取消しを周辺住民が求めた**長沼ナイキ基地訴訟**では，第1審は，自衛隊は「戦力」に該当し違憲であると判示したが（札幌地判昭48・9・7判時712号24頁），**控訴審**は，自衛隊の合憲性という高度に政治的な問題は原則として司法審査の範囲外であるとの**統治行為論**を展開した（札幌高判昭51・8・5行集27巻8号1175頁）。最高裁は，自衛隊の合憲性にはふれずに，洪水を防止する代替施設の整備により住民は**訴えの利益**を失ったとし，訴訟を終結させた（最判昭57・9・9民集36巻9号1679頁）。自衛隊の基地建設予定地をめぐる国と私人との土地の売買契約が憲法9条に反し無効か否かが争点となった**百里基地訴訟**では，最高裁は，憲法9条は国が行う**私法上の行為**には原則として直接適用されず，**民法90条**の公序良俗の一部を構成するが，このような売買契約が反社会的行為であるとの「社会の一般的観念」は成立していないとし，契約の有効性を認めた（最判平元・6・20民集43巻6号385頁）。

このように，自衛隊の合憲性を正面から判断したのは，長沼ナイキ基地訴訟

第12章　平和主義

第１審判決のみで，それ以外の判決は憲法判断を避けている。そのため，その最終決着は**主権者**である**国民**の判断に委ねられた形になっているといえよう。

4　交戦権の否認

憲法９条２項で否認された**交戦権**の意味については，①「国家が戦争を行う権利」とする説と，②「国家が交戦国として国際法上有する権利（敵の兵力の殺傷・破壊，占領地行政，中立国の船舶の臨検・拿捕等）」とする説がある。９条で全ての戦争が放棄されていると解するならば，①と②のどちらをとっても矛盾しないが，国際法上の用例に従い，②と解する説が有力である。一方，９条は自衛戦争を放棄していないと解するのであれば，②と解さざるをえない。

Ⅲ　日本の安全保障と国際貢献

1　日米安保体制

（ⅰ）冷戦期　　**第二次世界大戦**終結後，1948年６月の**ベルリン封鎖**によって，**資本主義諸国**（西側陣営）と社会主義国による冷戦構造が決定的なものになると，1949年４月，アメリカと西欧諸国によって**北大西洋条約機構**（**NATO**）が結成され，1950年６月には，南北朝鮮間の**北緯38度線**付近で**朝鮮戦争**が勃発した。このような国際情勢の中，1951年，日本は，**サンフランシスコ平和**（**講和**）**条約**と同時に，主に「極東の平和と安全の維持」のために米軍の日本駐留と基地使用の権利を認める**日米安全保障条約**（日米安保条約）を締結し，西側陣営に組み込まれることになる。こうして，冷戦の激化を背景に，日本には，独立後も米軍が駐留することになった。では，このような米軍の駐留は，**憲法９条**に反しないのか。この点が争われたのが，米軍立川基地の拡張工事に際して，反対派のデモ隊が**逮捕・起訴**された**砂川事件**である。第１審は，日米安保条約によって日本が自国と直接関係のない武力紛争の渦中に巻き込まれるおそれがあることや米軍の駐留が一面では日本**政府**の行為によるものであることを指摘し，在日米軍を憲法上禁止された「戦力」にあたると判示した（東京地判

195

昭34・3・30下刑集1巻3号776頁）。これに対し，跳躍上告を受けた最高裁は，
「戦力」とは，日本が主体となって指揮権・管理権を行使しうる戦力を指し，
外国の軍隊はたとえ日本に駐留していても「戦力」にはあたらないとした。また，日米安保条約は高度の政治性を有するため「一見極めて明白に違憲無効」
と認められない限り，司法審査の対象にはならないとして，**統治行為論を展開**
した（最大判昭34・12・16刑集13巻13号3225頁）。

> \#　在日米軍の合憲性につき，学説では，第1審判決を支持する説（違憲説）が多いが，
> 最高裁判決と同様の非戦力説，暫定措置説，準国連軍説等の合憲説も存在する。

この判決の翌年の1960年，激しい**安保闘争**の中，日米安保条約は改定され，
「極東の平和と安全の維持」のための米軍への基地提供に加えて，日本の領域
内のいずれか一方に対する武力攻撃への相互防衛体制が明確化された。

> \#　その後，**国際社会**では，米ソの二極化が崩れ，**多極化**が進む一方，米ソ核戦争の危険
> もあった**キューバ危機**（1962年）が回避されると，1968年の国連総会での**核拡散防止条
> 約（NPT）**の採択を経て，1969年には米ソによる**戦略兵器制限交渉（SALT）**が開始され
> るなど，緊張緩和が進んだ。そして，1973年には，代理戦争ともいわれた**ベトナム戦争**
> が終結した。その後，1987年の米ソによる**中距離核戦力（INF）全廃条約**の調印，1989年
> 11月のベルリンの壁崩壊を経て，同年12月，米ソ首脳による**マルタ会談**で冷戦終結が宣
> 言された。これを受けて，1991年には，米ソ両国によって，**戦略兵器削減条約**
> **（START）**が調印され，NATOに対抗した**ワルシャワ条約機構**（1955結成）も解散さ
> れた。しかし，2022年のロシアのウクライナ侵攻により，再び緊張が高まっている。

(ⅱ)　ポスト冷戦期　　冷戦終結に伴い，日米安保体制の役割も大きく変容す
ることになる。冷戦期の1978年に策定されたガイドライン（日米防衛協力のため
の指針）は，日本がソ連から侵攻された場合の共同対処を中心としていたが，
1997年の**新ガイドライン**は，日米安保条約が「アジア太平洋地域の平和と安
定」に寄与するとした1996年の日米安保共同宣言（安保再定義）を踏まえ，「周
辺事態（日本周辺地域における事態で日本の平和と安全に重要な影響を与える場合）」
に際しての米軍の活動に対する支援を定めた。これを法制化するため，1999年
に**周辺事態安全確保法**が制定されたが，2015年に日米安保体制のいっそうのグ

ローバル化のためにガイドラインの再改訂が行われ，これに基づき，同年，同法を改正して，地理的制約（日本周辺地域）を撤廃し，**自衛隊**の支援内容を強化した**重要影響事態安全確保法**が成立した。この法律では，「現に戦闘行為が行われている現場」でなければ活動可能なほか，従来禁止されていた弾薬の提供や発進準備中の航空機への給油も**後方支援**として可能になるなど，他国の武力行使との一体化にあたるのではないかと批判されている（米軍以外も対象）。

> **Column 28**　**米軍基地問題**　米軍基地をめぐっては**内灘事件や砂川事件**などの反対闘争が繰り広げられてきたが，**沖縄返還協定**を経て，現在，在日米軍基地の約70％が集中する沖縄県では，実弾演習等による自然破壊，軍用機の騒音，米兵による暴行・殺人事件などが生じ，基地の整理・縮小が特に大きな課題となっている。1996年には**普天間基地**を日本へ返還することで日米が合意したが，移設先となった同県名護市辺野古では，新基地建設が進められ，新たな反対闘争や裁判が生じている。また，**日米地位協定**に基づく日本の刑事裁判権の制限や**思いやり予算**による水道・光熱費等の多額の駐留経費負担など，米軍基地問題は山積している。

2　有事法制

2001年の**同時多発テロ事件**や同年の九州南西海域での工作船事件などを背景に，政府にとっては長年の懸案事項であった日本有事の際の法整備のため，2003年に**武力攻撃事態法**など「有事関連3法」が，2004年には**国民保護法**，米軍行動円滑化法，海上輸送規制法など「有事関連7法」が制定された。これら一連の有事法制については，①「武力攻撃事態」のみならず「武力攻撃予測事態」での対処も可能であること，②対処基本方針の閣議決定後に，国会承認が求められること，③指定公共機関（電力・運輸・通信・放送等の事業者）や**地方公共団体**の協力が義務づけられること，④対処措置の実施に対する**国民**の協力努力義務があること，⑤物資保管命令に従わない民間人への罰則があること，⑥物資の収用や土地家屋使用について強制措置があることなどが特徴である。なお，武力攻撃事態法等の一部の有事法制は，存立危機事態（前述）においても適用するための法改正が2015年に行われた。

3 国際貢献

冷戦終結後，冷戦構造の中で抑止されてきた**民族紛争**（問題）が**エスノセントリズム**（自民族中心主義）などを背景として，世界各地で顕在化するに伴い，冷戦期には機能しえなかった**国際連合**の役割や各国における**多文化主義**の推進が期待される一方，国際平和の維持・構築に向けた日本の国際貢献のあり方も問われるようになった。特に，1991年の**湾岸戦争**の際，日本は憲法9条を理由に，アメリカを中心とした**多国籍軍**に参加せず，代わりに多額の戦費（約130億ドル）を負担をしたが，参戦国に評価されず，これを契機として，「人的貢献」の必要性が叫ばれるようになった。これを受け，湾岸戦争後のペルシャ湾への海上自衛隊の掃海艇派遣（1991年）を皮切りに，国際貢献目的での**自衛隊の海外派兵**が積極的に進められるようになる。

> \# 2006年には，防衛庁の**防衛省**昇格にあわせて，自衛隊法が改正され，自衛隊の海外での活動（国際平和協力活動）が本来任務化された（3条2項）。

（ⅰ）PKO協力法　　1992年，自衛隊の海外出動を行わないとした1954年の**参議院決議**に反するとの批判を押し切る形で，**国連平和維持活動協力法**（PKO協力法）が制定され，**国連平和維持活動**（PKO）への自衛隊の参加が可能となった。そして，同年のカンボジアを皮切りに，モザンビーク，ゴラン高原，南スーダンなどに自衛隊が派遣されてきた。ただし，自衛隊の派遣には，①停戦合意，②当事国の受け入れ合意，③中立性の維持，④①～③が欠けた場合の独自判断による撤退，⑤自衛の場合のみの武器使用の5つが条件とされた。2001年の法改正では，当初凍結されていた停戦監視などの**国連平和維持軍**（PKF）本体業務への参加も可能とされた。また，武器の使用についても，まず，個々の隊員の判断から「上官の命令」によるものへと変更され（1998年），次に，「自己の管理の下に入った者」の防衛のためにも使用可能と変更された（2001年）。さらに，2015年の改正では，国連が統括しない国際連携平和安全活動への参加が可能になるとともに，安全確保業務と駆けつけ警護の実施およびそれらの任務遂行のための武器使用も新たに認められた。これに伴い，自衛隊

員のリスクの増大や現地での**非政府組織**（NGO）による中立的活動への影響等
が懸念されている。

(ii) テロ対策特別措置法　　2001年の同時多発テロ事件を受けて，同年，**テ
ロ対策特別措置法**（2年間の時限立法）が制定された。同法はアメリカがアフガ
ニスタンで行う対テロ戦争の後方支援を定め，これによって第二次世界大戦後
初めて「戦時」に自衛隊（海上）が海外（インド洋）に派遣され，米軍などの艦
船に給油活動を実施した。同法は，その後3回延長されたのち，2007年に失効
したが，2008年に補給支援特別措置法（1年間の時限立法）が成立し，再度，海
上自衛隊がインド洋に派遣された（1年間の延長を経て，2010年1月に任務終了）。

(iii) イラク復興支援特別措置法　　**イラク戦争**後の2003年7月，**イラク復興
支援特別措置法**（4年間の時限立法）が制定された。同法は，人道復興支援活動
および安全確保支援活動の実施のため，自衛隊をイラクの「非戦闘地域」（現
に戦闘行為が行われておらず，かつ活動期間を通じて戦闘行為が行われることのない地
域）に派遣するものであった（2年間の延長を経て，2009年2月に任務終了）。イラ
ク南部のサマーワに展開した陸上自衛隊は給水，医療支援，学校・道路の補修
等を行い，航空自衛隊はクウェートを拠点にバグダッド空港等との間で多国籍
軍や国連の人員・物資の輸送を行った。

> ＃　当時のバグダッドはイラク復興支援特別措置法にいう「戦闘地域」であり，航空自衛
> 隊による武装した多国籍軍兵員の同地への輸送は，他国による武力行使と一体化した活
> 動であって，自らも武力の行使を行ったとの評価を受けざるをえないとし，航空自衛隊
> の活動を同法違反・憲法9条1項違反とした判決もある（名古屋高判平20・4・17判時
> 2056号74頁）。

(iv) 海賊対処法　　近年，ソマリア沖・アデン湾において，海賊行為が急増
し，その対処のため各国が軍隊を派遣する中，2009年に**海賊対処法**が制定され
た。これに基づき，海上自衛隊の護衛艦や哨戒機による護衛・警戒監視活動が
実施されている（2011年にはジブチに活動拠点が設置された）。同法の護衛対象は
日本関係船舶に限定されず，武器使用も，<u>正当防衛</u>・緊急避難の場合に限られ
ず，船舶停止のための船体射撃も可能となっている。

199

(ⅴ) 国際平和支援法　　個別の特別措置法によらずに自衛隊を随時海外に派遣するための恒久法として，2015年に**国際平和支援法**が制定された。同法は，国連決議の存在と例外なき国会の事前承認を条件として，国際社会の平和と安全を脅かす事態に対処する他国軍への後方支援を可能としている。重要影響事態安全確保法と同様に，「現に戦闘行為が行われている現場」でなければ（イラク復興支援特別措置法等の「非戦闘地域」よりも前線に近づきうる），地球上のどこにでも派遣が可能であり，弾薬の提供等も同じく可能となっている。

【設　問】

1　下線部ⓓ［外交］に関連して，日本の安全保障や外交政策に関する記述として適当でないものを，次の①～④のうちから一つ選べ。（2014年・センター試験本試「現代社会」）

　①　日本国憲法の解釈上，日本が個別的自衛権を行使することができるとの公式見解を，日本政府は示している。

　②　日本が集団的自衛権を行使できるとの公式見解を，日本政府は，国際連合（国連）加盟時から示してきた。

　③　湾岸戦争の発生を受けて，国連平和維持活動（PKO）への日本の協力をめぐる議論が高まり，PKO協力法が成立している。

　④　アメリカでの同時多発テロ事件の発生を受けて，日本では，テロ対策特別措置法が成立した。

2　集団的自衛権とはどのような権利か説明した上で，集団的自衛権容認の是非も含め，日本国憲法の下での日本の安全保障のあり方について，自らの見解を述べよ。（2015年度後期・大分大学教養科目「日本国憲法」）

■ **さらなる学習のために**

水島朝穂『武力なき平和──日本国憲法の構想力』（岩波書店，1997）
山内敏弘＝太田一男『憲法と平和主義』（法律文化社，1998）
山内敏弘『「安全保障」法制と改憲を問う』（法律文化社，2015）
川崎哲＝青井未帆編著『戦争ではなく平和の準備を』（地平社，2024）

【青野　篤】

索　引

あ　行

アイデンティティ（自我同一性）……139, 173
アイヌ施策推進法……………………………129
旭川学力テスト事件………………143, 168
朝日訴訟……………………………………169
芦田修正……………………………………190
圧力団体………………………………51, 163
アメリカ合衆国憲法……29, 70, 106, 157
アメリカ独立宣言………………28, 69, 174
アメリカ独立戦争…………………………28
アリストテレス……………………………38
アルジェリア独立…………………10, 72
アンシャン・レジーム（旧制度）……30, 105
安全保障理事会……………………………188
家永教科書訴訟……………………149, 167
イギリス革命………………………22, 26
イギリス国教会……………………………23
違憲審査権………………………106, 137
イスラーム…………………………………139
イタイイタイ病……………………………184
板垣退助………………………………15, 48
「板まんだら」事件………………107, 141
市川房枝……………………………………42
一事不再理…………………………………114
一般意志………………………………22, 105
一般会計………………………68, 81, 163
一般的自由権説……………………176, 182
イデオロギー………………………………49
伊藤博文………………………………15, 74
イニシアティブ（国民発案，住民発案）
………………………………………39, 99
委任立法……………………65, 72, 82, 83
犬養毅………………………………………189
イラク戦争…………………………………199
イラク復興支援特別措置法………………199
岩沼市議会事件……………………………109
印紙法………………………………………27

インフォームド・コンセント……………182
ヴァイマル（ワイマール）憲法………14, 157
ウイリアム 3 世……………………………26
ウィーン体制………………………………5
植木枝盛……………………………………15
ウエストファリア条約………………3, 21
ヴェルサイユ条約……………………8, 56
ウォルポール…………………………70, 76
疑わしきは被告人の利益に………………114
「宴のあと」事件…………………………178
英米法………………………………………105
営利法人……………………………………53
恵庭事件………………………………117, 194
愛媛玉串料訴訟（事件）…………100, 142
冤　罪………………………………………114
王権神授説……………………4, 24, 104
王政復古………………………………25, 70
大きな政府……………………………83, 157
大隈重信………………………………15, 48

か　行

会計検査院……………………………68, 76
外国人登録法…………………………125, 181
核拡散防止条約（NPT）…………………196
閣　議…………………………………82, 108
革新自治体…………………………………91
拡張解釈……………………………………117
華族制度……………………………………133
価値観…………………………………35, 136
学校教育法…………………………………167
家庭裁判所…………………………………109
カトリック…………………………………4
環境権……………………164, 176, 184
環境庁………………………………………184
韓国併合……………………………………7
間接選挙………………………………44, 94
関東軍………………………………………189
官僚（制）……………………………20, 84

201

議員定数の不均衡 …………… 46, 133
議院内閣制（責任内閣制）……… 50, 70, 75
議員の不逮捕特権 ………………… 64, 95
議員の免責特権 ………………… 64, 69, 95
議　会 …………… 23, 38, 104, 188
　　──制民主主義 ……………… 42, 60
　　身分制── ………………… 31, 69
機関委任事務 …………………………… 91
企　業 …………………… 55, 160, 164
起　訴 ………………………… 113, 195
規　則 …………… 65, 83, 95, 110
貴族院 …………………… 24, 69, 190
基本的人権 …………… 122, 127, 172
　　──の尊重 …………… 17, 105, 190
　　──の保障 …………… 13, 126
キューバ危機 …………………………… 196
教育委員会 ………………… 95, 168
教育基本法 ……………………………… 167
教育勅語 …………………… 137, 167
教育を受ける権利 …………… 123, 164
教　皇 ……………………………………… 23
強行採決 ………………………………… 61
協　賛 …………………………………… 69
行　政 …………………… 74, 75, 83
　　──委員会 …………………… 76, 168
　　──改革推進審議会 ……………… 86
　　──権 …… 26, 33, 35, 74, 75, 105, 166
　　──国家 …………… 72, 83, 86, 157
　　──裁量 …………… 79, 86, 108
　　──事件訴訟法 …………… 46, 112
　　──指導 …………………………… 84
　　──手続法 ………………… 84, 86
　　──法 ……………………………… 79
強制加入団体 …………… 161, 165
共　有 …………………………………… 161
共和政治 ………………………………… 38
共有林分割制限違憲判決 ……………… 163
拒否権 …………………………………… 70
ギリシャ ………………………………… 38
キリスト教 …………………… 136, 139
緊急勅令 ………………………………… 74

銀　行 …………………………………… 55
近代国家 …………………… 54, 104
クロムウエル …………………………… 25
クローン（技術）…………… 143, 172
軍国主義 …………………… 141, 188
『君主論』………………………………… 21
軍部大臣現役武官制 …………………… 189
警察予備隊 …………………… 49, 192
形式的平等（機会の平等）…… 43, 128
刑事訴訟法 …………………… 112, 159
刑　罰 …………………………… 65, 112
刑　法 …………………………… 112, 145
　　──230条の2 ……………………… 145
契　約 …………………………………… 194
決　算 …………………………… 68, 80
検　閲 …………………………………… 144
厳格審査 …………………… 128, 129, 168
原　告 …………………………………… 111
検察官 …………………………………… 112
検察審査会 ……………………………… 115
原子爆弾 ………………………………… 188
元　首 …………………………… 3, 38, 74
憲　法 …………… 2, 12, 136, 172, 188
　　──9条 …………… 77, 188, 191, 195
　　──13条 …………… 159, 173, 177, 191
　　──14条 …………… 118, 128
　　──十七条 ………………………… 13
　　──改正の発議 …………… 17, 39
　　──制定権力 ……………… 30, 32
　　──判断回避の準則 …… 117, 194
権　利 …… 20, 25, 28, 34, 104, 110, 161
　　永久不可侵の── …………… 126
　　──章典 …………… 13, 26, 64, 105
　　──請願 …………………… 13, 25
　　──宣言 ……………………………… 26
権力分立 ……… 13, 20, 30, 35, 70, 76, 83, 90,
　　95, 105
元　老 …………………………………… 75
元老院 …………………………………… 15
小泉純一郎 ……………………………… 87
公　害 …………………………………… 183

索　引

——対策基本法 …………………… 184
——防止条例 ………………… 91, 96
公海自由の原則 ……………………… 2
公共事業 ………………………… 98, 157
公共の福祉 ……… 127, 147, 160, 175
合憲限定解釈 ……… 117, 159, 165
麹町内申書事件 ……………… 138, 168
公職選挙法 ……………………… 44
公序良俗 ……………………… 194
公正取引委員会 …………… 76, 110
構成要件 ……………………… 117
交戦権 ……………………… 195
控　訴 …………………… 109, 194
構造改革 ……………………… 87
皇　族 …………………… 124, 133
高等裁判所 ……………………… 109
高度（経済）成長 ……… 45, 49, 183
公　法 ……………………… 173
公務員 …………… 39, 80, 125, 160
拷　問 ……………………… 112
小売市場事件 ……………… 118, 162
合理性審査 ……………………… 128
合理性の基準 …………… 162, 169
五箇条の御誓文 …………… 15, 74
コーク（クック），エドワード … 25, 104
国　債 …………………………… 81, 87
国際慣習法 …………… 108, 125
国際協調主義 …………… 124, 191
国際社会 …………………………… 3
国際人権規約 ……………………… 123
国際法 …………… 116, 123, 188, 191
国際連合 ……………………… 198
——憲章 …………… 188, 193
国際連盟 ……………………… 188
国事行為 …………………… 17, 77
国政調査権 ……………………… 61
国籍法 …………… 124, 131, 159
国籍法違憲判決 ……………… 132
国　民 …… 2, 13, 38, 122, 197
——議会 …………… 31, 70
——審査 …………… 39, 110

——投票 ……………………… 39, 93
——（ナシオン）主権 …… 3, 13, 20, 31,
　38, 40, 47, 57, 137, 150, 190
国務大臣 …………… 74, 75, 78, 84, 108
国連軍 ……………………… 188
国連平和維持活動（PKO）……… 198
——協力法（PKO協力法）……… 198
55年体制 ……………………… 49
個人主義 …………… 122, 128, 136, 173
個人の尊重 …………… 20, 35, 122, 172
護送船団方式 ……………………… 84
国　家 …………… 13, 20, 31, 34, 83
——からの自由（自由権）……… 20, 35, 123
——行政組織法 …………… 82, 87
——総動員法 …………… 144, 189
国　会 …………… 60, 75, 91, 129
——議員 …………… 60, 75, 95, 125, 160
——単独立法の原則 …………… 64, 99
子どもの権利条約 ……………… 123
近衛文麿 ……………………… 189
ゴルバチョフ ……………………… 158
婚　姻 …………………… 124, 183

さ　行

在外国民国民審査権違憲判決 ………… 46
罪刑法定主義 …………………… 96, 112
最高裁判所 …… 39, 65, 106, 162, 175
再婚禁止期間 ……………………… 131
財産権 …… 16, 124, 127, 136, 160, 164
再　審 ……………………… 114
財　政 …………… 60, 68, 80, 83
——再建団体 ……………………… 97
——投融資 …………… 81, 87
歳　入 …………………… 68, 80
裁判員制度 ……………………… 115
裁判官 …………… 80, 105, 179
——の独立 ……………………… 111
裁判所 …… 30, 75, 129, 137, 144, 169, 194
——法 …………… 106, 109
裁判（民事裁判・刑事裁判）……… 105
裁判を受ける権利 ……………… 112

203

サッチャー……86, 158	『社会契約論』……22
佐藤栄作……49	社会権……35, 123, 157, 164, 176
猿払事件……118, 127, 147	社会主義……9, 42, 157, 161
三月革命……34	——市場経済……158, 161
参議院……44, 60, 198	社会的身分……128, 132
残虐刑の禁止……114	社会福祉……168
産業革命……14, 41, 54, 156	社会保険……169
三権分立……30, 105	社会保障……83, 98, 125, 157, 168
三国協商……7	自 由……20, 23, 26, 29, 34, 54, 64, 104,
三国同盟……7	110, 128, 136, 178, 181
三審制……109	営業の——……160
参政権……39, 40, 98, 123, 169	学問の——……142, 172
三部会……31, 69	居住・移転の——……124, 127, 158, 159
サンフランシスコ平和（講和）会議………11	経済的——……118, 123, 127, 137, 156, 158
サンフランシスコ平和（講和）条約……195	集会結社の——……51, 152, 165
参謀本部……74, 189	——権……123, 160, 165
GPS装置……113	——国家……156, 160
自衛隊……77, 117, 190, 192, 197	——主義……55, 71
ジェームズ1世……24, 104	職業選択の——……124, 127, 156, 164
自己決定権……181	信教の——……16, 139
自己実現……144, 181	人身の——……112, 123, 126, 158
自己統治……144	精神的——……118, 123, 127, 129, 136, 158,
市場経済……83	160
市場の失敗……156	表現の——……16, 124, 127, 143, 165, 169,
自然権……21, 28, 31, 159, 161	177
自然法……105, 172	集会条例……152
事前抑制……149, 180	衆議院……41, 60, 69, 76, 190
七月革命……5, 41	——の解散……45, 78, 108
自治体警察……95	宗 教……139
幣原喜重郎……16, 190	——改革……136
私 法……95, 166, 194	私有財産制……123, 161
司 法……51, 74, 75	13植民地……27
——権……30, 105, 106, 166	集団的自衛権……188, 193
——権の独立……109, 111	自由党……48
——審査基準……163, 169, 182	周辺事態安全確保法……196
資本家……164	自由放任（レッセ・フェール）……156
資本主義……41, 55, 71, 161	住民運動……53, 91, 101
——経済……14, 136, 156, 164	住民監査請求……100
市民階級（ブルジョアジー）……22, 156	自由民権運動……15, 152
市民革命……5, 13, 21, 22, 26, 69, 156, 158	住民自治……93, 101
事務次官……84	自由民主党（自民党）……49

索　引

住民訴訟……………………………100	清教徒（ピューリタン）革命………5, 25
主　権………………………2, 20, 38, 40	政教分離………………………123, 140
──国家………………3, 20, 193	制限選挙…………………………32, 40
──者……………74, 85, 105, 195	政治学……………………………38, 48
首　長………………………44, 91, 95	政治的言論………………………144, 152
消極国家（小さな政府, 自由国家）…34, 156	生存権………………………123, 164
上　告……………………………109	政　党………………47, 74, 108
小選挙区（制）……………………44	──助成法…………………50
象　徴……………………………38	──政治……………………40, 48
常備軍……………………………20	──内閣……………………48
消費税……………………………67	──優位論…………………48
情報公開条例……………………101, 150	性同一性障害特例法違憲決定………174
情報公開法………………85, 101, 150	制度的保障………………………123, 161
条　約……………………………2, 116	政　府……4, 21, 26, 29, 136, 144, 188, 192,
──（の）承認（権）………60	195
条　例………65, 93, 95, 116, 133, 161	成文憲法…………………………13, 28
植民地……………………………5, 67, 70	政　令……………………………65, 81
職務執行命令訴訟…………………91	世界恐慌（大恐慌）………………55, 157
女性差別…………………………131	世界人権宣言………123, 158, 159
女性（女子）差別撤廃条約………131	セクシュアル・ハラスメント………131
女性参政権………………………42	絶対王政（絶対主義）……4, 20, 24, 30, 156
所得再分配………………………67, 157	説明責任（アカウンタビリティー）…85, 150
所得税…………………………80, 133	世論調査…………………………53, 101
庶民院……………………………69	前科照会事件……………………178
所有権……………………………161	選　挙……………………………43, 63
知る権利………………85, 100, 149	──権……………95, 98, 123, 129
人格権…………………………159, 180	先住民（族）……………………130
人格的利益説………………176, 181	戦争放棄………………17, 188, 191
人事院…………………………76, 110	全体主義………………55, 104, 173
人　種……………………………3, 128	1791年憲法………………………31, 188
──差別撤廃条約…………130	戦略兵器削減条約（START）………196
人身保護法………………………25	戦略兵器制限交渉（SALT）………196
神聖ローマ帝国の有名無実化………4	戦　力………………188, 192
信　託……………………………22, 122	争議権……………………………164
神道指令…………………………139	争議行為…………………………164
人民（プープル）主権………………32, 40	捜索（・押収）……………………112
枢密院……………………………15, 75	総選挙………………45, 48, 110
スターリン………………………56	遡及処罰の禁止…………………114
ストライキ………………………164	族議員……………………………52
砂川事件………………………108, 195	租　税……………………………67, 80
スミス, アダム……………………156	──法律主義………………67, 80, 96

205

ソヴィエト	71, 157
空知太神社訴訟	141
損害賠償	180
尊属殺人罪違憲判決	118, 132

た　行

第一共和政	32
第一次護憲運動	41
第一次世界大戦	7, 41, 55, 71, 188
大学の自治	123, 143
第五福竜丸事件	193
第三共和制（政）	70
第三身分	30
大　衆	54
大正デモクラシー	41, 48
大政翼賛会	48, 189
大統領	3, 44, 70
——制	70, 76
第二次世界大戦	8, 42, 48, 55, 104, 130, 137, 157, 167, 188, 195
大日本帝国憲法（明治憲法）	26, 34, 38, 62, 66, 69, 74, 75, 91, 106, 122, 133, 139, 166, 176, 188
「代表なくして課税なし」	27, 67
代表民主制	33
太平洋戦争（アジア・太平洋戦争）	9, 188
逮　捕	112, 195
第四共和制（政）	72, 188
大陸法	105
多極化	196
多国籍軍	198
弾劾裁判	108, 111
団結権	164
男女共同参画社会基本法	131
男女雇用機会均等法	166
団体交渉権	164
団体行動をする権利	165
治安維持法	16, 42, 137
小さな政府	83
地球環境問題	184
知　事	91, 95

知的財産権	143
地動説	142
地方議会	95, 108
地方公共団体（地方自治体）	4, 39, 65, 91, 93, 98, 125, 133, 153, 166, 184, 197
地方交付税交付金	92, 97
地方自治特別法の住民投票	93, 99
地方自治法	39, 93, 98, 153
チャタレー事件	127, 146
チャールズ1世	24
中華人民共和国	9, 158, 161
中間審査	130, 162, 169
中距離核戦力（INF）全廃条約	196
抽象的権利	150, 178
朝鮮人の強制連行	9, 130
朝鮮戦争	48, 192, 195
直接選挙	44, 93, 94, 98
賃　金	164
通信の秘密	152, 179
通信傍受法	152, 179
津地鎮祭訴訟	123, 141
帝国議会	69, 74, 183, 188
適正手続の保障	112
テニスコートの誓い	31
デモ行進	92, 152, 165
テルミドール9日のクーデタ	32
テロ対策特別措置法	199
天安門事件	158
電電・専売・国鉄民営化	86, 158
天　皇	38, 74, 110, 124, 128, 167, 189
——主権	15, 38, 137
——大権	74, 79
ドイツ三十年戦争	4
東京都教組事件	117, 165
同時多発テロ事件	197
統帥権	74, 188
統治権	26, 38, 74
統治行為論	108, 194, 196
『統治論二篇（市民政府二論）』	21, 159
同輩中の首席	75
当番弁護士	113

索　引

独裁政治 ……………………… 54, 157
徳島市公安条例事件 …………… 96, 144
特殊法人 ……………………………… 86
独占（・寡占）…………………………… 156
独占禁止法 …………………………… 110
特許権 ……………………………… 143
奴隷的拘束及び苦役からの自由 …… 112, 158

な　行

内　閣 ……… 26, 62, 65, 70, 74, 75, 110, 189
　　──制度 ……………………………… 74
　　──総辞職 …………………………… 71, 78
　　──総理大臣 ……………… 74, 75, 108, 190
　　──総理大臣の指名 …………… 60, 71
　　──提出法案 ………………………… 66
　　──不信任決議 ……………………… 71, 75
内在的規制 …………………………… 160
中曽根康弘 …………………………… 86, 141
ナショナリズム ………………………………… 5
ナチス ………………………… 56, 71, 104, 157
夏目漱石 ……………………………… 122, 174
NATO …………………………………… 9, 195
那覇市孔子廟事件 ……………………… 142
ナポレオン法典 ………………………… 33
奈良県ため池条例事件 …………… 96, 161
成田新法事件 ………………………… 86, 161
新潟水俣病 …………………………… 184
二院制 …………………………… 24, 33, 60
二月革命 …………………………………… 5
二重の基準論 ……… 14, 118, 128, 129, 137
二重の自治 …………………………… 93, 94
二大政党制 …………………………………… 44
日独伊三国同盟 ……………………… 189
日米安全保障条約 …………………… 108, 195
日米相互防衛援助協定（MSA協定）…… 192
日清戦争 …………………………………… 7
日ソ共同宣言 …………………………… 11
日中戦争 ……………………………… 189, 191
二・二六事件 ………………………… 189
日本国憲法 …… 13, 38, 60, 71, 75, 106, 122,
　127, 158, 159, 164, 172, 188, 190

日本社会党 …………………………… 48, 91
日本自由党 …………………………………… 48
任　期 …………………………………… 61, 95
人間の尊厳 …………………………… 122, 172
農　奴 ……………………………………… 156

は　行

バイオテクノロジー（生命工学）…… 143, 172
陪審制度 ……………………………… 115
廃藩置県 ……………………………… 15, 90
破壊活動防止法 ……………………… 48, 154
バージニア権利章典 ……………………… 28
バブル経済 …………………………………… 84
パリ条約 …………………………………… 29
比較衡量 ……………………………… 127, 140
東インド会社 ………………………… 27, 28
東日本大震災（東北地方太平洋沖地震）… 185
被疑者 ………………………………… 112
被　告 ……………………………………… 111
　　──人 …………………………… 112, 194
批　准 …………………………………… 79
ビスマルク …………………………… 156
被選挙権 …………………………… 95, 99, 123
非嫡出子 ……………………………… 132
非嫡出子相続分差別訴訟 …………… 132
ヒトラー ……………………………… 56, 157
平等（法の下の平等）…… 21, 26, 28, 43,
　67, 69, 128
平塚らいてう ……………………………… 42
ファシズム ……………………… 55, 71, 158
夫婦別姓 ……………………………… 132
福祉国家（積極国家，大きな政府，行政国
　家）……… 35, 67, 72, 83, 157, 159, 164
富国強兵 ……………………………… 183
不戦条約 ……………………………… 188, 191
普通選挙 …………………… 32, 40, 54, 128
物　権 ………………………………… 161
不当労働行為 ………………………… 165
不平等条約 …………………………… 6, 139
不法行為 ……………………………… 180
プライバシー ………………… 146, 176, 181

207

ブラクトン……………………25, 104
フランス革命……………5, 22, 31, 156
フランス人権宣言………20, 31, 156
不良債権………………………………84
プログラム規定説…………157, 169
プロテスタント…………………4, 24
プロレタリア独裁…………………42, 71
文　民………………………190, 192
　──統制（シビリアン・コントロール）
　　　　　　　　　　77, 188, 194
ヘイト・スピーチ…………………148
平和のうちに生存する権利（平和的生存権）
　　　　　　　　　　……176, 190
ベトナム戦争…………………10, 196
ベバリッジ報告…………………157
ベルリンの壁………………………196
ベルリン封鎖………………………195
保安条例……………………………152
保安隊…………………………49, 192
法科大学院…………………………116
封建社会…………………………23, 156
放送法…………………………53, 151
法治主義…………………………85, 104
法定手続の保障……………………112
法の支配…………………………23, 104
『法の精神』………………………22, 105
法　律…………60, 74, 104, 161, 166
　──の制定…………………38, 60
　──の留保…………………122, 176
北緯38度線……………………48, 56, 195
保守合同……………………………49
細川護煕……………………………50
ポジティヴ・アクション（アファーマティ
　ヴ・アクション）………………128
ホー・チ・ミン……………………10
ポツダム宣言……………9, 16, 189
ホッブズ……………………………21
北方ジャーナル事件…………149, 177
ポーツマス条約……………………11
ボナパルト，ナポレオン……5, 33, 70
ポリス…………………………………39

ま　行

マキャベリ（マキャヴェリ）………21, 38
マグナ・カルタ（大憲章）……13, 23, 104
マス・メディア……………53, 150, 177
マッカーサー三原則…………17, 189
マッカーサー草案（GHQ草案）……17, 190
マルクス……………………………157
マルタ会談…………………………196
満州事変…………………………189, 191
見えざる手…………………………156
三菱樹脂事件…………………131, 138
水俣病………………………………184
南九州税理士会政治献金事件……126, 161
美濃部達吉…………………………142
身分から契約へ……………………156
民主主義………30, 57, 115, 144
　　間接──…………………38, 93, 99
　　直接──……22, 32, 39, 93, 99
民主政治…………………38, 54, 90
民　族…………………………3, 122
　　──紛争（問題）………………198
民　法…………………………145, 166
無産政党……………………………42
無条件降伏……………………9, 16
ムッソリーニ………………………55
無党派層……………………………51
明治維新……………………………183
名誉革命……………5, 22, 26, 40
名誉毀損…………………………138, 145
命　令…………65, 74, 81, 83, 110
毛沢東…………………………9, 158
黙秘権………………………………113
模範議会……………………………24, 69
門　地…………………………128, 133
モンテスキュー…………………22, 105

や　行

薬事法違憲判決…………………118, 162
夜警国家……………14, 67, 83, 156
野　党………………………………50

索　引

八幡製鉄政治献金事件……………… 126
唯一の立法機関……………………… 64, 93
夕刊和歌山時事事件……………… 145, 177
郵政民営化……………………………… 87
優生保護法…………………………… 174
ユニオン・ショップ協定…………… 165
予　算……………… 38, 60, 68, 80, 95, 169
吉田茂………………………………… 17, 48
ヨーロッパ連合（EU）……………… 12
四日市ぜんそく……………………… 184
四大公害訴訟………………………… 184

ら 行

『リヴァイアサン』…………………… 21
利益衡量……………………………… 179
リコール（国民解職）……………… 39, 99
立憲改進党……………………………… 48
立憲君主制…………………………… 3, 26, 31
立憲主義……………………………… 13, 188
　外見的——…………………………… 13, 34
　近代——……… 20, 23, 30, 33, 34, 57, 104
立憲政友会……………………………… 48
立憲的意味の憲法………………… 20, 30, 33
立　法……………………………… 74, 75
立法権………………… 30, 33, 71, 105, 166
琉球処分……………………………… 10, 130
領　海………………………………… 2, 194
領　空………………………………… 2, 194
両性の本質的平等……………… 128, 131, 173
領　土………………………………… 2, 194
リンカン……………………………… 39
累進課税制度…………………… 68, 80, 157

ルソー……………………… 21, 39, 105
ルター…………………………………… 24
令　状……………………… 112, 179
冷　戦……………………… 192, 195
レーニン……………………………… 56, 71
レファレンダム（住民投票，国民表決）
　…………………………………… 39, 99
連　合………………………………… 52
連合国軍最高司令官総司令部（GHQ）
　……………………… 76, 139, 144, 192
連立政権……………………………… 40
労働委員会………………………… 76, 165
労働関係調整法……………………… 165
労働基準法…………………………… 166
労働基本権（労働三権）…………… 164
労働組合……………………………… 164
　——法……………………………… 164
労働時間……………………………… 164
労働者…………………… 71, 156, 164
労働条件……………………………… 164
労働力…………………………… 156, 164
ロシア革命……………… 8, 41, 71, 157
ローズベルト，フランクリン……… 157
ロッキード事件……………………… 77
ロック……………… 21, 27, 28, 105, 159, 174
ローマ………………………………… 39
ローマ・カトリック教会…………… 21, 23

わ 行

ワルシャワ条約機構………………… 196
湾岸戦争……………………………… 198

＊索引項目は，本書キーワード（**太字**・<u>**太字**</u>）の内，重要だと思われるものを厳選した。

209

執筆者紹介

（執筆順，＊は編者）

＊**君塚　正臣**　横浜国立大学大学院国際社会科学研究院教授

はしがき，10章

福島　力洋　元関西大学総合情報学部准教授　　　　　　1章

榎　　透　専修大学法学部教授　　　　　　　　　　　　2章

大日方信春　熊本大学法学部教授　　　　　　　　　　　3章

二本柳高信　専修大学法学部教授　　　　　　　　　　　4章

若狭　愛子　京都産業大学法学部准教授　　　　　　　　5章

大江　一平　東海大学法学部教授　　　　　　　　　　　6章

平地　秀哉　國學院大學法学部教授　　　　　　　　　　7章

松井　直之　愛知大学大学院法務研究科教授　　　　　　8章

高畑英一郎　日本大学法学部教授　　　　　　　　　　　9章

大久保卓治　大阪学院大学法学部准教授　　　　　　　11章

青野　篤　大分大学経済学部教授　　　　　　　　　　12章

Horitsu Bunka Sha

高校から大学への憲法〔第2版補訂版〕

2009年4月5日　初　版第1刷発行
2016年4月5日　第2版第1刷発行
2025年4月15日　第2版補訂版第1刷発行

編　者　君塚正臣（きみづか まさおみ）

発行者　畑　　　光

発行所　株式会社　法律文化社

〒603-8053 京都市北区上賀茂岩ヶ垣内町71
電話 075(791)7131　FAX 075(721)8400
customer.h@hou-bun.co.jp
https://www.hou-bun.com/

印刷：共同印刷工業㈱／製本：㈱吉田三誠堂製本所
装幀：仁井谷伴子

ISBN 978-4-589-04397-9

Ⓒ2025　Masaomi Kimizuka Printed in Japan

乱丁など不良本がありましたら、ご連絡下さい。送料小社負担にてお取り替えいたします。
本書についてのご意見・ご感想は、小社ウェブサイト、トップページの「読者カード」にてお聞かせ下さい。

JCOPY 〈出版者著作権管理機構 委託出版物〉

本書の無断複写は著作権法上での例外を除き禁じられています。複写される場合は、そのつど事前に、出版者著作権管理機構（電話 03-5244-5088、FAX 03-5244-5089、e-mail: info@jcopy.or.jp）の許諾を得て下さい。

君塚正臣編

高校から大学への法学〔第2版〕

A 5 判・220頁・2310円

高校までの学習を大学での講義に橋渡しすることをねらったユニークな法学入門書。本文では高校で学んだ用語を明示するとともに大学での基本用語も強調し、学習を助ける工夫をした。高校の新指導要領を踏まえ全面的に改訂した最新版。

宍戸常寿編〔〈18歳から〉シリーズ〕

18歳から考える人権〔第2版〕

B 5 判・106頁・2530円

人権によって私たちはどのように守られているのか？　ヘイトスピーチ、生活保護、ブラック企業……人権問題を具体例から読み解く入門書。SDGs、フェイクニュース、コロナ禍の解雇・雇止めなど、人権に関わる最新テーマにも言及。

中富公一編著

憲法のちから〔第2版〕
—身近な問題から憲法の役割を考える—

A 5 判・238頁・2640円

SNSにどこまで書き込むことができるか？　各章冒頭で対話による導入を図り、資料を用いて解説するなど工夫を凝らす好評書の改訂版。ロシアのウクライナへの侵略、官邸主導体制や政治と金の問題、家族・人権めぐる最新判例等をアップデート。

吉永一行編

法 学 部 入 門〔第4版〕
—はじめて法律を学ぶ人のための道案内—

A 5 判・198頁・2310円

法学部はどんなところ？「学生のつまずきの石」を出発点に、新入生の学習をサポート。「何を学ぶか」「どう学ぶか」の二部構成からなり、法学部らしい考え方が身につく一冊。成年年齢が18歳となったいま、法律上の年齢にまつわるコラムを加筆・追加。

木俣由美著

ゼロからはじめる法学入門〔第3版〕

A 5 判・238頁・2640円

ユーモアに富む語り口で、法とは何か、法律の役割とは何か、を知識ゼロの水準から丁寧に説く好評書の改訂版。拘禁刑創設や性犯罪に関する刑法改正、所有者不明土地問題に対処する民法・不動産登記法改正等を反映させつつ記述を改めた。

林 誠司編

カリンと学ぶ法学入門〔第2版〕

A 5 判・210頁・2530円

大学1年生のカリンの日常生活から法律の考え方やエッセンスを学ぶ。初学者が関心をもてるように各章の導入とまとめを登場人物の会話で示す。民法改正など昨今の法改正に対応し、図表・資料をアップデートした。

法律文化社

表示価格は消費税10%を含んだ価格です